DIGITAL HUMANITIES

デジタルヒューマニティーズ が拓く人文学

日韓研究者の対話

編者

鄭 炳浩・松田 利彦・馬場 幸栄

晃洋書房

humanities

はじめに

　本書『デジタルヒューマニティーズが拓く人文学』は，国際日本文化研究センター（以下，日文研）と高麗大学校文科大学（文科大学は日本の文学部に当たる）とが積み重ねてきた学術交流の成果であり，急変する社会的，技術的，学問的環境の中で，両機関がデジタル時代の人文科学の新しい可能性を探求しようという志からもたらされたものでもある．

　もともと高麗大学校グローバル日本研究院は，日文研と長年にわたり学術交流と人的交流を重ねてきた．直近では，2024年2月，日文研が長年企画し刊行した『大衆文化研究叢書』シリーズ5巻を本研究院で韓国語に完訳して出版した．そして，これを記念して高麗大学校で韓国の一般市民と若い学生を対象に，主要執筆者を中心とした日文研教授4名による日本大衆文化市民講座を開催した．しかし，本書については，韓国の日本研究機関と日文研の協業というより，高麗大学の幅広い人文科学分野の研究者と日文研の学術交流による成果であり，その点，小さからぬ意義をもつが，その経緯は以下の通りである．

　新型コロナ感染症の猛威が収まり，国と国との移動が再開されつつあった2023年1月末，私は，本学文科大学の学長として，所属教授及び学生とともに日文研に学術共同セミナーのため訪れた．その過程で日文研と本学文科大学の学術交流協定を提案するにいたり，正式に両機関間の学術交流協定を結ぶことになった．これは，単に韓国の日本研究機関ではなく，14の学科と20の研究所から成る本学文科大学が日文研と幅広い学術交流協定を締結したところに意味がある．そのような折，同年6月，韓国教育部が実施す

る人文社会融合人材養成事業（HUSS）に本学文科大学がデジタル分野で選定された．この事業団の責任者として，ちょうど本学のアジア問題研究所で開催された研究書翻訳記念講演会のため来韓した松田利彦日文研副所長と，デジタルヒューマニティーズをテーマとした実践的な学術交流について意見を交わした．日文研を含め日本の6つの国家研究機関で構成された人間文化研究機構でもDH推進室を作り，デジタル技術と人文科学を結びつける様々な形の研究・教育事業を実施していたため，この分野の交流協力は比較的容易に進めることができた．

　そして，2024年2月に高麗大学校において，日文研と本学文科大学のデジタル融合人材養成事業団が中心となって「デジタルヒューマニティーズとデータベースから見る人文科学の世界」というテーマで第1回国際学術シンポジウムが開催された．直後の同年7月末には，同じく「人文知と情報知の接合——デジタル・ヒューマニティーズの可能性と課題」をテーマに京都の日文研で国際シンポジウムが開催された．このシンポジウムに先立ち，学生や若手研究者の共同発表，市民講座なども開催され，3日間にわたる盛大な学術イベントとなった．今回刊行される本書『デジタルヒューマニティーズが拓く人文科学』は，ソウルと京都を往復して行われたこの2回の国際学術大会の成果である．

　デジタル人文学は，多くの研究者が指摘しているように，一つのカテゴリーの定義に収まらない様々な分野を包括する概念である．しかし，この分野がデジタル技術と人文科学分野を融合し，デジタル環境の中で新しい方法の人文科学的知

識を生産するという点に大きな異論はな
いだろう．私たちが大学で教育・研究し
ている従来の人文科学は，近代的学問の
導入にともない，文学，歴史学，哲学，
思想，言語学など個々のディシプリンが
制度化され発展した領域である．そのた
め，初期には各国で近代国民国家が要請
する様々な知識とイデオロギーを生産し，
20世紀以降も各時代の主要な時代的課題
と様々な問題意識を反映しながら人文科
学の全盛期を迎えた．今やICT時代を
過ぎ，AIを中心とする第4次産業革命
の時代，日本でしばしば言われるSoci-
ety5.0の時代に突入している．

　デジタル技術の飛躍的な発展という環
境は，これらの技術を人文芸術分野で活
用する可能性を広げるのみならず，人文
科学的知識を生産・拡散し活用する基盤
を根底から変化させている．伝統的に紙
の上の文字で表されていた人文科学的知
識や文化芸術の表現は，各国でデータ
ベースやデジタルアーカイブなどのデジ
タル形式に再構成されつつある．そして，
インターネットやニューメディアなどを
はじめとする新しいデジタル環境の中で，
無数のコンテンツが膨大な規模で生み出
されている．したがって，デジタル人文
学は従来の人文科学の対極に位置したり，
伝統的な人文科学が内包する問題意識を
弱めたりするのではなく，むしろ既存の
学問領域の分断を越え，それを疎通・融
合させ，新たな人文知識の拡張をもたら
すだろう．これこそ私たちがデジタル人
文学に真剣に向き合わなければならない
大きな理由でもある．

　一人一人お名前を挙げることはできな
いが，本書の刊行は，2回の国際シンポ
ジウムで研究発表をし，原稿を送ってく
ださった執筆者の諸先生方はもちろん，
シンポジウムの討論と司会を務めてくだ
さった多くの先生方に，多大な恩恵を

被っている．また，韓国語の原稿を日本
語に丁寧に翻訳してくださった弘益大学
校の中村静代先生，誠信女子大学校の根
来由紀先生，高麗大学校の反町真寿美先
生にも感謝申し上げる．とりわけ，日文
研と本学文科大学との学術交流協定に多
大な配慮をしてくださった日文研の井上
章一所長，私とともに国際シンポジウム
の開催と研究書の出版について議論し企
画してくださった松田利彦副所長には，
特に高麗大学校側を代表して感謝の意を
表したい．また，シンポジウムの通訳と
翻訳の全般的な業務を担ってくれた高麗
大学校の梁誠允先生と日文研の佐々木彩
子さん，最後になるが，2回にわたる国
際シンポジウムを後援してくださった日
本の人間文化研究機構と韓国教育部，韓
国研究財団，高麗大学校デジタル融合人
材養成事業団のメンバーにもこの場を借
りて感謝申し上げたいと思う．

　2024年9月

　　　　　　　鄭　炳浩

解　説

　各論文の内容を簡単に紹介しておきたい.

　第Ⅰ部「デジタル技術は人文学を救う（のか）」ではデジタルヒューマニティーズ（以下，DH）をめぐる展望と課題を総括的に論じた二つの論文を収めた.

　金俊淵「文学研究から見たデジタルヒューマニティーズの行方」は，デジタル技術が人文学にどのような変革をもたらすか，自身の専門である中国古典研究をもとに語っていただいたものである. 李白と杜甫の詩を AI に判別させたり，両者の人的ネットワークを視覚化したりするなど興味深い実践を知ることができる.

　山田奨治「デジタル人文学のアポリア——人文知と情報知のはざまで」は，DH の提起する問題や知見の妥当性は人文知に沿って評価されるというアポリアを指摘したうえで，DH が人文学にインパクトを与えうる新知見をいかに提示しうるのか，自身の研究事例（日本美術における顔表現の計量分析，「百鬼夜行」真珠庵本と他の伝本の数値化による比較）をもとに論じた.

　第Ⅱ部「データベースをつくる」では，主にデータベースの制作に関わる実践を紹介した.

　吉賀夏子「江戸期の地域資料をつなぐ周辺情報の収集と共有」は，佐賀大学附属図書館の藩政資料のデータベース化事業の経験を語る. 小城藩日記データベースは，情報学研究者と人文学研究者の協力という点とともに，市民科学と機械学習の融合によるデータベース活用事例としても先駆的である. 単なる技術的なデータベース構築に留まらず，広範囲の市民との対話を通じた技術開発の推進，

データベースの公開や講演会，研究展示を通じた，多様な背景を持つ人々が知識を共有する場の創造といった論点は大変興味深い.

　安井眞奈美「妖怪データベースが拓く新たな研究の可能性」は，日文研の「怪異・妖怪伝承データベース」「怪異・妖怪画像データベース」を紹介しながら，日本人の身体観に関する自身の研究の一端についても語っている. 妖怪データベースを基にした東アジア各地域の文化における「妖怪」や「怪異」との比較研究は，DH の創造的な研究になり得る可能性を提示した.

　劉建輝「想像×創造する帝国——吉田初三郎式鳥瞰図から検証する」は，大正〜昭和期の絵師・吉田初三郎が描いた植民地朝鮮や「満洲」などの鳥瞰図から日本人の帝国意識を読みとろうとした論考である. 初三郎式鳥瞰図が作成されたのは，大正以降の国内外の鉄道と航路の発達やツーリズムの隆盛によって，日本人が「帝国」の膨張を意識し始めた時期だった. また，その海外に及ぶ画業は，初三郎がいかにアジア一円に広がる「帝国日本」を想像×創造し，また人々に想像×創造させていたかを浮き彫りにした.

　第Ⅲ部「デジタルヒューマニティーズで人文知を切り拓く」では，韓国古典文学・中国現代文学・日本文学・日本近代史など多様な専門の人文学研究者が DH の手法を活かした研究を発表した.

　鄭炳浩「研究論文データベースから見る韓国における日本文学の研究動向と主題分析」は，韓国における日本関係学会の 8 つの学会誌を対象とした量的検討であり，2004〜2023年を 4 期に分け，4777件の論文を検討した. 伝統的古典研究か

ら現代大衆文化への関心のシフト,「在日コリアン」,「植民地」など日韓関係史の関連で日本文学を追究する姿勢の顕在化など興味深い結果が抽出されている.

李承垠「データで読み解く野談」は,朝鮮王朝後期の説話文学である野談をセマンティック・データベースの構築によって解析した.四つの野談集から出世譚を抽出し,伝承の概要,物語のパターン,登場人物,そして空間の観点から分析して,野談の享受層の嗜好や時代的背景の説明を試みた.

松田利彦「明治期日本における軍医と学歴──『陸軍現役将校同相当官実役停年名簿』の数量分析を中心に」は,1890～1912年の「明治期軍医データベース」の分析により,当時期の軍医集団の高学歴化,高学歴軍医の「外地」配属の増加などの現象を指摘した.

鄭有珍「韓国の新聞データにおける性偏向性」は新聞記事コーパスからジェンダーに対する韓国社会の意識を読み取る.男性については主に公的領域や容貌に関連した語彙が記事で頻繁に見られる一方で,女性は結婚や親族関係など家庭内の役割に関連した語彙が多く現れるというように,男性・女性に対する社会的認識や役割がどのように描かれてきたかが明らかにされている.

柳澔賢「デジタルヒューマニティーズの方法論から見る中国ウェブ小説プラットフォームのジャンル地形分析」は,中国でウェブ小説の隆盛にともなって武侠小説の文化的意味がどのように変容しているかを検討した.①武侠の規模的ポジションの縮小,②武侠の文化的影響力の縮小,③生産者側における武侠の魅力の低下,といった現象を指摘している.

鄭恵允「スペイン首相の演説文の定量的文体分析」は,スペインの3人の前現首相(サパテロ,ラホイ,サンチェス)の演説文を対象に,各首相の好んで用いる語彙や文体を定量的に明らかにし,演説文の文体的な相互比較を試みた.この方法を通じて,各首相の政策の優先順位と,それを国民に伝達する首相の固有な方法──口調や話法──を明らかにできることを示した.

第Ⅳ部「情報知でデジタルヒューマニティーズを支える」は,情報学の専門家からの論考を収めた.

宋相憲「AIによる韓国語発話の社会的要因の検出」は,韓国語を母語とする話者の会話を転写した韓国語口語テキストを分析して,その話者がどのような地域に住み,どのくらいの年齢か,性別はどうかを予測するAIのプログラムを実際に作成している.プログラムの実行により,発話がどのような年齢,性別,地域に該当するかを実際に予測できていることが確認されたが,その一方で今後の課題も残されていると述べる.

関野樹「デジタルヒューマニティーズのための時間情報基盤」は,自身が中心となって運営しているHuTimeプロジェクトを紹介しながら,コンピュータにおける時間情報処理の問題を考える.古記録の和暦をデジタル的にどのように処理するのか,あいまいな時間をどのように扱うのかといった問題についての研究成果を披露した.研究を効率化するとともに,デジタルヒューマニティーズの効果的な活用を可能にする技術と言えよう.

松 田 利 彦

目　　次

はじめに
解　　説

第Ⅰ部　デジタル技術は人文学を救う（のか）

第1章　文学研究から見たデジタルヒューマニティーズの行方 ……… *3*

第2章　デジタル人文学のアポリア ……………………………………… *21*
　　　　──人文知と情報知のはざまで──

第Ⅱ部　データベースをつくる

第3章　江戸期の地域資料をつなぐ周辺情報の収集と共有 ………… *37*

第4章　妖怪データベースが拓く新たな研究の可能性 ……………… *51*

第5章　想像×創造する帝国 ……………………………………………… *61*
　　　　──吉田初三郎式鳥瞰図から検証する──

第Ⅲ部　デジタルヒューマニティーズで人文知を拓く

第6章　研究論文データベースから見る韓国における
　　　　日本文学の研究動向と主題分析 ………………………………… *77*

第7章　データで読み解く野談 …………………………………………… *91*

第8章　明治期日本における軍医と学歴 ……………………………… *111*
　　　　──『陸軍現役将校同相当官実役停年名簿』の数量分析を中心に──

第9章　韓国の新聞データにおける性偏向性 ………………………… *127*

第10章　デジタルヒューマニティーズの方法論から見る
　　　　中国ウェブ小説プラットフォームのジャンル地形分析
　　　　……………………………………………………………………… *143*

第11章　スペイン首相の演説文の定量的文体分析 ………………… *161*

第Ⅳ部　情報知でデジタルヒューマニティーズを支える

第12章　AIによる韓国語発話の社会的要因の検出 ……………………… 177

第13章　デジタルヒューマニティーズのための時間情報基盤 ……… 191

あ と が き　　（203）

第Ⅰ部

デジタル技術は人文学を救う（のか）

第 1 章
文学研究から見たデジタルヒューマニティーズの行方

金　俊淵（中村静代 訳）

はじめに

　近年，社会全般にわたって起きている急激なデジタルトランスフォーメーションは，人文学分野にも多大な影響を及ぼしている．過去には不可能だった膨大な量の情報へのアプローチ，新しい研究ツールの活用，多様な学問分野間で協力する機会が増えたことなど肯定的な変化もあるが，一方で人文学の価値と方法論に対する根本的な問いも提起されている．この新たな様相は人文学の中核を成す文学研究にも容易に見られる．テキストマイニングやネットワーク分析など，従来の文学研究にはなかった新しい方法論が次々と導入され，文学研究者とコンピュータサイエンスやデータ科学の研究者が共同で行った研究結果も頻繁に見られるようになった．このように，デジタルトランスフォーメーションは文学をはじめとする人文学研究に新しい方向性を模索するという課題を投げかけていると言えるだろう．

　これに関し，筆者が所属する高麗大学校人文学部では，比較的早くからデジタルトランスフォーメーションに対応してきたといえる．2021年9月，デジタルトランスフォーメーション時代を迎え，「人文学部は学生たちに何を教えるべきか」というテーマでフォーラムを開催したのが，その一例である．このフォーラムでは特に，人文学部新入生の教養必須科目としてデジタル人文学を導入する方向性に多くの賛同を得た．高麗大学校の学部の中でも，保守的な性向が強いとされる人文学部としては画期的な試みであったと言える．フォーラム後に設置されたデジタル人文学教育委員会の一員として，筆者は2022年1学期に新たに開設されることになった「デジタル人文学入門」科目設計の責任を担うこととなった．また，2022年8月には，人文学部がデジタル人文学教育と研究を総括する機構として「デジタル人文センター」が設立され，その運営も担当することになった．このように相次いで推進されたデジタル人文学関連業務を通じて，改めてデジタル人文学の持つ意味について熟考する機会を得ることができたと言える．

　2023年2月には，デジタル人文学コンテストの入賞者たちを率いて，米国のコロンビア大学，イェール大学，ニューヨーク大学，ペンシルベニア大学などの有数の大学を訪問し，デジタル人文学教育の現況を見て回った．韓国より10年先を行くデジタル人文学教育とその研究に多くを投資している米国の状況を知ることは，韓国の当面の課題を点検する良い契機となった．

　その最初の課題とはデジタル人文学が一体何なのかということだった．すでに人文学部の新入生が「デジタル人文学入門」を受講している状況の中で，このような疑問を提起すること自体が不十分な準備過程を自認するようなものである．

しかし，常に根本的疑問を提起することが人文学の本質だとすれば，それほど恥ずかしいことではないかもしれない．筆者がデジタル人文学の概念についての自分なりの確固たる考えを整理するまで，暫定的に米国ノースイースタン大学歴史学科のダニエル・コーエン（Daniel K. Cohen）教授の定義を借用しようと思う．「デジタル人文学は人文学における思考（thought）と実践（practice）の全領域を向上させようとするデジタルメディアと技術の使用である」．

　筆者は最近まで自身がデジタル人文学を教育し，研究しているという自覚はほとんどなかった．しかし，半ば自分の意志，半ば他人の意志でデジタル人文学に深く足を踏み入れている現時点から，過去の研究結果を振り返ってみれば，デジタル人文学の方法論と暗合しているものが少なくないという事実に気づいた．それらを二つの核心語で表現するなら「データ」と「視覚化」になるだろう．本章で論じる問題の出発点がまたここにある．人文学，または文学研究で「データ」と「視覚化」とは，重要な意味を持つ概念なのか？　それとも人文学者が直観的に把握できる内容をもっともらしく包装する飾り物に過ぎないのか？　本章では，デジタル人文学の後発ランナーとして文学研究分野で筆者が行った研究を中心に，その意味を再確認してみよう．その過程でデジタル人文学の行方についての筆者の考えも述べていく．このような議論がデジタル人文学に対する理解を深める手掛かりとなることを期待している．

1　遠くから読む

　文学分野のデジタル人文学研究において常に言及される人物に，フランコ・モレッティ（Franco Moretti）がいる．これは彼が文学研究で提案した「遠くから読む（distant reading）」が，デジタル人文学的方法論の目標と一致する点が多いからであろう．この「遠くから読む」という表現は，モレッティが2000年に発表した論文「世界文学に対する見解」に見られる．

　　米国は「近くで読む」（close reading）を重視する国なので，このアイデアが特に人気があるとは思わない．しかし，「近くで読む」の問題は，必然的にごく少数の正典（canon）に依存することになるという点だ．我々はテキストを読む方法を知っているので，今度はテキストを読まない方法，すなわち「遠くから読む」を学んでみよう．再度言うが，距離は知識の条件である．

　いわゆる「近くで読む」とは，単語，文，構造などテキストの細密な要素と時代的背景などの脈絡をすべて考慮しながらテキストを深く理解しようとする読書方式を指す．このような方式はテキストの内在的構造と意味に焦点を合わせた新批評の台頭以後，文学教育と研究の場で大流行した．テキストを読みこみ，多様な解釈の可能性を探索することに異議を唱える文学研究者はほとんどいないだろう．

　しかし，モレッティの指摘によれば「近くで読む」は，少数の正典を中心に文学テキストに接近しなければならないという根本的な欠陥も抱えている．毎年，膨大な量の文学テキストが次々と出版されるため，その全てを「近くで読む」ことは不可能に近い．これと関連してモレッティが「文学の屠場」で提起した問題について見てみよう．

　　「世界の歴史は世界の屠場だ」という

ヘーゲルの有名な警句がある．これは文学に関しても言えることだ．大多数の本は永遠に消えていった．そして「大多数」という言葉は本当の核心を逃している．もし今日，19世紀のイギリスの小説の正典を200冊ほどと決めたとしても，それは依然として出版された小説全体の約0.5%に過ぎないだろう[3]．

モレッティは，正典の目録にはない私たちの視野から消えた99.5%の本を探して読むことが，この問題の根本的な解決策にはならないという事実から出発し，「遠くから読む」（挑発的に言うなら「読まない」）をその代案として提示した．しかし，この「遠くから読む」は「近くで読む」ことに慣れている人々から鋭い批判を受けた．例えば，ジョナサン・アラック（Jonathan Arac）が「世界文学に対する見解」を，「近くでの読みをしない形式主義」と一蹴したのがそれである[4]．そしてこれに対しモレッティが掲げた概念が「量的形式主義」（Quantitative Formalism）であった．

この文のタイトルは「量的形式主義」だ．「形式主義」は，私たちがどんな形であれジャンルの形式的慣習に関心があったからである．「量的」は，我々が（ジャンル間の）一般的な違いを確立するために，より正確な―理想的で測定可能な―方法を探していたからである[5]．

引用した内容は，モレッティが主軸となり設立したスタンフォード大学文学ラボ（Literary Lab）の初回パンフレットからの抜粋である．モレッティは「遠くから読む」の具体的な方法の一つとして「量的形式主義」を提案した．測定可能な「量的」方法でテキストを超えたジャンル的慣習，すなわち「形式」を調べ，文学史の観点からテキストより巨大な実体に接近してみようというのだ．これは社会史研究で現れた Annales 学派の量的方法論と，ロシア形式主義へのモレッティの関心が一つになった結果だと見ることができる[6]．

「量的形式主義」という概念的表現より，モレッティの「遠くから読む」をさらに印象的に見せたのが2005年に出版された『グラフ，地図，樹』という本だ．この本の序文の一部を見てみよう．

この古びた領土の中に新しい研究対象があるが，その対象は具体的で個別的な作品ではない，3つの人為的な構造物，すなわちグラフ，地図，木である．この構造物の中からテキストの実在は意図的に還元と抽象化の過程を辿る．以前，私はこのようなアプローチを「遠くから読む」と述べたことがある．しかし，その距離とは障壁ではなく特定の研究形式として作用する．より少ない構成要素で，より鮮明に形態，関係，構造，形式，モデル間の相互連結性を眺望することができるのだ[7]．

モレッティはここで「遠くから読む」という概念を詳しく説明している．「遠くから読む」は「近くから読む」と異なり，文学テキストのすべての細部を検討するのではなく，単語の選択や文章の構造など，特定の要素に焦点を合わせる．その結果，詳細事項に関する情報は不足するが，全体的な俯瞰が可能となる．また，このように把握した特定の文学テキストの構成要素を通じて，そのテキスト内部や他の文学テキスト間の接続パターン，すなわち相互連結性を確認することができる．

以上，フランコ・モレッティの「遠くから読む」について確認してみた．彼が提案した「遠くから読む」という方法論は，デジタル人文学がその志向する地点

を設定する上で大きく寄与したと評価できる．特に初期の計量的統計分析から脱却し，デジタル人文学的方法を積極的に模索することで，文学研究で広く通用する電算批評（Computational Criticism）へと進む道を切り開いたことは，意義深い成果であると言える．

2 数字，地図，ネットワーク

モレッティが『グラフ，地図，樹』を出版してからすでに20年近くが経過している．その間にデジタル人文学も大きな変貌を遂げた．コンピューティング性能とデータ容量が飛躍的に向上し，それに伴いビッグデータを扱う技術が成長したのだ．特に文学研究に重要なテキストマイニングと自然言語処理技術の発展によって，これまでにない新しい方法論が適用され，その成果が次々と現れている．筆者にこのような最新の研究成果をすべて渉猟し理解する能力はない．ただし，いくつかの関心分野で初歩的にデジタル人文学的方法論を適用した結果から判断すると，モレッティが2005年に出版した『グラフ，地図，樹』の最新改訂版は『数字，地図，ネットワーク』になるのではないかと思う．そこで，この節では「数字」，「地図」，「ネットワーク」という3つのコアワードを中心に筆者が行った，あるいは進行中のデジタル人文学研究を紹介しようと思う．

(1) 数字

「デジタル」という言葉の語源となっている英単語「digit」は，「指」を意味するラテン語の「digitus」に由来する．指で数字を数えることから「数字」という意味が派生した．文学研究において，この「数字」は「頻度（frequency）」という言葉でより控えめに表現されている．

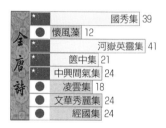

図1-1 バイグラム一致度
出典：筆者作成．

詩人が自身の詩集で「愛」という言葉を何回使ったのか，小説家の作品に登場する人物が何人であるか，その頻度を把握する作業が人文学の本質からかけ離れていて，無意味だとは言えないだろう．頻度を計算しなければならない対象テキストの大きさが増すと，人の「指」だけで数えきれないため，コンピュータを動員しなければならない．

漢詩選集の系譜研究

筆者の研究を例に挙げてみよう．筆者は中国唐詩を専攻しているため，7世紀から10世紀に発生した文学現象に高い関心を持っている．最近注目している対象は，8世紀から9世紀の間に中国と日本で出版された詩選集である．例えば，中国で刊行された『國秀集』，『河嶽英靈集』，『篋中集』，『中興間氣集』と，日本で刊行された『懷風藻』，『凌雲集』，『文華秀麗集』，『經國集』などがある．筆者が検討したのは，清代に編纂された唐詩の総集『全唐詩』を基準にした時，これらの詩選集において頻度順上位バイグラムがどれだけ一致するか，また詩選集間にどのような系譜的な関係が存在するかという点である．まず，『全唐詩』のバイグラム（bigram）頻度と各詩選集のバイグラム頻度上位100個をそれぞれ比較した．これは言い換えれば，各詩選集のバイグラムが唐詩の平均値といえる『全

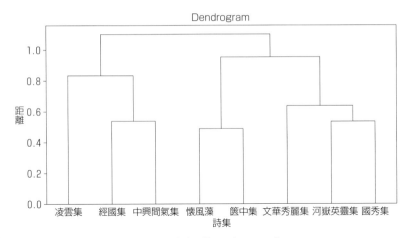

図1-2　8種詩選集のデンドログラム

出典：筆者作成.

『唐詩』上位バイグラムとどれだけ類似しているのかを評価することだ.

上位100個のうち一致するバイグラムの数は図1-1のとおりである[12]. 図は詩選集の刊行年度に応じて上から下に配列されている. 概して中国で刊行された詩選集が, 日本の詩選集に比べて『全唐詩』との一致度が高かった. これは同じ漢字文化圏の漢詩集であっても, 主題や表現にそれぞれ特徴的な面があるという点を示唆している.

各詩選集のバイグラムの種類と頻度に基づいて階層的クラスター分析を実行すると, 図1-2のようなデンドログラム（樹形図）が得られた.

図1-2では特に, 日本の詩選集とともに左側に配置されている中国の『中興間氣集』, そして中国の詩選集とともに右に配置されている日本の『文華秀麗集』が注目される. この研究は, この結果を出発点として今後さらに掘り下げていく方向にある. その基礎として, バイグラム頻度が重要であることを念頭に置いておきたい.

漢詩著者予測モデル

デジタル人文学において「数字」が重要視される理由は, コンピュータが「数字」だけを解読するからである. したがって, 文学テキストを分析するためには, テキストに使用される単語を固有の数字ベクトルで表現する必要がある. これをワードエンベディング（word embedding）と言う. 例えば, 表1-1にみられるように大韓民国の首都「ソウル」と日本の首都「東京」は, 次のようなベクトルで表される.

「① 大韓民国」から「④ 一般都市」まで4つの次元があると仮定すると, 数字ベクトルで「ソウル」は [1, 0, 1, 0] で, 「東京」は [0, 1, 1, 0] となる. 「ソウル」と「東京」がこのような数字で表現可能になれば, そこから文書分類など多様な自然言語処理作業で機械学習モデルの性能向上が期待できる[13]. 筆者は現在, 機械学習を通じて中国唐の詩人, 韓愈の詩を予測するモデルの性能を高める研究を行っている. そこで, 韓愈の詩と共に対照学習のために李白, 杜甫, 劉禹錫の詩を各3000句ずつ任意に抽出して

表1-1 「ソウル」と「東京」の数字ベクトル

	①大韓民国	②日本	③首都	④一般都市
ソウル	1	0	1	0
東京	0	1	1	0

出典：筆者作成.

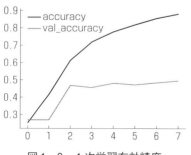

図1-3　1次学習有効精度

出典：筆者作成.

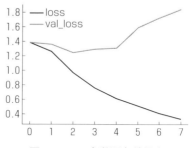

図1-4　1次学習有効損失

出典：筆者作成.

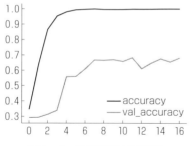

図1-5　2次学習有効精度

出典：筆者作成.

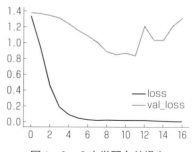

図1-6　2次学習有効損失

出典：筆者作成.

機械学習モデルの学習を進めた．その結果は図1-3，図1-4の通りである．

1回目の学習結果として，有効精度（val_accuracy）が0.5未満，また有効損失（val_loss）が1.4以上で，モデルの性能がそれほど高くないことが確認された．これは，韓愈の詩句を正確に予測する精度が50％未満であり，検証データに対して14％以上のエラーが発生していることを意味している．そこで，1回目の学習データから，予測確率が70％以上の3312個の詩句だけを選び，2回目の学習データを構成した．このデータで2回目の学習を行った結果，図1-5，図1-6の通り，有効精度が向上し，有効損失が減少するという効果が得られた．

学習データをさらに精密に調整した2回目の学習では，有効精度が60％台後半に上昇し，有効損失が1.0以下に減少し，予測品質が大幅に向上した．この予測モデルを用いて，『全唐詩』に収録された韓愈の詩句8563個を予測した結果は，表

表1-2 韓愈 詩句予測結果

韓愈	李白	杜甫	劉禹錫	小計
4,848	1,918	1,189	608	8,563

出典：筆者作成.

1-2に示す通りである.

韓愈の詩句として予測されたものは，8563個のうち，4848個で56.6％に達し，ある程度信頼性が高まった．さらに，予測結果を上位順に並べてデータを精練すれば，韓愈の詩の特性をより明確に示す詩句を抽出できるだろう．五言句と七言句で予測度が最も高く示されたものをそれぞれ5個ずつ見てみると，以下のようになる.

瀾漫不可收 波濤洶湧して，收まり難し（〈遠遊聯句〉）

巨細各不同 巨細各々異なり（〈海水〉）

密坐列珠翠 密に座り並ぶ，珠と翡翠の如し（〈晚秋郾城夜會聯句〉）

骨肉不可分 骨肉は分かち難きもの（〈送陸暢歸江南〉）

孰不謂汝妍 誰が汝を美しからざると言えようか（〈示爽〉）

偶上城南土骨堆 たまたま城南の土塁に登りて（〈飮城南道邊古墓上〉）

豈比恒人長蠢蠢 恒人と比較して，ただ長く蠢くのみ（〈贈崔立之評事〉）

蜂喧鳥咽留不得 蜂喧しく，鳥鳴きて，留まることを得ず（〈感春四首 其二〉）

梨花數株若矜誇 梨花，幾株かは矜りて咲く（〈李花二首 其一〉）

問之不肯道所以 これを問うも，ゆえを教えず（〈李花二首 其一〉）

上記の結果を見ると，予測モデルで数値が高く示された韓愈の詩句は，概して「不」という字を多く含んでいる．第六句に見られる「土骨」という詩語は，『全唐詩』において唯一の用例である.

予測モデルはこのような頻度情報を総合的に計算して予測度を算出する．また，李白の詩句として予測されたものが杜甫のものよりも多いことから，韓愈が杜甫よりも李白の詩を多く学んでいたと推測される．もちろん，これは単なる推測に過ぎないため，今後の研究でより詳しく検証する必要がある.

このように，8～9世紀に刊行された中国と日本の詩選集を『全唐詩』と比較し，階層的クラスター分析できるのは，各詩集に収められたテキストからバイグラムの頻度という「数字」を抽出できるからである．また，韓愈の詩を直接読まなくても，その詩の特徴をよく示す詩句を抽出できるのは，韓愈詩テキストに使われた詩語を数字ベクトルに変換してコンピュータが計算できるようにしているからだ．つまり，文学研究の観点から見たデジタル人文学の最初に目ざすべき地点は「数字」であると言える.

シカゴ大学の日本文学教授であるホイト・ロング（Hoyt Long）の著作『数の値打ち（The Values in Numbers）』（図1-7）も，筆者と同じ考えを共有している．ロングは計算的手法を用いて日本文学を再解釈し，「数字」を通じて文学を観察するアプローチを探求している．例えば，1887年から1957年にわたる70年間の非小説コーパスにおける語彙頻度を調査し，「日本人」とともに最も頻繁に言及された語彙が「西洋人」，「中国人」，「東洋人」の順であることを示した[14]．これは，19世紀後半から日本が近代化の過程で西洋文明と接触し，アイデンティティを確立しようとした努力が反映されたものと考察できる．当時の文学作品もこれらの傾向から影響を受けていただろう．このように，「数字」は文学研究において現象の背後にある深層に迫るための踏み台となり得るのだ.

図1-7 ホイト・ロング『数字の価値』
出典：筆者所蔵．

図1-8 筆者『中国，唐詩の国』
出典：筆者所蔵．

(2) 地　図

文学研究において「文学地図」を適切に活用すれば，作品，作家，時代背景などを視覚的に表現して研究の効率性と理解度を高めることができる．特にデジタル文学地図は，単に地理的な情報を提供するだけでなく，膨大な情報を体系的に整理して視覚的に表現し，作品のさまざまな要素に関連情報を結びつける．作品間の多様な関連性を把握できるという点からも「遠くから読む」ための優れたツールとなる可能性が高い．再度モレッティの言葉を見てみよう．

　文学地図はどのような役割を果たすのか．地図は分析を目的にテキストを整理するより優れた方法である．テキスト分析においては，ある単位を選択し，出来事を探し，特定の空間にそれを位置させる．または異なる表現をするなら，テキストをいくつかの要素に還元し，それらを叙事の流れから抽象化し，先での地図のような，新しく人為的な対象を構成する．もう少し運が良ければ，そのように作られた地図は，部分の合計よりもさらに大きくなるだろう．新たに発現する個別地図の特性は，下位の段階からは見られなかったものである．[15]

朝鮮使行詩の研究地図

筆者が2014年に出版した『中国，唐詩の国』（図1-8）は，現代中国の随所に残る唐詩の関連遺跡を探訪する文学紀行である．10年以上かけて中国13省に散在する遺跡を訪ね歩き，1万2500 kmを移動した．「唐の地図」を手に，休みのたびに中国現地を踏査したのは，唐詩200余首をさらに「近くで読む」ための努力の一環だった．そのおかげで，この本は日刊紙の新刊図書紹介欄に特筆して紹介され，筆者も地上波放送であるKBSの図書関連番組「TV，本を読む」に出演し，この本が出るまでのエピソードを伝えることができた．紙の地図を手に，汗を流しながら文学現場を歩き回ることは，文学研究者だけが享受できる楽しみであり，贅沢ではないかと思う．

『中国，唐詩の国』を出版してちょうど10年が経った2024年に，筆者は米国アリゾナ州立大学のチョ・スクジャ教授が主催したワークショップ[16]に招かれ，「朝鮮使行詩に描かれた明帝国——デジタル人文学的アプローチ」という論文を発表した．朝鮮使行詩とは，朝鮮の使節たちが朝鮮の首都漢陽を出発し，明の首都北京まで行き来する往復2600kmの旅程中に創作した詩を指す．『中国，唐詩の国』のようなアナログ人文学の方式なら，中国丹東から出発し北京まで現場踏査を並行して研究を進めたかもしれない．

しかし，ワークショップの発表までの時間制約によって，デジタル人文学に頼ることになった．まず，韓国古典総合DB[17]により提供されているデジタルテキストから朝鮮詩人19人の使行詩2716首を確保した．「近くで読む」方式により，これらの詩編から地理情報が含まれた718編を抽出した後，これを基にグーグル地図（Google Maps）を利用して「使行詩地図」を作成した．この「使行詩地図」を使うことで，朝鮮の使節たちが移動したルートを一目で把握できるだけでなく，場所ごとに創作された使行詩の数量を記号で示し，朝鮮の使節たちが使行のルートのどこに最も興味を持っていたかを確認することができる．

また，このグーグルマップは3D地図であるグーグルアース（Google Earth）と連動しているため，3D地図を使用して直接移動し，使行詩の創作現場の位置と地形を確認することもできる．[18]例えば，主要使行詩の創作地点の一つである鳳凰山の位置と地形をグーグルアースで確認してみると，使行路線の中で，朝鮮の国境からさほど遠くない通遠堡近くに位置する鳳凰山は，海抜836メートルの高さを誇っている．グーグルアースを見ると黒っぽい山の色が目につくが，この情報を通じて尹根壽という詩人の使行詩[19]にこの山が「美人の鬢」と描写された理由を推し量ることができる．直接現場を踏査すればさらに多くの研究資料を得ることができるが，デジタル地図が提供する情報の水準も大きく向上したことがわかる．

唐詩「天の彼方」のイメージ研究地図

筆者が2024年に『中国学報』に発表した論文「唐詩『天の彼方』イメージ研究」[20]においても，部分的にデジタル地図を活用した．『全唐詩』には「天涯」や「天邊」のように「天の彼方」を意味する詩句が479例も散在している．この中から「天の彼方」が指す地域を特定しうる詩を257首抽出し，詩句に応じて異なるレイヤーを設定してGoogleマップに表示した．

この地図は唐詩に現れた「天の彼方」のイメージを，「遠くから読む」方式で見せている．この地図から，唐詩における「天の彼方」が西側の新疆ウイグル自治区，東側の日本，南側のベトナムだけでなく，唐の領土全体を指していることがわかる．これは首都である「長安」に対する強い愛着を反映している．唐の劉禹錫の詩にある「春明門の外，すでに天涯」[21]という詩句も，それほど誇張された表現ではなかった．

マーティン・イブ（Martin Eve）の指摘のように，文学地図は過去数世紀の間，継続的に作成されてきた．もちろんコンピュータの助けなしでもこの作業を遂行できるが，コンピュータ地図ソフトウェアが文学研究者の地図に対するアクセスを大きく拡大させたのだ．特にデジタル地図は，多数の研究者が同じ地図で作業できる環境を提供するので，協業による大規模な研究が可能になるという利点がある．[22]

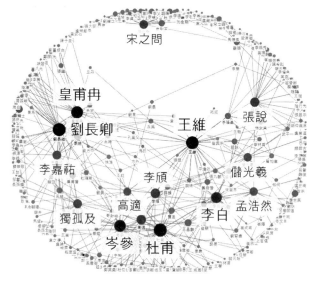

図 1-9　初，盛唐　詩人のネットワーク
出典：筆者作成．

(3) ネットワーク

一般的に，文学研究は作品そのものの分析に焦点を合わせる．しかし最近では，作品を単なるテキストとしてではなく，作品の登場人物，作家，時代的背景などが互いに関連するネットワーク（network）として捉える傾向が出てきている．ネットワークの観点から文学を見ていくと，作品内の登場人物の関係，作家の社会的地位と影響力，時代背景と作品との関係に対する理解を深めることができる．その結果，新たな研究テーマを発見したり，先行研究を新たな視点から解釈する機会を得られる．[23]

デビッド・エルソン（David K. Elson）らが2010年に発表した論文「文学小説から社会ネットワークを抽出する」[24]は文学研究にネットワークをどのように活用できるかについて有益な示唆を残した．著者たちは登場人物の対話を基に，19世紀の英国小説60編に現れた社会ネットワークを分析した．その結果から，小説作品の登場人物数が多ければ対話量が減り，都市を背景にした小説が農村を背景にした小説よりネットワークが複雑だという既存の通念を修正する必要があると主張した．これは，ネットワークが文学研究において「遠くから読む」方式で新たな洞察を提供し，既存の理論を補完することに寄与できることを示している．

唐代詩人の社会ネットワークの分析

筆者もネットワークの概念を文学研究に適用した先行研究から大きな示唆を得ることができた．そして2016年，韓国研究財団の支援を受け「唐代詩人の社会ネットワーク分析」という研究課題を遂行し，その結果として2つの論文を学術誌に掲載した．[25]この研究課題は，『全唐詩』に収録されている社交詩をすべて抽出し，これをネットワークとして整理する作業を基に進められた．社交詩のジャンル特性上，詩を送る送信者とその詩を受け取る受信者が存在する．筆者はこれ

らの送信者と受信者の身元情報を確認した後，時期と流派など多様な角度からネットワークを分析してみた．図1-9とともに研究結果の一部を紹介する．

図1-9は初唐と盛唐時期の詩人たちのネットワークを「連結中心性」を基準にし，ノードエクセル（NodeXL）で整理したものだ．点の大きさが連結中心性の強さを示しており，この基準で見ると，初唐と盛唐のネットワークの核心を成す詩人は王維，杜甫，劉長慶の3人となる．ノードの位置と密集度を通じて詩人群集に対する輪郭も描くことができる．李白は孟浩然，儲光羲と群集を成し，杜甫は高適，岑參と群集を成す．そして群集を成す詩人同士が多くの影響を及ぼしあうことになるというのが筆者の考えである．したがって，このネットワークの中心を成していながらも，群集とは多少距離を置いている王維の詩世界がより独立的であると推測される．また，王維，李白，杜甫に比べて相対的にあまり知られていない劉長卿も皇甫冉，李嘉祐などと群集を成しており，彼の位置と役割に対するさらなる分析が必要だと見られる．

唐詩の歴史人物イメージ研究

筆者は社交詩のネットワーク分析の経験を生かし，2023年から再度韓国研究財団の支援を受け「唐詩の歴史人物イメージ研究」というタイトルの研究課題を遂行している．この研究は唐詩に引用されている歴史人物に関する大規模なデータを構築し，これを分析して唐詩の歴史人物イメージの総体的様相を明らかにしようとするものである．『全唐詩』などの資料を検討した結果，約7千篇の唐詩で歴史人物を引用した事例が1万件以上になると推算された．この研究ではビッグデータ構築を基盤に，ネットワーク分析を通じて時期別，詩人別，歴史人物別の

特徴と文学的効果を把握している．図1-10を通じて現在まで行われた研究結果の一部を紹介する．

図1-10は，唐代の詩人，李白と杜甫が彼らの詩の中で2回以上言及された歴史人物を，ネットワーク分析ツールであるジーフィ（Gephi）を利用して視覚化したものだ．この図が示す内容について，より詳しい分析が必要だが，直観的に2つの特徴的な面貌が感知できる．第一は，引用した歴史人物の数で，李白が杜甫よりはるかに多いということだ．これは李白と杜甫の一般的な印象とは異なる結果であるため，より詳細な検討が必要だと言える[26]．第二に，李白と杜甫が頻繁に引用した歴史人物がそれぞれ異なるということだ[27]．李白は陶潛，謝安，謝靈運などについて多く言及したが，杜甫は司馬相如，賈誼，諸葛亮，阮籍などについて多く言及している．これは，二人の詩人への従来の評価と概ね一致する部分だ．李白は自然，隠居，風流，浪漫などと関連した詩を多く創作し，杜甫は社会，政治，批判，現実などと関連した詩を多く創作したためである．

筆者が遂行してきた，あるいは遂行中の研究を見ると，ネットワークには「遠くから読む」効果が充分期待できると判断される．ノードエクセルやジーフィのようなネットワーク分析ツールは，伝統的な研究方法では把握しにくい複雑な社会的相互作用を視覚化してくれる．これによる文学史研究分野での新しい洞察を期待できると同時に，作家や文学作品が現在または過去とどのように連結されるかについての構造分析も可能にしてくれるだろう．

3　機会と挑戦

筆者は2024年の1学期に，初めて大学

図1-10　李白と杜甫の詩における歴史的人物の引用
出典：筆者作成．

院の授業でデジタル人文学関連講義を開設した．筆者の実力は専門家には及ばないが，デジタル人文学教育が急がれているという考えに駆られてのことだった．「教学相長」を掲げ，一学期の間，理論と実習を並行した結果，微弱ながらその第一歩を踏み出したということにその意味を見出すことができそうだ．大学院生，そして博士過程の聴講生と共にデジタル人文学関連の内容を討議した考えを整理しながら，さらに力を増すデジタル人文学への機会と挑戦に，今後どのように対応すべきかを考えてみたい．

(1) データ前処理

デジタル人文学の最も大きな特徴は「データ」と「視覚化」である．精製する前のデータを原資料（raw data）と呼ぶが，この原資料をどれだけ研究目的に合わせて前処理できるかが研究結果の質を左右すると言っても過言ではない文学研究では，一般的に原資料が言語テキストであるため，自然言語処理技術を習得する必要がある．この過程で特に必要なのが，正規表現（regular expression）である．個別言語で発見される複雑な文法規則も正規表現式を使えば簡潔に表せることが多いため，データ前処理のための正規表現式を身につけることは必須不可欠だと言える．[28]

この言語データの前処理において重要な作業の一つはトークン化（tokenization）である．トークン（token）とは，文法的にこれ以上分割できない言語要素を指し，トークン化はコーパスからトークンを分離する作業を意味する．トークン化には，文章トークン化と単語トークン化の２つのタイプがある．文章トークン化はテキストから文章を分離することであり，単語トークン化は文章から単語を分離することだ．[29] しかし，言語タイプ別にトークン化方式にも違いがあるので

注意が必要だ．例えば，韓国語，日本語，英語，中国語が添加語，屈折語，孤立語などでその類型が異なり，韓国語と英語は一般的に分かち書きをする反面，日本語や中国語にはそれがないため互いに異なるトークン化方法を適用しなければならない．

(2) コーディング

文学研究者がデジタル人文学に入門して直面する最大の難関は，コーディング（coding）ではないかと思う．文学研究のためのデータを十分に確保したとしても，大規模なデータを研究者が直接分析することは難しい．したがって，コンピュータにデータ分析作業を指示する必要があり，そのために指示をコンピュータが理解できる言語に変換する作業がコーディングである．ほとんどの外国語学習がそうであるように，コーディングを学ぶことも容易なことではない[30]．筆者も2020年頃からパイソン（python）コーディング関連書籍を購入し，独学を試みてみたが，三日坊主に終わるのが常だった．例えば，スペイン語で作成された中国文学関連の先行研究を参考にしようとしたところ，スペイン語を新たに勉強するという気分になり，モチベーションが下がってしまうというような具合だ．

コーディング学習をほぼ諦めかけた時，魔法のランプのように登場したのがChatGPTだった．ChatGPTの学習データにはプログラミング言語も含まれており，コーディングも可能となったのだ．そのため，機械翻訳と同様に，ChatGPTは筆者がデジタル人文学作業のために指示した韓国語を，Pythonのようなコーディング言語に翻訳してくれる．もちろん，一般言語と同様に，アルファベットや基本文法の知識が全くないと，コーディングの習得は依然として容易ではな

い．しかし，難しい単語や文法を知らなくとも意思疎通が可能になったということが重要である．最近では広く使われているコーディングプラットフォームであるグーグルコラボ（Google Colab）にも生成AIが搭載され，コード作成がより効率的に行えるようになった．

(3) ライブラリ

研究者が心血を注ぎ開発した優れた性能のオープンソースライブラリ（library）を無料で活用できるのは，デジタル人文学の大きな魅力である．たとえ独自のライブラリを開発する能力がなくても，費用負担なしに最新技術により文学テキストを分析できるからだ．コードの共有と改善が自由なため，自分の研究目的に合わせてコードを変形することも可能だ．また，このように改善されたコードを同僚研究者に再公開することで，研究の透明性と再現性を確保し，技術開発の好循環経路を構築することができ，学生たちに実習用として提供することもできる．

第2節(1)で紹介した筆者の研究もこのオープンソースライブラリに大きく助けられた．パイソンコーディングでは，数値計算と時系列データ分析のためにナムパイ（NumPy）とパンダス（Pandas）を基本的に使用し，データ分析結果の視覚化のためにマットプロットリブ（Matplotlib）またはシーボーン（Seaborn）のようなライブラリがよく使われる[31]．

このような基本的ライブラリの他に，ある詩集の階層的群集分析はサイキックラーン（scikit-learn）のTfidfベクトライザー（TfidfVectorizer），サイパイ（SciPy）のdendrogramとlinkage関数を活用し，韓愈の詩の予測機械学習はテンソルフロー（TensorFlow）のKerasライブラリを使った．だが，このようなライブラリ

を文学研究に活用する前に，開発に当たった領域でどのような成果と限界が議論されているのかを調べる必要があるだろう．それは，ある文学批評理論が素晴らしいからといって，自分の文学研究に無批判的に受け入れられないのと同じである．

（4）ツールとソフトウェア

　文学研究に限って見ると，デジタル人文学はデータを前処理・分析し，時として視覚化する作業である．このような作業はコンピュータを利用するツール，又はソフトウェアを必要とする．筆者が今まで行った研究では，データ前処理と分析にはノートパッドプラスプラス（Notepad＋＋），AntConc，エクセル（Excel），グーグルコラボ（Google Colab），視覚化にはグーグル地図，ノードエクセル（NodeXL），ジーフィ（Gephi）などが必要だった．問題は文学研究者がこれらのツールまたはソフトウェアを円滑に活用するための指南書がほとんどないということだ．一部のツールやソフトウェアのホームページには，説明がある場合もあるが，たいていは英文テキスト使用者中心になっている．そのため，中国語や日本語のテキストを分析しようとすると，難関にぶつかることが多い．文学研究者のためのツールとソフトウェア指南書とその普及が急がれる．

　ChatGPT-4.0で提供するデータアナリスト（Data Analyst）とコードコパイロット（Code Copilot）も有効である．ChatGPT-4.0以上のバージョンでは，ユーザーがファイルをアップロードしてChatGPTに，データの前処理または分析を指示することができる．例えば，『旧唐書』と『新唐書』の「王維傳」をアップロードし，「二つのテキストで使われた共通の2グラムを抽出せよ」と指示すれば，ChatGPTが自ら必要なコードを作成して分析結果を提示する．コードコパイロットは，コードの作成と修正，コードのバグを見つけるデバッグ，コードの品質を検討し，改善事項を提案するレビューなどを提供する．8種の漢詩集間の階層的群集分析を遂行したコードも，筆者がChatGPTのコードコパイロットで作ったものである．

（5）人文学の道を見失わないために

　筆者が考える望ましいデジタル人文学の目指す地点は，既存の方法論では解決しにくかった人文学の課題をコンピュータの力を借りて解決することである．したがって，デジタル人文学の出発点はあくまでも人文学でなければならない．そうでなく，単にデジタル技術を開発したりテストするために人文学データを使用するのであれば，それはデータ科学であってデジタル人文学ではない．ゆえに，デジタル人文学が人文学的な問題意識の深化を置き去りにし，デジタル技術の適用だけに焦点を置く研究動向を警戒するリュウ・インテの指摘は正しいと言える[32]．さらに一歩進んでデジタル人文学が，既存の人文学と軌を異にする新しい方式で知識を生産し，さらに人間の想像力を引き上げることができれば理想的だろう[33]．

　デジタル人文学が人文学の道を見失わないために，いくつかの点に注意する必要がある．第一に，デジタル技術そのものには問題点や偏りが存在する可能性があるため，技術の限界についても明確に認識する必要がある．第二に，確証バイアスに陥り，自分の主張に有利なデータのみを選択することがないように注意する必要がある[34]．人文学は常にデータの信頼性を評価し，批判的に分析することに努めなければならない．第三に，デジタル人文学研究によって引き起こされる倫

理的問題について検討する必要がある．
データの収集，分析，公開の過程で個人
情報や知的財産権の保護，研究倫理の遵
守において責任ある姿勢を持つべきであ
る．

　こうした注意点を踏まえつつ，明確な
人文学的問題提起からデジタル技術を利
用する革新的な方法論を設計し，豊富な
データを活用して深層的な分析を通じて，
人文学分野に意味のある結果を導き出す
ことが，デジタル人文学の究極的な目標
であるべきだろう．

おわりに

　本章では筆者の実際の研究経験を土台
に，デジタル人文学が文学研究に及ぼす
影響について多様な角度から検討した．
デジタルトランスフォーメーションは膨
大なテキストデータを処理し分析できる
ツールを提供することで，文学研究に新
しい地平を開いた．テキストマイニング，
ネットワーク分析，機械学習などの技術
により，既存の研究方式では接近しにく
い文学的現象を探求することができるよ
うになった．

　文学研究におけるデジタル人文学の寄
与として，以下の三つがある．第一に，
膨大な文学テキストを分析することで，
新しい研究上の問いを導き出すことがで
きる．第二に，多様な視覚化ツールを活
用して研究結果を直観的に理解できるよ
うにする．第三に，多様な学問分野との
協業によって，多角的な研究が可能にな
る．つまり文学研究でのデジタル人文学
は，文学研究の意味をより豊かにし，研
究者の創意性を高める潜在力を持ってい
るといえる．

　特に，ここでは文学研究におけるデジ
タル人文学の指向点を「数字」，「地図」，
「ネットワーク」に設定し，これについ
て重点的に論じた．まず，「数字」の概
念はテキストの単語と文章を量的に分析
することを指す．これは，頻度分析や
ワードの埋め込みのような方法を通じて，
文学テキストの構造的特徴を把握するの
に有効である．例えば，特定時期の詩集
で共通して現れるバイグラムの頻度を分
析して文学的傾向を導き出すことができ
る．このような分析は文学研究において
新しい洞察を提供し，テキストの隠され
たパターンの発見に寄与するだろう．

　次に，「地図」の概念は文学テキスト
で言及された地理的情報を視覚化するこ
とを指す．デジタル文学地図は単に地理
的位置を表示するだけでなく，テキスト
間の関連性を視覚的に表現することで文
学的解釈を助ける．例えば，朝鮮使節の
使行詩を土台に使行ルートを視覚化すれ
ば，使節がどの地域により多くの関心を
持ったのか，どのようなルートを通じて
移動したのかを一目で把握することがで
きる．これは文学テキストの地理的脈絡
を理解する上で重要なツールとして機能
している．

　また，「ネットワーク」の概念は文学
テキスト内の登場人物，作家，時代的背
景などの相互関連性を分析する．これを
通じて作品間の相互作用と文学的影響関
係を視覚化することができる．例えば，
唐代の詩人の社会ネットワークを分析す
れば，特定の詩人が他の詩人たちとどん
な関係を結んでいたかが分かる．これは
文学研究で新しい研究テーマを導き出し
たり，既存の理論を補完するのに大きく
役立つと思われる．

　しかし，デジタル人文学への盲信がも
たらす副作用にも警戒しなければならな
いだろう．データの量的分析に重点を置
くあまり，文学テキストの本質的価値と
意味を見過ごす危険があるためだ．デジ
タル技術自体が持っている限界とバイア

スを認識できなければ，研究結果の信頼性を確保するのは難しい．また，デジタル人文学の研究過程における倫理的問題も見逃してはなるまい．データ収集と分析，公開過程において個人情報保護と知的財産権を遵守する責任ある研究が求められる．

　今後，デジタル人文学は技術の発展とともに，より多くの可能性を開くと期待される．高度化した自然言語処理技術と人工知能による文学テキスト分析は，より精巧で深層的な研究を可能にするだろう．これにより，文学研究は新しい方法論や視点を導入し，より広範囲な文学的現象を探求できるようになる．デジタル人文学は文学研究の新しいパラダイムを提示していると言っても過言でない．しかし，この過程においては人文学の本質を失わず，技術と人文学が共存できる道を模索する必要がある．バランスの取れたアプローチによってこそ文学研究の革新を進めることができる．デジタル人文学はこれからも伝統的な文学研究方法論と調和し，共により豊かな研究結果を導き出すための重要な道具となるだろう．

注
1 ）〈https://www.youtube.com/watch?v=Xu6Z1SoEZcc〉，2024年6月5日アクセス．
2 ）Franco Moretti, "Conjectures on World Literature" *New Left Review*, 2000, p. 57.
3 ）フランコ・モレッティ（キム・ヨンギュ訳）『遠くから読む』ヒョンアム社，2021年，p. 101.
4 ）モレッティ，前掲『遠くから読む』，p. 99.
5 ）Sarah Allison et al., "Quantitative Formalism: an Experiment," *Literary Lab Pamphlet1*, 2011, p. 6.
6 ）キム・ジソン「遠読とデジタル人文学」『韓国近代文学研究』第24集，2023年，p. 50.
7 ）フランコ・モレッティ（イ・ジェヨン訳）『グラフ，地図，樹——文学史のための抽象的モデル』ムナクドンネ，2020年，p. 7.
8 ）キム・ヨンス「世界文学とデジタル人文学方法論——韓国学会のモレッティ研究」『批評

と理論』24（3），2019年，p. 68.
9 ）このような意味で中国語で「デジタル」を「数字」と表現することには一理ある．
10）このうち日本の詩選集4種の原文は浦木裕という筆名で活動する台湾黄祖虹のホームページ「久遠の絆」〈https://miko.org/~uraki/kuon/，2024年6月5日アクセス〉からダウンロードした．
11）金俊淵「バイグラム（bigram）分析による《全唐詩》常用語彙研究」『中国文学』118，2024年．
12）詩選集刊行年度順に上から下へ配列されている．
13）単語埋め込みモデルで「ソウル－大韓民国＋日本」を計算すれば結果値として「東京」が出てくる．これは「1，0，1，0」から①の「1」（大韓民国である）を引くと「0」（大韓民国ではない）になり，②で「0」（日本ではない）に「1」（日本である）を加えると「0，1，1，0」になるからである．このように数字ベクトルを使えば単語間の演算が可能となる．
14）Hoyt Long, *The Values in Numbers*, Columbia University Press, 2021, p. 226.
15）モレッティ，前掲『遠くから読む』，p. 71.
16）Sinocentric Involution and Oscillation in Choson Korea: Understanding China and the East Asian World from Choson, 1392-1910, February 23-24, 2024, Arizona State University, Tempe.
17）〈https://db.itkc.or.kr/〉，2024年6月5日アクセス．
18）これに関して，ハンヌ・サルミとチェ・ヨンチャンの訳書『デジタル歴史とは何か』（アルフィ，2024年，p. 121）によれば，デジタル地図は2次元の世界を超えて3次元を再現するため，過去に対するより広い視覚的視点を提供することができる．
19）尹根壽，〈鳳凰山〉：道行く車が再び鳳凰山を通り過ぎる時，振り返ると雲が遥かに広がっている．空の果てのいくつもの峰は誰に似ているか．まるで鏡台の前で化粧を終えた美人の髪のようだ（征車又過鳳凰山，回首煙雲縹緲間．天外數峯誰得似，鏡臺粧罷美人鬟）．
20）金俊淵「唐詩『天の彼方』イメージ研究」『中国学報』108，2024年．
21）柳禹錫「和令狐相公別牡丹」：平章の家の裏庭に一輪の花あり，その花が咲く時には私はもう家にいないだろう．二京（長安と洛陽）との別れが遠くないといえど，春の光が射す

門の外はもうすでに天涯のように感じる（平章宅裏一欄花，臨到開時不在家．莫道兩京非遠別，春明門外即天涯）.

22）Martin Paul Eve, *The Digital Humanities and Literary Studies,* Oxford University Press, 2022, p. 127.

23）キム・ヨンス「社会ネットワーク分析と文學研究——英米文学と韓国文学を中心として」『批評と理論』26(2)，2021年，p. 60.

24）David K. Elson, Nicholas Dames and Kathleen R. McKeown, "Extracting Social Networks from Literary Fiction." *ACL '10: Proceedings of the 48th Annual Meeting of the Association for Computational Linguistics,* 2010, pp. 138-147.

25）金俊淵「唐代詩人の社会ネットワーク分析(1)」『中国学報』82，2017年，金俊淵「唐代詩人の社会ネットワーク分析(2)」『中国学報』91，2020年.

26）李白は商人の家出身で先天的才能に優れ，杜甫は文人の家出身で後天的学習に多くの努力を傾けたという各々の印象の傾向を指す.

27）ジーフィにより視覚化された図では，頻繁に言及している人物が太く濃い矢印で表示されている.

28）ホブソン・レーン他（リュウ・グァン訳）『パイソンで学ぶ自然言語処理インアクション』Jpub，2020年，p. 13.

29）パク・サンオン，カン・ジュヨン『パイソン　テキストマイニング　完全ガイド』ウィキブックス，2023年，pp. 16-20.

30）スタンフォード大学でデジタル人文学を教えているクイン・ドンブロウスキー（Quinn Dombrowski）教授は「コーディングを学ぶ人にとって，高度な計算能力を持つ研究者のコード作成を見るのは，数週間も勉強していない言語で二人の話者が流暢に速いペースで会話をしているのを見るのと同じくらい，威圧的である可能性がある」と指摘している（James O'Sullivan, *The Bloomsbury Handbook to the Digital Humanities,* Bloomsbury Publishing Plc, 2023, p. 139）.

31）ジョン・チャンウク他『TensorFlow2と機械学習で始める自然言語処理』ウィキブックス，2023年，p. 16.

32）リュウ・インテ「デジタル人文学は人文学だ」『人文論叢』第77巻3号，2020年，p. 392.

33）キム・ヒョン，イム・ヨンサン，キム・バロ『デジタル人文学入門』HUE BOOKS，2018年，p. 246.

34）リュウ・インテ他『デジタルで読み，データで書く』パクムン社，2023年，p. 142.

第2章
デジタル人文学のアポリア
——人文知と情報知のはざまで——

山田 奨治

1 「デジタル人文学のアポリア」とは

　人文学に関するデジタル情報が大規模に蓄積・公開されている．その量は，21世紀初頭とくらべてみても劇的に増えている．「国立国会図書館デジタルコレクション[1]」や，国文学研究資料館の「国書データベース[2]」，あるいはボランティアによる「青空文庫[3]」などの取り組みによって，国内外からインターネットを介してアクセスできる資料が格段に増加した．理工系の深い知識がなくとも使えるデジタル・ツールが増え，視覚的に見栄えのするプレゼンテーションを誰でも簡単に作ることができるようになって久しい．また，地理情報システムの進化によって，位置情報を伴うデータを分析してビジュアル化することも容易になった．そうした流れは「デジタル人文学」（以下，DH）と称されるようになり，いまや世界的なバズワードになっている[4]．人文学の領域では，もはやDHにしか予算がつかず，ポストもないといって過言でない時代にあることは，いまや関係者の共通認識だろう．経済とイノベーションへの貢献を大学に求める政策のもと，縮小を強いられてきた人文系の学部にとって，DHが「救いの舟」になっていることは否めない．さまざまな意味合いにおいて，DHには人文学の内外からの期待が集まっている．

　この議論を進めるためには，DHとは何かの定義が共有されていなければならない．ところが万人が諒解するDHの定義は，未だ存在しないといってよい．DHとは学際的なプロジェクトの形態のことだとの意見もあれば，あるいは自律したディシプリンを指向するものとの考え方もある．デジタルは情報の態様のことであり，人文学は学問領域のことである．したがって，DHの学問としての主軸は人文学にあるのだと考えられる．シドニー工科大学のアン・バーディックらによるDHのショート・ガイドによると，DHが拓くチャンスとして「人文学に関心を持つ層と社会的インパクトが拡大され」「人文学の研究範囲を拡大し，その質を向上させ，注目度を高める研究手法を発展させ」ることをあげている[5]．要するに同ガイドでは，DHの貢献先は人文学であることが表明されている．

　国立情報学研究所で幾多のDHプロジェクトを率いる北本朝展は，DHを「人文学的問題を情報学的手法を用いて解くことにより新しい知識や視点を得ることや，人文学的問題を契機として新たな情報学の分野を切りひらくことなどを目指す，情報学と人文学の融合分野」と定義している[6]．ここには人文学と情報学を往還する視点があるものの，人文学的問題を「解く」あるいはそれを「契機」とすることで拓かれる情報学がイメージされている．

　DHで盛んに進められたプロジェクト

は，情報の蓄積と探索，システム開発，そしてプレゼンテーションの部分であろう．これらは，研究プロセスの上流にあたる調査の部分と，下流の発表段階に位置するものである．人文学研究の中心は，資料の読解・批判・分析・比較・検討を経て，最終的には新しい知見を導くことにあると考える．資料の分析や比較の段階で，デジタル技術によるビジュアル化の助けをえることはあるだろう．しかし，研究的な思考をするのはあくまで人間であり，数値的・機械的推論が人文学者の思考にとってかわるようなことは，いまのところほとんど起きてはいないようだ．

　DH を資料への検索性とアクセスを高め，視覚的な表現を与えるものと理解している限りにおいて，それは人文学に貢献するものである．また，DH は人文資料をより公衆に開かれたものにするための技術的な貢献とみるならば，それにはたしかに意義がある．しかし，研究である以上は，それは人類の知の営みに何かしらの新しいものを加えることを目指すべきであろう．ところが，DH は人文学に革新的な新知見をもたらしうるかもと考えるならば，その期待は裏切られることになる．その原因として，DH が根源的に抱えているアポリアがあるのではないかと考える．

　筆者は「デジタル人文学のアポリア」を，つぎのように定義する．

> デジタル人文学的手法で導かれた知見は人文知を覆さない．なぜならば，その問題設定と知見の妥当性は，従来からの人文知に沿って評価されるからである．

　DH の成果は，人文知から外れない限りにおいて認められる．DH が既存の人文学とは異なる方法論で人文知を覆すような結果を出せば，それは人文学のコミュニティーにとって受け入れがたいものになる．結果として DH の研究成果は，従来からの人文知の補強かその言い換えに過ぎないものに留まる．DH が人文学に進歩をもたらしうるとすれば，現状では人文知に仮説を加えるのみで精いっぱいだろう．人文知によってしか問題設定の妥当性と結果を検証されえないがゆえに，それとは異なる方法論をとる DH による新知見は認められにくい．それが「デジタル人文学のアポリア」である．

　同様の見解は，他の研究者からも表明されている．たとえば，日本の DH をリードしてきた人文情報学研究所の永崎研宣は，2024年3月13日に九州大学にて開催された DH 国際シンポジウム「接続する人文学」にて行った講演で，人文情報学は「人文学的に意味のある成果を見出し／導き得る」ことが重要だと強調し，DH の成果の評価軸はあくまで人文学の側にあるとの考えを表明している[7]．

　もちろん，DH が目指すのは従来からの人文知を覆すような知見を発見することだけではない．デジタル手法を適用する大前提となる，資料のデジタル化と蓄積といった地道な作業を積み重ねることの重要性は，いささかも揺らいでいない．そうして作られたデジタル・アーカイブを活用して，資料へのアクセスや未発見資料の探索を容易にすることも，DH の大きな役割である．DH 手法を用いた，わかりやすく魅力的なプレゼンテーションも，研究成果の理解の促進のためにひきつづき有効である．何よりも，人文学と情報学とが協働することの意義は大きい．とはいえ，DH によって人文学に新たな知見をもたらすことを目標にすると，途端にアポリアが立ち現れる．

　読者のなかには，いや DH によって資料の探索とアクセスが容易になり，人文学に新知見がえられるようになってい

る，アポリアなど存在しないという意見もあろう．だが，それは紙の蔵書カードが電子カタログに代わった延長線上にある成果であって，DH による新知見とはいえないと筆者は考えている．OPAC で検索してみつけた資料をもとに論文を書いたからといって，DH による新知見とはいえないのとおなじことだろう．研究プロセスの中心部分である思考や reasoning のプロセスに情報学的な手法が入り込んで，はじめて DH による人文学の新知見といえるのではないか．

本章では，DH に関する筆者の取り組みを振り返りながら，この「デジタル人文学のアポリア」について考察する．

2　DH のケーススタディ

(1)　すべての基礎として，デジタルデータの蓄積・公開

まず資料がデジタル化され，それにアクセスできなければ DH 研究ははじまらない．しかしながら，たんなるデジタル化やデータベース（以下，DB）作成だけでは，「研究」としての価値は認められにくい．科研費でデジタル化を行うには，「データベース科研」の種目に応募するか，その他の科研費では研究課題遂行の一部として小規模なデジタル化を含めるしかない．大規模なデジタル化と DB 開発は，組織や学界をあげてのプロジェクトを立てない限り困難だろう．

本節では，筆者が関わったデジタル化・DB 化のプロジェクトから三つを紹介する．これらのなかには，組織をあげての大規模プロジェクトもあれば，小さな規模の仕事を長年にわたって積み上げているものもある．第一は，筆者が勤務する国際日本文化研究センター（日文研）の「怪異・妖怪伝承データベース」（2002年公開）である．これは，日本で出版された民俗学雑誌，近世随筆，県史から怪異・妖怪事例を抽出し，それらの書誌情報と事例の要約を公開しているもので，2024年4月時点で3万5257件の報告が収録されている．妖怪研究の第一人者である小松和彦・日文研前所長の監修のもと，数十名におよぶ（当時の）若手研究者・大学院生らが精力的に事例を収集して作られたものである．日本の妖怪文化に関する最も基本的な DB として，研究者のみならず創作者や妖怪愛好家のあいだでも広く利用されている．筆者は収集項目の策定とシステム開発，更新メンテナンス，分析を担当してきた．同 DB は2007年に一応の「完成」となったものの，本書刊行時点でも内容の見直しと修正をつづけている．

第二は，おなじく日文研の「古事類苑全文データベース」（2008年公開）である．これは明治から大正にかけて国家プロジェクトとして編纂された『古事類苑』全6万7206頁を全文テキスト化することを目標に掲げたものだ．元・国文学研究資料館教員で和漢比較文学者の相田満と筆者の二人三脚で進め，2008年から毎年少しずつデータを追加してきた．ただ，多様な組版とユニコードにない外字の頻出で，作業は困難を極めてきた．途中からは OCR を全面的に活用し，外字作成を断念し，校正方針を変えて作業の加速をはかった．それでも，2024年4月時点で2万704頁分を公開するのがやっとである．同 DB は，前近代の日本の諸概念について学習，あるいは研究の端緒をえるには好適なもので，その作成意義は大きいと考えている．近年は，生成 AI にとって好適かつ良質な学習データになっているようで，関連企業からのクローリングによるトラフィックが急増している．そのような人文学研究に留まらない利用が拓かれていることから，全巻の全文テ

キスト化が望まれる．しかしながら圧倒的に予算が足りず，筆者が現役のあいだにそれを実現することは，叶わないだろう．

第三は，やはり日文研で作成した「テレビコマーシャル動画像データベース」である．テレビCMは時代を写す鏡であると，ネット広告が広く普及するまではいわれてきた．しかし，テレビCMをもとに文化研究をしようとしても，著作権の問題やアーカイブの不在によって，過去の作品を参照することが困難だった．その問題を克服するために，日本のテレビCM界でもっとも権威のあるACC賞を受賞した1961年から1997年までの4411作品を，同賞主催団体の承諾をえて日文研でデジタル化し，研究目的に限って所内でストリーミング閲覧できる環境を2002年に整えた[10]．現在では過去のテレビCMは違法にアップロードされたものも含めて，相当数をYouTube等で観ることができるし，研究者が利用できるデジタル・アーカイブも存在する[11]．しかし当時としては，日文研のDBは貴重な存在だった．それをもとに2003年度から3年間の共同研究会を開き，CMを文化として捉える学際的な視点を拓き，2007年にその成果を出版した[12]．DBを共有し，研究者間の議論の土台にするこの研究スタイルはたいへん有効だった．同研究会からは京都精華大学，立命館大学，大阪市立大学などに派生プロジェクトが生まれ，参加していた若手からは，それぞれの分野で日本を代表する研究者に育った者が何人もいる．研究領域の創成と研究者の育成の面でも，DH的な手法が貢献した一例と考えている．

以上のように，それまでアクセス不能だったものや，人力では到底探し出せないものがDHによって検索可能になって，新たな発見につながった研究事例は，着実に積み上がっている．だがそれは資料への検索とアクセスが容易になったということであって，DHが潜在的にもっているはずの，人文学を革新するような力を十分に顕在化させてはいないと自省している．

人文資料の利用について，欠かせない論点がもうひとつある．資料のデジタル化は重要だが，それにアクセスできなければ意味がない．その観点からは著作権法の規定とその運用が大きな鍵となる．筆者は日本の著作権法改正に働く力学をあきらかにするとともに，著作物への適法なアクセスを阻害する要因を取り除くための世論の喚起に取り組んできた[13]．近年は，北米にある研究図書館の日本担当司書らで作る北米日本研究資料調整協議会と協働し，国立国会図書館のデジタル化資料公衆送信を海外から利用するための障壁の解消を，各所に働きかけている．

いうまでもなく，DHの研究資源には著作権による制約が大きくかかっている．研究上のよいアイデアがあって，しかも著作権者の利益を不当に害する利用ではなくても，権利処理が困難なため法令遵守の立場から研究を断念せざるをえないことがある．著作権保護期間が満了しているか権利制限規定があれば，法的な懸念は無用になる．それにもかかわらず，2018年に著作権保護期間が70年に延長された際も，2023年に「研究目的に係る権利制限規定の創設」が文化審議会の分科会で見送られたさいも，DHのコミュニティーからは組織的な意見表明はなかったと観察している[14]．DHの基盤にかかわる法改正についての議論に，コミュニティーが沈黙するのは適切な態度とはいえない．とくに「研究目的に係る権利制限規定の創設」については，より多くの研究者が自身に関わることとして意見を表明していれば，「見送り」とは異なる

結論になった可能性があったかもしれず，残念に思っている．

(2) ニーズに沿ったシステム開発

蓄積されたデータは，簡便かつ人文学研究および社会のニーズに沿ったインタフェースを備えたDBで公開し，しかも運用コストが継続的に負担可能な範囲に収まっていなければならない．個々のデータ群に対する人文学研究のニーズは個別性が高い．そのため，どのようなデータに対しても適用できるような，統一的なメタデータやインタフェースを設計するのは困難である．筆者が開発に関わったDBでは，データに応じた個別のメタデータとインタフェース，そしてそのDBに特化した機能を実装しつつ，その大部分を内製することで開発コストを大幅に抑えている．「怪異・妖怪伝承DB」を例に，その機能を紹介しよう．

同DBでは，一般的な書誌情報の検索に加えて，類似した呼称をもつ妖怪の検索と，ある事例と似た事例の検索が，研究的な観点から必要だと考えた．類似呼称検索については，妖怪の呼称に特化した前処理を行ったうえで，呼称間の編集距離（レーベンシュタイン距離）を算出することで実現している．これによりたとえば，「カッパ」に類似した呼称をもつ「ガーッパ」「カーッパ」「ガッパ」といった事例のあることを知ることができる．類似事例検索については，事例の要約文章を形態素解析して取り出した名詞，動詞，形容詞について，機械学習で使われるTF-IDFという指標を用いてベクトル化して実現している．これにより，たとえば「百姓が昼寝をしている狐に悪戯をしたら，狐が仕返ししてきて，風呂に入っているつもりが肥溜に入らされていた」の類似事例として，「ある秋の日，

法印が，昼寝をしていた狐を法螺貝で脅したので，その仕返しをされた」「男が昼寝している狐を驚かすと，仕返しにだまされて沼を渡らされたり，大きな山の麓へつれてこられたりした」などの事例を探すことができる．

主観評価をした限りでは，TF-IDFによる類似事例検索には特徴的な癖があるものの，近年，生成AI企業が有料で提供している各種のtext embeddingによるベクトル化と比較して，あきらかに劣っているとはいえない．しかしながら，AI技術の進歩にたえず目配りし，より優れた手法をリーズナブルなコストで利用できるのならば，それを利用することも考えている．

(3) 人文学の新知見を求めて

では，人文学の新知見にあたるもので，DHの手法によらなければたどり着けず，しかも従来の人文学が見落としていたことを，DHはみつけられるのだろうか？この点についても，筆者の過去の仕事から，いくつか紹介して考察したい．

第一の例として，日本美術史，統計学，自然人類学の研究者らと共同して，浮世絵の「美人画」表現をデジタル化と数量化で分析したことがある．代表的な11名の浮世絵師の作品から各作者の女性顔貌の「平均顔」を作成し（図2-1），作風の時代的変遷を画像のモルフィングによって動画化して表現した[15]．動画化すると，表現の変化した部分が動きになるので，専門家でなくとも違いを認識しやすくなる．その結論は，時代が下がるにしたがって目はつり上がり，鼻は鉤鼻になり，受口になり，顎が尖るということだった．さらには，喜多川歌麿が描いた「高島おひさ」という「美人」の顔を3Dモデルにすることも試みた．

また，自然人類学の頭骨計測と分類の

図2-1　代表的な浮世絵作者による「美人画」の「平均顔」
（左から西川祐信，鈴木春信，喜多川歌麿，渓斎英泉）

出典：筆者作成．

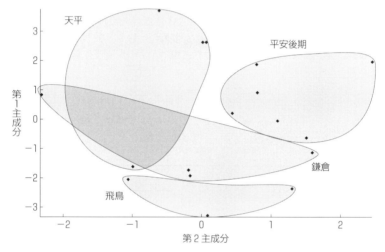

図2-2　飛鳥から鎌倉の代表的な如来形像の相貌計測値の主成分分析

出典：筆者作成．

手法を導入し，浮世絵史の初期から後期にいたる代表的な絵師による「美人」の顔に対して，顔パーツの配置を計測し，絵師の識別や作品の時代分類ができるかを検討した．その結果，「美人画」の表現には，絵師の個性よりも同時代に流行した表現の影響が色濃くあり，浮世絵史の初期・中期・後期を計測値からきれいに分類できることがわかった．

二番目の例としては，仏教美術学者と共同して仏像の相貌の分析を行った．鎌倉時代に活躍した仏師・快慶作とそれに関連する阿弥陀仏の相貌に対して浮世絵「美人画」の分析と同様の手法を適用し，代表的な仏教美術史家の諸説を検討した．さらに，各時代の代表的な如来形像21作品の相貌の計測値に対する主成分分析によって，飛鳥時代→奈良時代→平安時代の変化と鎌倉時代の天平復古，すなわち鎌倉時代の仏像表現が天平時代に近くなることを示した（図2-2）．

以上の二例は，いずれも発表当時としては新しさがあり，査読付きの学術誌やシンポジウムに採択されもした．しかし

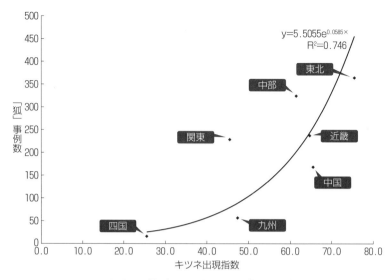

図2-3 妖怪の「狐」と野生動物の「キツネ」の相関
出典：筆者作成．

ながら，これらは人文学に新しい知見を加えてはいない．浮世絵「美人画」の表現の変遷も，如来形像の相貌の変化も，それぞれの分野では「常識」として知られていた．これらの結論はいずれも，日本美術史や仏教美術史の知識を，数量的な手法で再確認したり，結果をデジタル技術で理解しやすく提示したりしたものに過ぎない．つまり，人文学の新知見をもたらすものではなかった．もし仮にこれらの研究手法によって従来からの人文知と異なる結果を示したとしても，その方面を専門とする研究者からは，一笑に付されたことだろう．同様に，もし結果が従来からの人文知と異なっていれば，手法に何か問題があったに違いないと，筆者らは考えただろう．「デジタル人文学のアポリア」が示すように，DHの成果の妥当性は，常に人文知によって検証されるのだ．

第三の例は，「怪異・妖怪伝承DB」に集積されたデータから，妖怪伝承の地域差と，野生動物の関係を探ったものである．[18] 図2-3のグラフの縦軸は狐の妖怪現象の報告数である．狐は東日本に多い傾向がみられ，四国には伝承が少ない．グラフの横軸は，1978年に当時の環境省が公開した野生動物の分布データから動物のキツネの分布を示したものである．四国では動物のキツネが少なく，野生動物の分布と妖怪の報告数に比例関係がみられた．

これは全国の妖怪と動物のデータベースを使って実証的に示した意義はあったものの，残念ながらその結論に新鮮味はない．狐の妖怪が東日本に多く四国に少ないことは，日本民俗学で従来からいわれてきた．野生動物のキツネが四国に少ないことも既知のことだった．動物に関連づけられた妖怪伝承とその動物の生息に関係がありそうなことは，およそ察しがつく．この研究では，野生動物の分布データと連結させて，生物としての狐の分布と妖怪のそれとの関係を分析したこ

図 2-4　日本の怪異・妖怪事例のトピック
出典：筆者作成.

とには，若干の新しさはあったかもしれない．しかし，これはあらかじめ察しのついていたことを再確認したに留まり，人文知を更新するような成果とはとてもいえない．

第四の例は，おなじく「怪異・妖怪伝承DB」の事例要約文に対してトピック分析を行ったものである．一般的に妖怪の多寡は，呼称の出現頻度で測ることができる．同DBからは多い順に「キツネ」に関する事例が3774件，「テング」が1337件，「カッパ」が1149件，以下「タヌキ」「ヘビ」「ダイジャ」「ユウレイ」「オニ」「タタリ」「ヒノタマ」「ヤマノカミ」「ムジナ」がつづく．妖怪の多寡を一歩踏みこんで知る方法として，呼称を名彙要素に分解して集計することも試みた．その結果，「神」「石」「山」といった単独の呼称としては表だって現れ

ないものの，日本の妖怪現象を構成する要素と考えられるものが抽出された．[19]

こうした呼称からも，その名彙要素からも知ることができない，日本の妖怪伝承の「トピック」を探ることによって，民俗学的な知見をえることができるかもしれない．そこで，すべての事例要約文に対して潜在的ディリクレ配分法（LDA）によりトピックを抽出した．得られたトピックをきれいに解釈することは困難であるが，頻出呼称のほかにも「馬」「音」「夜」「声」など，怪異・妖怪伝承を構成しつつも呼称だけからは抽出できない語がトピックを形作っていることがみえてきた（図2-4）．

では，はたしてこれは人文学の新知見といえるだろうか？「音」「夜」「声」が怖さの要因になることは，常識的に理解できる．「馬」には意外性があるもの

の，かつての民俗社会では，「馬」は身近な存在だったため，それと怪異が結びつくことは想像できる範囲内だろう．すなわち，これもまた人文学的な観点から許容できるからこそ，分析結果として公表するに耐えるものになっている．このように「アポリア」はどこまでもついてくる．

最後の例として，「デジタル人文学のアポリア」を，一歩とはいかないまでも半歩程度は超えることができたかもしれないものを紹介する．これは，「百鬼夜行絵巻」と総称される絵巻群のバリエーションから，それらの元になった形式を推定したものである．

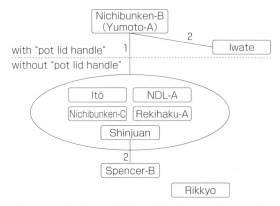

図2-5 「百鬼夜行絵巻」「真珠庵本」系の系統樹
出典：筆者作成．

数ある「百鬼夜行絵巻」のなかでも，国の重要文化財に指定されている室町時代の作とされる「真珠庵本」が有名である．そして，これとは図像が異なる伝本として「京都市立芸大本」「日文研A本」などが知られており，現存する多くの異本はこれらを合本したものや図像を入れ替えたものとする説が有力だった．筆者は，小松和彦が収集したものを核とする71の「百鬼夜行絵巻」について図像の配置を記号化し，「真珠庵本」とおなじ「鬼」が登場するがその並び方が異なる9種類の絵巻について系統樹を作成した（図2-5）．

その結果，江戸時代の写本とみられる「日文研B本」と呼ばれる本に残る図像配置が編集されて6種類の絵巻が生まれ，そこからさらに2種類の絵巻が作られたと推定された．文化財として，そして美術品として評価の高い「真珠庵本」そのものよりも，「日文研B本」にみられる図像配置がより原型に近いのではないか──これは従来からの人文知にはなく，しかも「真珠庵本」に絶対的ともいえる価値をおいてきた，これまでの「常識」とは異なる結論である．

この結果がでたときは，筆者は採用した手法の妥当性をまず疑った．美術史家でも妖怪研究者でもない筆者が単独でこのような成果を発表しても，専門家たちからは馬鹿にされるだけだろうとも思い，DHによる「新知見」の公表をためらった．「デジタル人文学のアポリア」が立ちはだかったのである．

ところが，あらためて「真珠庵本」を観察すると，料紙のつなぎ目に重なるように図像が描かれていない箇所がいくつかある．図2-6の矢印の箇所である．それらの箇所のいくつかで料紙を分離し再配置すると，「真珠庵本」の配列を「日文研B本」のそれに変換できることがわかる．すなわち，「真珠庵本」は歴史上のある時点で料紙が分離され，再度つなぎ合わせたときに順序が入れ替えられた，錯簡が起きた可能性がある．さらにそうした知見を踏まえ，71の「百鬼夜行絵巻」の系統を復元した仮説を提示した[20]．

以上のような仮説，とりわけ「真珠庵

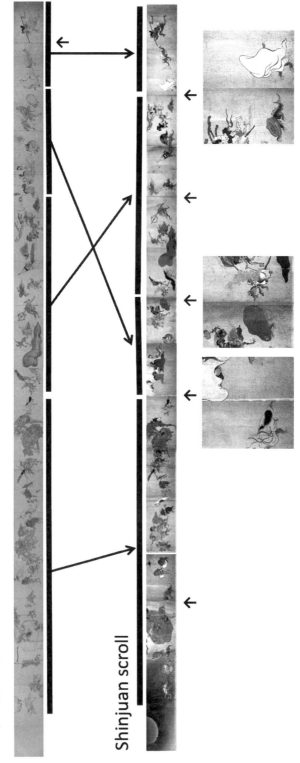

図2-6 「日文研B本」から「真珠庵本」へ

出典：筆者作成.

本」錯簡説は，これまで専門家が誰も唱えておらず，この研究を発表したあとも反論は聞こえてこない．あるシンポジウムの場で，絵巻の専門家からはつぎのような指摘を受けた．「真珠庵本」の料紙の継ぎ目を観察すると，色が変化している箇所がある．それは一時期，料紙が切り離されて保存されていたことを意味している．しかし，錯簡の可能性までは考えたことがなかったと．

つまり「真珠庵本」をめぐる「新知見」は，人文知の保持者が部分的に気づいていたことを，DHが別の手法でより包括的に指摘したものといえる．本研究は，従来からの人文知になかった知見を人文学とは異なる方法論から示しえた点で，「デジタル人文学のアポリア」を半歩程度は乗り越えたのではないかと感じている．

3　氾濫するデジタルへの批判

以上のように，DHは「アポリア」を抱えつつも人文学に新たな地平を開くかもしれない．しかしそれと同時に，DH的な手法の進展によって，人文学研究の土台となるような文化的環境が破壊される現象も起きている．

その一例として，筆者は京都とその近郊にある文化財，とりわけ寺院の障壁画をデジタルコピーで置き換えてしまう問題を考察した[21]．それは，国宝や重要文化財に指定されている作品を，最新のデジタル技術を駆使して高精度な複製品を作り，寺院にある本物の作品と置き換え，原作品を収蔵庫に入れてしまうという，複数の企業によって推進されている一連のプロジェクトのことである．筆者が追跡していた2016年まででも，この種のプロジェクトによってデジタル複製と置き換えられた作品は，少なくとも56を数える．

文化財のデジタル情報を使って，本物の文化財に対して肉眼では不可能なほどの近接観察が可能になったり，高精細な画像をインテリア素材として商品化したりといった活用が生まれている．寺院にはデジタル複製を置き，原作品を収蔵庫に入れることによって保存性が高まるかもしれないとの議論もある．しかし，数百年ものあいだ，その寺院へ行けば誰でもみることができた本物の作品が，それとそっくりだと称する複製品に入れ替わることで，原作品へのアクセスが困難になる．何よりも，障壁画のように寺院の方丈でみられることを意図された作品のコンテクストが，ほぼ永久に破壊されてしまう．そして，この種の「環境破壊」に対する社会的合意がないままに，企業が技術を誇示する手段としてデジタル複製との置換が，ほとんど無批判に進行している．

日本美術史のある老大家は，まだ学生だったころに某寺院に滞在し，重要文化財の襖絵に囲まれた小部屋に寝泊まりしながら観察眼を磨いたという．いまその寺院に行っても，寝泊まりは許されない以前に，部屋にあるのはデジタル複製品であり，原作品は薄暗い収蔵庫のなかにある．デジタル複製済みの本物の障壁画は，学生や若い研究者にとっては容易にアクセスできないものになっている．

「デジタル人文学のアポリア」として前節まで取り上げてきたのは，人文学がDHに突きつけている「アポリア」であった．それに対してデジタル複製による置換の問題は，DH的な状況が人文学に突きつける「アポリア」だといえよう．人文学にとっての「デジタル人文学のアポリア」とは，「人文学はDHを止められない．なぜならば，人文学はDHに踏み出すことで評価されるからである」

といえよう．そしていまのところ，この「アポリア」に対して人文学はあらがえないばかりか，プロジェクトの監修，あるいは博物館への作品の収蔵といった形で，むしろデジタル複製・置換に積極的に協力すらしているようにもみえる．

こうした問題意識をメディア等で発信したことが影響したか不明であるものの，近年は「里帰り」と称して原作品を元あった方丈に一時的に戻すことも行われるようになった．そこには，拝観料の増収の意図もあるのだろうが，本物を元のコンテキストで再び鑑賞できる意義はあると考える．

4 AI，そしてディシプリンとしての DH

これからの DH のホットなトピックは，まちがいなく AI の活用であろう．文学研究のようにテキスト情報のビッグデータ化が先行している領域では，文章中の語句使用の傾向を統計的に分析することで，精読とは対極の「遠読」ができる．これによって，精読を前提とする文学研究とは異なる新たな研究視点をみつけることができる．近い将来には文学作品のより高度な精読が，AI の助けによってできるようになるのかもしれない．

では，チェスや囲碁，将棋で起きたように，AI が最高峰の人間の能力を凌駕する時代が，人文学にも訪れるのだろうか？ ゲームのように決められたゴールに向かうための最適解を求める問題では，人間はもはや AI には太刀打ちできないだろう．しかし，人文学にはゴールはない．というよりも，自明と思われる価値を壊しつつ，ゴールそのものを解体することに人文学の意義があるのではないか．

将棋の世界を席巻している世代に共通してみられるように，AI を使って自身の能力を高めていくような使い方が，人文学にも拓けるかもしれない．だが，もし仮に AI で鍛えられた人文学者が新たな学説を提唱したとしても，それを価値づけるのは人文知である．したがって，AI を駆使する情報知は人文知を超えるのは難しく，人間が AI に脅かされる領域は限定的だろう．つまり，「デジタル人文学のアポリア」は，人文学者の防衛線として働きうる．

人文学のビッグデータがますます大きくなり，AI がそれを学習したとしても，それによって人文知を変革するようなことは，当面は起きにくいだろう．AI はいまのところ人文学の方法論ではなく，人文学のディシプリンに AI の居場所はいまのところなさそうだからだ．しかし，AI を駆使する DH が資料のデジタル化と検索・流通の促進やビジュアル化の域を超える可能性はある．これまでの人文学とは異なる種類と量のデータに対して，人文学とは異なる方法論としての AI を用い，それが導く結果の評価まで AI が行うならば，それは DH のディシプリン化といえるかもしれない．

最後にはじめの問いに戻ろう．DH は人文学と情報学の学際的プロジェクトのことなのか，あるいは確固としたディシプリンになるべきなのだろうか？ ディシプリンと呼べるものには，それが視野におく研究対象への独自の方法論がある．ディシプリンとは固定された方法論を用いて，限定した対象についての合理的な理解をえる営みだともいえよう．確固としたディシプリンであればあるほど，方法論と対象は固定化・限定化している．DH の場合，研究対象は人文学と共通するものの，方法論は従来の人文学にはなかったものである．したがって方法論の観点からは，DH は独自のディシプリンたり得る．ところが，問題設定と研究結

果の妥当性を DH は評価できず，人文学に依存している．その限りにおいて，DH は自律したディシプリンたりえない．DH は「人文学のデジタル拡張」の域を出ないといえよう．

　いや，そもそも DH はプロジェクトかディシプリンかの問いは，あまり意味をもたないのかもしれない．それでは，人文学者と DH 学者は，いま何を目指すべきなのだろうか．DH が場合によっては AI に助けられながら，人文学から遊離して独自のディシプリンを作り，そこに安住してしまうこと，すなわち「蛸壺化」することは避けるべきだろう．日本語で行われる日本研究と外国語で行われる日本研究とがあまり交叉せずに存在しているような事態が，人文学と DH のあいだに生じてしまうのは理想的ではない．DH のさらなる発展と人文学とのよりよき協働を目指すためには，DH の定義を再検討し，単なるツールとしてではなく，新しいタイプの問いを提起し，情報学による回答を与えるものとしての役割を明確にすることが必要だろう．さらには，人文学にはない DH 特有の評価のための枠組みを開発し，伝統的な人文学に依存しない新しい標準を設けることで，DH の方法論がもたらす革新的な成果を適切に評価できるようになることが考えられる．

　DH ならではといえる評価基準の一例としては，資料の公開性が定着しつつある．かつての人文学では，資料は隠すものとの考え方があった．貴重な資料を研究室やグループで囲い込み，研究を終えてから翻刻本や影印本の形で公開する形がみられた．人文学では資料を公開することは「成果」とはいえなかった．そういう考えが支持されなくなり，資料のデジタル化による迅速な公開性が求められるようになったのは，DH が人文学にも

たらした大きな変化といえる．

　DH は人文学に新たな評価基準をもたらしつつもある．かつては所蔵資料の画像をネット公開するさいには，画質を落としたものを出し，高精細な画像データは保存用，ないしは有償での提供だった．それが，IIIF 規格が国際標準になったことで，画像提供側もユーザー側もそうとは意識せぬままに，高精細な画像が公開され，しかもユーザー側の機器に自動的にコピーが残ることが当たり前になった．IIIF がいっそう広まるにつれて，低画質の画像公開では評価されない時代がこよう．DH がもたらす新たな評価基準としては，作成したデータの再利用可能性や，他のデータソースとのリンクがどれだけ整備されているか，といったこともこれから問われるようになっていくだろう．

　DH を再定義することは，DH がディシプリン化や「蛸壺化」するためではなく，DH の概念と運用を再考することで，人文学の研究における DH の位置づけと影響をより深く，広く理解し，評価するために必要なことであろう．DH が多様な視点を提供することによって人文学を刺激し両者の対話が深まる，そのような関係性がいま求められている．

付記

　本研究の一部は，JSPS 科研費 24K03233 の助成を受けたものである．

注

1）〈https://dl.ndl.go.jp〉，2024年7月12日アクセス．以下同様．

2）〈https://kokusho.nijl.ac.jp〉．

3）〈https://www.aozora.gr.jp〉．

4）「デジタル人文学」は，「デジタルヒューマニティーズ」「人文情報学」などの表記がある．それらは同義と考え，本論では「デジタル人文学」とする．

5）Anne Burdick et al., *A Short Guide to the Digital_Humanities*, 2012, p. 2. 東京大学人文情報学拠点が公開している日本語訳から引用した〈https://21dzk.l.u-tokyo.ac.jp/DHI/index.php?sg2dh〉.

6）〈http://agora.ex.nii.ac.jp/~kitamoto/research/dh/〉.

7）〈https://dh.kyushu-u.ac.jp/post-204/〉.

8）〈https://www.nichibun.ac.jp/YoukaiDB/〉.

9）〈https://ys.nichibun.ac.jp/kojiruien/〉.

10）現在は図書館内の限定された PC にてオフラインで閲覧できる.

11）〈https://www.arc.ritsumei.ac.jp/database/cmdb/〉.

12）山田奨治編『文化としてのテレビ・コマーシャル』世界思想社, 2007年.

13）山田奨治『日本の著作権はなぜこんなに厳しいのか』人文書院, 2011年, など.

14）著作権保護期間の延長のさいには, デジタル・アーカイブに関心のある法律家と青空文庫が強い懸念を示した.

15）山田奨治・早川聞多「ディジタル画像による浮世絵研究の試行」『情報処理学会研究報告』2000（100）, 2000年, pp. 25-32.

16）山田奨治ほか「浮世絵における顔表現の科学」『日本研究』25, 2011年, pp. 13-49〈https://doi.org/10.15055/00000673〉.

17）青木淳・山田奨治「仏像の数量分析の試み——快慶による如来形像の流れ」『人文科学とコンピュータシンポジウム論文集』2003（21）, 2003年, pp. 55-62〈http://id.nii.ac.jp/1001/00100416/〉.

18）山田奨治「みえる狐, みえない狸——計量妖怪学の第一歩」小松和彦編『日本人の異界観——異界の想像力の根源を探る』せりか書房, 2006年, pp. 67-82.

19）山田奨治「怪異・妖怪呼称の名彙分解とその計量」小松和彦編『怪異妖怪文化研究の最前線』せりか書房, 2009年, pp. 269-284.

20）Yamada, Shoji, "Unveiling the Editing Process of Japanese Demons Picture Scrolls: How Digital Humanities Played a Role in Developing a New Theory in Art History," *Digital Humanities Quarterly*, 17（4）, 2023, On-line journal〈https://www.digitalhumanities.org/dhq/vol/17/4/000717/000717.html〉.

21）Yamada, Shoji, "Who Moved My Masterpiece？ Digital Reproduction, Replacement, and the Vanishing Cultural Heritage of Kyoto," *International Journal of Cultural Property*, 24, 2017, pp. 295-320. doi: 10.1017/S0940739117000145. Author's edition〈https://doi.org/10.15055/00007294〉.

第Ⅱ部

データベースをつくる

第3章
江戸期の地域資料をつなぐ周辺情報の収集と共有

吉賀 夏子

はじめに

　江戸時代の藩政記録は，日本の歴史を理解する上で極めて重要な資料である．これらの記録は，藩の政治，経済，社会状況を詳細に記録しており，当時の生活や出来事を理解するための貴重な手がかりとなる．特に，佐賀藩内に残る日記は，その豊富な内容と保存状態の良さから，歴史研究において高い価値を持つ．

　江戸期の肥前（佐賀）地域には，地方地行制に倣い佐賀藩から一定の自治権を委譲された支藩によって編纂された業務日誌や，藩所属の側役人等が私的に制作した日記が，多数残存している．これらの史料には，政治，経済，事件など，諸藩や武家の周囲で起きた出来事の詳細が日付とともに記載されており，藩ごとに天候まで記録されている場合もある．

　筆者は，情報学を専門とし，2022年度まで所属していた佐賀大学地域学歴史文化研究センターにおいて，「日記」とよばれるこれらの業務記録をデータベース化するプロジェクトに取り組んできた．同センター長である伊藤昭弘教授らと協力し，日記データベースを構築し，これを超えてその知識を利活用できる仕組みを開発してきた．

　一般に，人文学系の情報はセンサーのように大量かつ短期間で入手できない上，実際の処理では暦の形式，年々変化する地域名称，学問上の専門用語，歴史背景などに関する知識も必須である．そのため，人文学研究者が着目する研究対象を情報処理可能なデータとして顕在化していくには，情報処理を行う技術者自身も対象データの性質や背景を積極的に学び，人文学研究者と密にコミュニケーションを取る必要がある．また，史料が存在する地域住民と講演会や研究の展示，データベースの公開を通じて対話を進めることも，技術開発を進める鍵となる．

　本章では，佐賀地域で筆者がこれまでに構築してきた「小城藩日記データベース」をはじめとする業務日誌系データベース群およびその検索・可視化システムの全容を紹介する．また，機械学習などへの応用可能性を含めた技術的な取り組みについても述べる．その上で，これまでのシステム構築経験を基にしたデジタルヒューマニティーズ教育の展望についても考察する．

1　江戸期の藩政記録の概要

　江戸時代（1603-1868年）は，日本において封建制度が確立し，各地に「藩」と呼ばれる地域行政単位が存在していた．藩政記録は，これらの藩が行った業務の記録であり，主に藩主やその側近，藩役人によって作成された．これらの記録には，領内外における政治，経済，兵役，事件，災害，冠婚葬祭など，当時の幅広い出来事が含まれており，当時の藩の運営状況を詳しく知ることができる．

38　第Ⅱ部　データベースをつくる

図3-1　旧肥前国佐賀藩の三家の一つ小城鍋島家で作成された日記原本（佐賀大学附属図書館）の例

注：日付ごと，出来事ごとに記載されている．
筆者撮影．

　藩政記録は，藩によって形式や内容が異なるが，一般に「日記」（図3-1）と呼ばれる形式で残されていることが多い．日記は日付順に出来事が記録され，詳細な情報が含まれているため，後世の研究者にとって非常に価値のある資料であり，現在図書館，大学，神社などに多数保存されているが，その多くが未だ研究の対象となっていない[1]．

(1)　日記の解読および読解のハードル

　日記は当時の公式記録であり，郷土史研究者にとっては膨大な情報の宝庫である．

　しかしながら，これら膨大な資料の内容を現代において把握するためにはいくつかの課題がある．まず，藩政日記の記述形式は一般的に「候文」と呼ばれる文語体かつ手書き（くずし字）で書かれていることである．明治期以降，教育改革によりくずし字は廃止され，楷書で書くように教育されたため，CODHサイトによると現在では日本の全人口0.01％しか江戸期以前のくずし字を読めないと言われている[2]．また，漢文調の候文を読むこと自体にも専門的な知識と訓練が必要である．

　さらに，藩政日記には頻繁に地名や人名，役職名などが登場するため，これらを当時の背景とともに正確に理解することが求められる．日記の内容を正しく解釈するためには，当時の地名や役職名の変遷，政治的背景などを詳しく調べる必要がある．

　以上のように，藩政日記は非常に価値のある資料である一方，その解読と理解には高度な専門知識が必要であり，現代の研究者にとっては大きな挑戦である．

(2)　佐賀地域の藩政記録

　佐賀藩は江戸期の肥前国佐賀郡に存在した鍋島氏の藩である．本藩を支える支藩である三家は，蓮池，小城藩，鹿島藩で構成された．2020年に刊行された図録『小城藩日記の世界――近世小城二〇〇年の記憶』[3]によると，日記に関しては，佐賀藩には藩主の行動を記録した「御側日記」が存在するが，日記相当の記録は数年分しか残っていない．一方，三家以下の支藩には，多くの藩政日記が残されている．表3-1は佐賀大学地域学歴史文化研究センターが「佐賀藩関係『日記』資料時系列データベース」[4]上に収集した日記画像の登録状況である．特に，表3-1で登録件数上位を占める「小城藩日記」や「蓮池藩請役所日記」は他の藩に比べて情報量が豊富である．

　次節では，これらの日記について述べる．

(3)　蓮池藩請役所日記の特徴

　蓮池藩は外様大名の佐賀藩鍋島氏の臣下で最も上位の「三家」の格に属する支藩である．佐賀城（肥前国佐賀郡，現在の佐賀県佐賀市城内）からおよそ6km離れた蓮池（現在の佐賀県佐賀市蓮池町）に

表3-1 2024年7月時点の「佐賀藩関係『日記』資料時系列データベース」に登録されている日記名，登録画像のある日数および自然現象のある日数

日記名	登録画像のある日数	自然現象のある日数
蓮池藩請役所日記	27,276	26,425
小城藩日記	22,731	0
御次日記	3,894	0
御状方日記	4,244	0
菅井御次日記	2,191	0
菅井御状方日記	1,423	0
御引越御在邑御次日記	176	0
直亮公御在邑日記	1,066	0
浜日記	1,976	0
留守御状方日記	340	0
御役所日記	234	0
山本家日記	5,010	0
倉町鍋島日記	0	1,147
納富鍋島日記	0	36,325
白石鍋島日記	0	0
白石鍋島側日記	0	0

出典：筆者作成.

陣屋を置いた.

　蓮池鍋島家文庫資料群の一つである「請役所日記」は蓮池藩にて作成された記録であり，現在は佐賀県立図書館データベースおよび「佐賀藩関係『日記』資料時系列データベース」[5]で本文画像を閲覧することができる[6].

　表3-1のとおり，請役所日記の記事文掲載日数は，他の日記と比べて最も多い．さらに，日々の天気や自然現象も日付に添えて記録されている.

(4) 小城藩日記の特徴

　佐賀大学附属図書館所蔵の小城鍋島文庫は小城鍋島家から伝来した史料群である．当文庫を構成する史料の一つである「（小城藩）日記」は，佐賀藩の支藩である小城藩（現在の佐賀県小城市小城町）によって作成された詳細な藩政記録である．表3-1に示す通り，画像にアクセス可能な日記の中では蓮池藩請役所日記に続

いて多く，約85年分が残存する.

　小城藩における藩政資料の最大の特徴は，小城藩の旧記方が編纂した「日記目録」と呼ばれる史料が日記とは別に約122年分存在することである（図3-2）.

　日記は1日に起きた出来事を詳細に記録しているが，それを1年ごとに綴じていくと分厚い冊子となり，後で過去の出来事を探したい場合に見つけるのに難儀する．そのため，日付ごと，あるいは寺社別などに記事を分類し，記事を要約した上，箇条書きにした目録を別途作成された．いわば，江戸時代のデータベースであり，現在では小城藩の目録のみが確認されている.

　「日記目録」に記載されている各記事文は，現代の新聞記事のようにいつ，どこで，何あるいは誰がどうしたのかという要素が素早く見つけられるように端的に記載されている．そのため，日記本文の代わりに，くずし字を解読できる専門

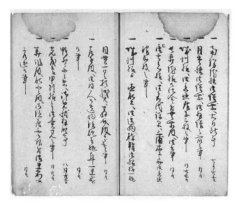

図3-2 日記目録原本（佐賀大学附属図書館）の例

注：目録では日記の内容を箇条書きした文と日付が記載されている。

出典：佐賀大学附属図書館小城鍋島文庫 日記目録―〈https://www.dl.saga-u.ac.jp/collection/detail/?id=19〉, 2024年12月25日アクセス．

家が日記目録に対して手作業で翻刻を行うことも量的に可能であった．つまり，日記目録が存在したからこそテキスト化してデータベースを構築することができたのである．

以上に挙げた蓮池藩および小城藩の藩政記録の原本は，現在佐賀大学附属図書館や佐賀県立図書館などに分散して保存されている．その本文画像はデジタル化され，データベースとして無償公開されている．そのため，研究者や一般市民が容易に記載内容を閲覧できるようになり物理的な利便性や史資料の長期保存の観点からみると史資料の調査環境は大きく向上したと言える．

しかし，小城藩日記目録以外の日記についてはくずし字画像からテキスト抽出されていないため，全文検索したり，関連する研究や主要人物の情報を参照したりすることは未だできない．言い換えると，これらのデータベースで史資料に対する利用者および管理者の物理的な利便性は大幅に高まったが，史資料自体の内容理解と価値の発見を促進するにはいまだ多くの課題が残されている．

(5) 佐賀地域以外の藩政記録

佐賀地域以外にも，全国の諸藩で藩政記録としての日記が作成されており，現在ウェブブラウザで直接内容を閲覧できるサイトが少しずつ増えている．

例えば，鳥取県立博物館所蔵の「家老日記」は鳥取藩主池田家の家老により作成された記録であり，1655（明暦元）年から1870（明治2）年までの250冊が伝存する．この「家老日記」はとっとりデジタルコレクションにて検索可能である．本文画像と翻刻文を同じ画面で閲覧できないが，PDFにまとめられた日記画像とそれに対応する翻刻テキストがそれぞれ存在する．ちなみに，平成16年から平成27年の間に鳥取県立博物館および県史編さん室が翻刻し内容を確認したテキストを具に読むことができる上にCSVデータとして一括ダウンロードできる貴重なサイトである．

画像のみであれば，より多くのサイトで参照可能である．例えば，青森県弘前市立弘前図書館所蔵の「弘前藩庁日記」は1661（寛文元）年から1868（慶応4）年までの約200年にわたる公式記録で，弘前城内についての「国日記」は3308冊，江戸屋敷についての「江戸日記」は1226冊それぞれ残存し，そのうち2192冊分について直接記載内容をブラウザで確認できる．

大分県臼杵市立臼杵図書館所蔵の臼杵藩による「御会所日記」は，1674（延宝2）年から1872（明治4）年までの間，残存分448冊中321冊を国文学研究資料館のサイトで閲覧できる．また，新潟県上越市立高田図書館所蔵の高田藩による1650

（慶安3）年から明治まで約220年間，約1100冊からなる「榊原文書藩政日記」のうち80冊分は画像で公開されている[10]．

このように，全国約250藩の多くでは，各藩を構成している家あるいは藩の御日記方や旧記方などと呼ばれる記録部署で，日々の業務記録をおよそ200-250年前後の間大量に作成していたと考えられ，それらは現在，各地域の出来事や文化を明らかにするための鍵となっている．

2　小城藩日記データベースの概要

(1) データベース構築の背景

小城藩日記データベースの構築は，佐賀大学地域学歴史文化研究センターの伊藤昭弘教授が中心となって進めたプロジェクトである．このプロジェクトは，江戸時代の藩政記録をデジタル化し，広く研究者や一般市民がアクセスできるようにすることを目的としている．第1節で述べた通り，江戸時代の肥前（佐賀）地域には，地方地行制に倣い佐賀藩から一定の自治権を委譲された支藩によって編纂された業務日誌が多数残存している．

このプロジェクトのきっかけは，佐賀大学地域学歴史文化研究センターの伊藤昭弘教授の依頼である．筆者が当時電子図書館の構築や管理業務に携わっていた関係で，同センターの伊藤教授から佐賀大学附属図書館に膨大な数の藩政資料（図3-3）があるが，これをデータベース化できないかという依頼を受けたことに始まる．その後，データベースの構築が進められ，2022年度までに「小城藩日記データベース[11]」が完成した[12]．

(2) データベースの内容と機能

「小城藩日記データベース」は，先述のとおり佐賀大学地域学歴史文化研究センターによって構築され，佐賀大学附属図書館に保存されている小城鍋島文庫の「日記目録」の全記事文および各記事文に元の「日記」画像を蓄積し，テキストや日付で検索可能なウェブサイトである．このデータベースは，歴史学者である伊藤昭弘教授と情報学出身の筆者でデータベースに必要な機能を検討した結果，次のような機能を備えている．

(3) データベースの研究・教育利用に向いた利用許諾

データベースの構築開始当初，最も早く着手しなければならなかったことは，データベースに蓄積されているデータや画像を煩雑な手続きを行うことなく論文や著書に利用するといった需要を可能な限り実現させることであった．

そのためには，従来の申請制度を撤廃し，世界中の人々が理解できる形で利用

図3-3　佐賀大学附属図書館所蔵の「小城鍋島文庫」書架（左）

注：日記は年ごとのファイルケースに整理されており，ケースの中に右のような簿冊が収められている．

筆者撮影．

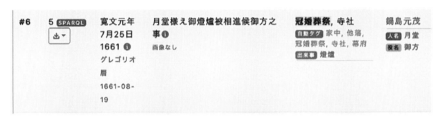

図 3-4 検索結果の例
注：画面右側に，分類名，キーワードを表示している．
出典：小城藩日記データベース〈https://crch.dl.saga-u.ac.jp/nikki/〉，2024年12月25日アクセス．

許諾を明示する必要がある．当時，利用許諾まで踏み込んだ人文学系のデータベースは数少なかったため，当センターと筆者，佐賀大学附属図書館および同大学総合情報基盤センターで複数回審議し，具体的な許諾シンボルとしてクリエイティブ・コモンズ（Creative Commons, CC）[13]を採用した．

クリエイティブ・コモンズは，著作者が著作物をどのように取り扱うべきなのかをいくつかの段階に分けて明示できる仕組みを提供している．国内の主要データベース提供組織においてもCCを用いて利用許諾について明示している例があり，それらの事例を検討した結果，当データベースでは「CC BY NC SA」，すなわち「表示-非営利-継承」で，著作者の表示，非営利利用，改変物の同一ライセンス条件での共有を要求するとした．

(4) 全文検索機能

当データベースには，日記目録の各記事文をテキストデータとして保存しており，利用者は登録番号（各記事文に付与された一意の番号），日記記事文，典拠利用／翻刻（関連研究），旧暦日付，分類名（冠婚葬祭，家中といった当センターで記事文に付与した分類名に登録されている単語リストを参照）[14]，人名や地名，出来事などのキーワード（固有表現）で検索することができる（図3-4）．

さらに，キーワードをフォーム入力する際は，検索条件追加機能で，いわゆるANDまたはORで検索でき，検索したい記事文の年代を絞り込むことができる．

これらの機能により，特定の出来事やテーマに関連する記録を迅速に見つけることが可能である．この機能は，研究者が特定のトピックに関する情報を効率的に収集するための強力なツールとなる．

また，検索フォームにはツール・ダッシュボードというボタンがあり，一定の件数以下の検索結果が表示されている時に「(ダッシュボード) 1」のボタンをクリックすると「関連語」の画面（図3-5）を表示することができる．関連語の画面では，検索したキーワードが見つかった記事文の中にある別のキーワードおよびその数を可視化させることができる．

(5) 時系列表示機能

当データベースは，日記の記録を日付順に表示する機能を持っている．これにより，特定の期間における出来事の連続性や変化を視覚的に追跡することができる．この機能は，歴史的な出来事の流れや影響を理解する上で有用である．

1）旧暦とグレゴリオ暦の変換機能

当データベースは，HuTime[15]を使用して旧暦をグレゴリオ暦に変換する機能を提供している．これにより，日記の記録

第 3 章　江戸期の地域資料をつなぐ周辺情報の収集と共有　43

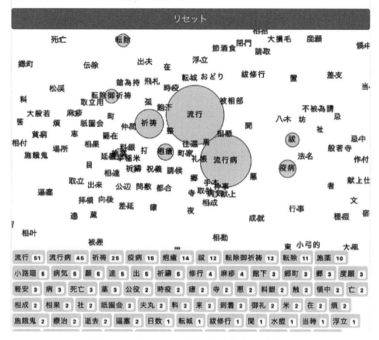

図 3-5　「流行」で記事文を検索した結果
注：流行には病や祈祷，厄除け（転除）につながるキーワードが同時に出現する．
出典：小城藩日記データベース〈https://crch.dl.saga-u.ac.jp/nikki/〉，2024年12月25日アクセス．

を現代の暦に対応させて表示することができ，研究者は異なる時代の出来事を比較しやすくなる．

　例えば，宝暦12年9月4日（旧暦）から現代の日本で採用しているグレゴリオ暦へHuTimeを使って変換する場合，最も簡易な方法は以下のようにURL（Unified Resource Locator）を使用することである．

「宝暦12年9月4日」の例：
http://datetime.hutime.org/calendar/1001.1/date/宝暦12年9月4日
グレゴリオ暦：1762年10月20日

ユリウス暦日：2364909.5

　上記URLにアクセスすると，グレゴリオ暦では1762年10月20日となる．ちなみに，当データベースにおいては，HuTimeでユリウス暦日（ユリウス暦で紀元前4713年1月1日からの経過日数に変換することで，日付を数値に置き換えて昇順および降順に並び替える機能を付与している．

　2）年表表示
　図3-6のとおり，検索結果で表示された記事文およびサイト上で公開されている日記の残存状況を簡易な年表を用い

44　第Ⅱ部　データベースをつくる

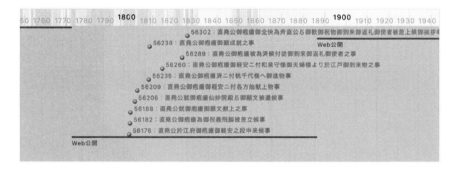

図3-6　検索結果を年表化した例

注：自動年表は日記画像の公開状況を「日記・日記目録残存状況表」（佐賀大学地域学歴史文化研究センター「日記・日記目録残存状況表」〈HTTPS://DOCS.GOOGLE.COM/SPREADSHEETS/D/1DT_AZ1_2CY-GYLEGHRYZW0VAO4B48WHON/EDIT?USP=SHARING&OUID=117353106642795478305&RT-POF=TRUE&SD=TRUE&USP=EMBED_FACEBOOK〉，2024年7月24日アクセス）と連動して表示している。
出典：小城藩日記データベース〈https://crch.dl.saga-u.ac.jp/nikki/〉，2024年12月25日アクセス。

て自動的に可視化することができる．

（6）画像表示機能

　当データベースには，日記のデジタル画像が高解像度で保存されており，ユーザーはこれをオンラインで閲覧することができる．また，画像はIIIF（International Image Interoperability Framework）[18] 規格に準拠しているため，異なるアプリケーションやプラットフォームでも互換性があり，利用者は多様なデバイスからアクセスできる．この機能は，原資料の保存状態を保ちながら，広範なアクセスを可能にする．

　例えば，登録番号332「元武公始て御暇飛脚到着之事」（天和2年5月20日）という「日記目録」の記事文には，その文に対応する「日記」の画像がある．あらかじめ記事文に対応する見出しがどの画像にあたるのかを当センターで対応付けたため，サイトに備付のMirador[19] ビューワーを使用して，対象の記事分が載っているページを見出しからすぐに開くことができる（図3-7）．

　撮影した史資料画像をIIIF対応にす ると，人文学研究に様々なメリットが生じる．まず，ビューワーを用いて世界中の主要組織が所蔵する高精細な画像をWebブラウザで簡易に閲覧できる．また，対応するアプリケーションを用いると画像の切り抜きや補足情報の付与（アノテーション），複数同時表示による比較などがIIIF画像全てに対して可能になる．日本での実践例としては，まずCODH（人文学オープンデータ共同利用センター）のIIIF Curation Platformウェブサイトを参照されたい[20]．

（7）記事文に関連する研究の表示機能

　当データベースには，記事文に関連する研究や主要人物の情報を表示する機能がある．例えば，記事文の検索結果には，それに関連する研究論文および著書，全文翻刻資料などがあれば記事文の下に表示される．また，関連する人名に当センターで記事文に紐づけた領主およびその家族の基本情報があれば同時に表示する．この機能は，研究者が広範な文脈で資料を理解し，関連情報を効率的に収集するために役立つ．

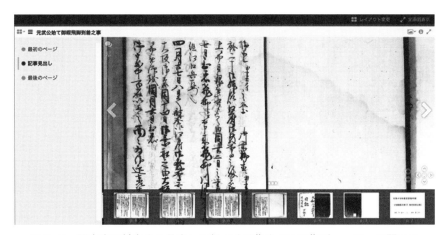

図3-7　記事文に対応する見出しに紐づく画像を IIIF 画像ビューワーで開いた
注：ビューワーに「記事見出し」というメニューがあるのでクリックすると該当する見出しに飛ぶことができる.
出典：小城藩日記データベース〈https://crch.dl.saga-u.ac.jp/nikki/〉，2024年12月25日アクセス.

3　関連データベースの内容と機能

日記および日記目録という小城地域の記録には，記録に登場する藩内外の人物自体の記録や寺社の記録が接続している．また，小城藩以外の佐賀藩臣下の武家や役人の日記にも日付が記載されているため，時間軸に沿ってそれらの記録を関連づけることができる．そのため，当センターではデータベースとは別に以下に示すデータベースを別途作成し，小城藩日記に接続している．

(1) 人名典拠データベース

当データベースには，日記に登場する主要人物（藩主，その家族，側近，役人など）の情報を管理するための人名典拠データベースが含まれている．このデータベースは，日記に記載された主要人物の情報を当センターで体系的に整理し，検索可能な形で提供するものである．各人物については，統制語，小城藩日記上の別称，実名などの名称，生没年，家族関係を中心として収録されている．

(2) 御状方日記・寺社方抜書・佐賀御取合記事目録データベース

御状方日記・寺社方抜書・佐賀御取合記事目録データベース[21]は，小城藩に関連する様々な日記や記録を収集し，その内容をデジタル化して公開することで，研究者や一般市民が容易にアクセスできるようにすることを目的としている．このデータベースには，「佐嘉御取合」「寺社方抜書」「御状方日記」の記事目録の翻刻記事文が追加された．以下に，それぞれの史料について詳述する[22]．

1）御状方日記

「御状方日記」は，小城藩御状方の役人による記録であり，藩主の動向や書状類が詳細に記されている．この史料は，1818（文政元）年から1865（慶応元）年までの26冊と，1791（寛政3）年，寛政8年，寛政10年の3冊が伝存している．特に，藩主に関する情報が豊富であり，小城藩の政治的動向を詳しく知ることが

46　第Ⅱ部　データベースをつくる

できる.

2）寺社方抜書

「寺社方抜書」は，小城藩に関係する寺院や神社に関する記録をまとめたものである．この史料は，1776（安永5）年から1865（慶応元）年までの9冊が伝存しており，「小城藩日記」と重なる記事が多い.

3）佐嘉御取合

「佐嘉御取合」は，佐賀藩とのやりとりをまとめた史料である．この史料は，1705（宝永2）年から1824（文政7）年までの記事がデータベースに収録されているが，史料自体は1814（文化11）年から1862（文久2）年までの10冊が伝存している.

これらの史料は，小城藩日記データベースと連携して利用することで，より広範な情報を得ることが可能である．そのため，実際に小城藩日記データベース上でこのデータベースの記事文を同時に閲覧可能にした．各史料は，小城藩日記がカバーしていない時期や詳細な情報を提供するため，小城藩についてはもとより肥前（佐賀）地域の研究を進める上で非常に重要な役割を果たしている.

(3)　佐賀藩関係「日記」資料時系列データベース

佐賀藩関係「日記」資料時系列データベース[23]は，第1節(2)でも述べたが佐賀藩に関連する多種多様な日記資料をデジタル化し，時系列で整理・公開することを目的としている．以下に当データベースの利用案内[24]から抜粋して紹介する.

現在公開中の小城藩日記データベースは，佐賀大学附属図書館所蔵の小城鍋島文庫の「小城藩日記」を基に構成されている．このデータベースは，「日記目録」を翻刻・データベース化することにより，記事検索と画像閲覧が可能である．しか

表3-2　時系列データベースで検索可能な自然現象および各自然現象が記載されている日数

自然現象名	記載日数
照	1,4098
雨	4,938
曇	4,792
晴	3,298
雪	332
風	181
雷	93
大　雨	49
大　風	24
地　震	24
洪　水	3
日　食	2
高　潮	1

出典：吉賀夏子・伊藤昭弘「[A4] 地域に散在する江戸期古記録の時系列提示による情報補完を目指したデータベースの構築」『デジタルアーカイブ学会誌（Web）』6(s3), 2022年, pp. 131-134.

し，「日記目録」は散逸している時期があり，その分の「小城藩日記」はデータベースで閲覧できない.

一方，小城鍋島文庫には「小城藩日記」のほかに「御次日記」や「御状方日記」など，複数の「日記」資料が伝来している．これらの資料についても小城藩同様にデータベースでの公開が検討されたが，「小城藩日記」のような記事目録が作成されているものは一部に限られるため，同様の手法では大半が公開できない.

そこで，「日記」資料の利用がより容易になるように，日付で各「日記」画像を紐付けた．その日記のリストは表3-1のとおり16種類存在する．この手法により，ある年月日において複数の「日記」資料があるかどうかをデータベース上の画面で確認できる．もちろん画像が存在すれば，ブラウザ上で同時に比較することが可能である.

さらに，「蓮池藩請役所日記」「倉町鍋島日記」「納富鍋島日記」においては，日記画像で確認できる自然現象を手作業でデータベースに登録した．そのため，自然現象についても検索することができる（表3-2）．

4　市民科学と機械学習の融合によるデータベース活用事例

筆者はデータベースの構築にあたり，人文学研究者の提案を情報技術で可能な限り実現してきた．本章では，情報学系の研究者である筆者から人文学研究者に提案した取り組みについて紹介する．

(1)　市民科学と機械学習の融合

市民科学とは，一般市民が研究活動に自主的に参加することで科学的知見を深める取り組みである．小城藩日記データベースでは，市民が参加する翻刻プロジェクトを通じて，テキストデータからのキーワード（固有表現）抽出を行っている．この市民科学の活動は，機械学習と組み合わせることで，より高度なデータ解析を可能にしている．

筆者は，記事文からキーワードを抽出する際，形態素解析ツール[25]を改良してキーワードを抽出すると同時に固有表現クラス名を自動付与するプログラムを開発した[26]．表3-3に示す固有表現クラスを付与して，キーワードに大まかな意味合いに分類することがねらいである．

これにより，人々の記事文内容の理解を支援することができる．この取り組みにより，一定の汎用的なキーワードをあらかじめWebから抽出して形態素解析ツールの辞書に蓄積しておくことで記事文から大量のキーワード抽出および固有表現クラスの分類（以下，固有表現抽出と呼ぶ．）を可能にした．

表3-3　小城藩日記目録記事文の固有表現抽出で使用されている固有表現クラス

固有表現クラス名	説　　明
EVENT	出来事　出来事の名称
TERMS	候文用語　接続詞，定型句
ROLE	役職・役割　役職，家族関係
PERSON (JINMEI)	人名　人名，呼称
PLACE	場所　地名，建物の呼称
QUANTITY	数量　数および単位を表す語
DATE	日時　日時を表す語

出典：吉賀夏子・堀良彰・只木進一・永崎研宣・伊藤昭弘「郷土に残存する江戸期古記録の機械可読化を目的とした市民参加および機械学習による固有表現抽出」『情報処理学会論文誌』63(2)，2022年，pp. 310-323.

しかしながら，この手法では地域の固有表現を抽出することができない．そこで，小城藩が存在した地域の郷土史に詳しい60-80歳の市民数名に呼びかけ，作業サイト上で固有表現を抽出していただいた．そして，そのデータを形態素解析ツールの辞書に組み入れて更新を繰り返した．その結果，4万件の目録記事文から地域の固有表現を効率的に抽出することに成功した[27]．

(2)　抽出キーワードを用いた佐賀地域の歴史分析の例

第3節(1)で示した取り組みにより，小城藩日記目録から地域固有の表現を含めたキーワードを用いて，記事文内容のより詳細な検索が可能となった．本節では，佐賀地域における種痘の経緯にちなんだ具体例を紹介する．

疱瘡（天然痘）は，現在根絶された感染症であるが，江戸時代においては大きな社会問題となった感染症である．小城藩日記および日記目録にもその発生と対応についての記録が残されている．そこで，天然痘およびその防除に関する検索

と分析の試みについて紹介する[28]。

第2節(4)で述べたとおり，小城藩日記データベースには，キーワードで検索した目録記事文に同時に見つかった関連キーワードを可視化する機能がある。その機能を用いて，日記の中から「疫病」の関連用語を特定した。

その結果，23件の記事文が見つかり，その中に「流行」が19，「祓」が6，「祈祷」が6，「転除」が5含まれていたのに対して，流行病に対する積極的な治療と考えられる「施薬」は2であった。そもそも施薬という語自体が含まれる記事文は27件見つかったが，1782年より以前には出てこなかった。

疱瘡防除の概略について述べると，1790年に秋月藩医の緒方春朔が中国由来の人痘法に成功したにもかかわらずそれほど普及しなかったのは，施術者に技術と経験が必要で安全性に課題があったためと考えられる[29]。また，1798年にジェンナーがより安全な牛痘法を発表しているが，当時日本は鎖国であったこと，1824年に東北や北海道で牛痘法による種痘を行ったにもかかわらず秘伝とされて，九州の肥前国まで普及しなかったことなどが重なった。

しかし，1848年に佐賀藩の当主であり西洋医学に前向きな姿勢を見せていた鍋島直正が種痘を受け入れ嫡子に種痘させることで，種痘の効果を領内に広めた。これにより，ようやく人々の理解を得られて普及に至った[30]。

おわりに

本章では，小城藩日記データベースの構築とその利用について詳述した。このデータベースは，江戸時代の藩政記録をデジタル化し，広く研究者や一般市民がアクセスできるようにすることを目的としている。本章で紹介した「日記」「日記目録」などの藩政記録は，日本の歴史や文化を理解する上で極めて重要な資料であり，そのデジタル化は資料の保存，アクセスの向上，解析の促進，新たな知見の発見など，多岐にわたる相乗効果をもたらす。

小城藩日記データベースは，市民科学と機械学習の融合によるデータベース活用事例として，その先駆けとなっている。市民が参加する翻刻プロジェクトや機械学習技術を用いたキーワード抽出技術は，歴史資料の解析を効率化し，新たな歴史的発見を可能にしている。特に，天然痘に関する事例は，歴史的な疫病対策の変遷を明らかにし，人々の文化や思想も考慮に入れた現代の公衆衛生対策にも示唆を与えるものであった。

さらに，このデータベースの構築過程において，情報学研究者と人文学研究者の協力が不可欠であったことが強調される。人文学系では，暦の形式，地域名称，専門用語，歴史背景などに関する周辺知識が必要である。そのため，情報処理を行う技術者自身も対象データの性質や背景を学び，人文学研究者と密にコミュニケーションを取る必要がある。

このような協力は，単なる技術的なデータベース構築に留まらず，広範囲の市民との対話を通じた技術開発の推進にも寄与している。データベースの公開や講演会，研究展示を通じて，多様な背景を持つ人々が集まり，知識を共有する場が設けられている。これにより，技術と人文科学が融合し，より深い歴史理解が可能となる。

今後も，小城藩日記データベースをはじめとする業務日誌系データベースの拡充とその応用可能性を追求し，デジタルヒューマニティーズ教育の発展に寄与することが期待される。

注

1）吉賀夏子・伊藤昭弘「［A4］地域に散在する江戸期古記録の時系列提示による情報補完を目指したデータベースの構築」『デジタルアーカイブ学会誌（Web）』6(s3)，2022年，pp. 131-134.

2）「みを（miwo）：AIくずし字認識アプリ|ROIS-DS人文学オープンデータ共同利用センター（CODH）」〈http://codh.rois.ac.jp/miwo/〉，2024年7月21日アクセス．

3）佐賀大学地域学歴史文化研究センター（2020）「小城藩日記の世界：近世小城二〇〇年の記憶：令和二年度佐賀大学・小城市交流事業特別展」佐賀大学地域学歴史文化研究センター，p. 97.

4）佐賀大学地域学歴史文化研究センター「佐賀藩関係「日記」資料時系列データベース」〈https://crch.dl.saga-u.ac.jp/dates/〉，2024年7月21日アクセス．

5）佐賀大学地域学歴史文化研究センター，前掲「佐賀藩関係「日記」資料時系列データベース」．

6）佐賀県立図書館「佐賀県立図書館データベース」〈https://www.sagalibdb.jp/〉，2024年7月21日アクセス．

7）鳥取県「詳細検索|とっとりデジタルコレクション」〈https://digital-collection.pref.tottori.lg.jp/search/search?cls=muse_c208〉，2024年7月22日アクセス．「鳥取藩政資料　家老日記について／とりネット／鳥取県公式サイト」〈https://www.pref.tottori.lg.jp/266880.htm〉，2024年7月22日アクセス．

8）人文情報学研究所・大向一輝・永崎研宣・西岡千文・橋本雄太・吉賀夏子「IIIF［トリプルアイエフ］で拓くデジタルアーカイブ——コンテンツの可能性を世界につなぐ」文学通信，2024年．青森県弘前市「目録詳細／弘前藩庁日記（国日記）」〈https://adeac.jp/hirosaki-lib/catalog/mp000228-200010〉，2024年7月22日アクセス．

9）人文情報学研究所ほか，前掲「IIIF［トリプルアイエフ］で拓くデジタルアーカイブ——コンテンツの可能性を世界につなぐ」．国文学研究資料館「臼杵市所蔵臼杵藩関係文書|検索結果一覧」〈https://archives.nijl.ac.jp/G0000002UU01/kind?l1=01.%E3%83%9E%E3%82%A4%E3%82%AF%E3%83%AD%E3%80%80%E8%87%BC%E6%9D%B5%E5%B8%82%E6%89%80%E8%94%B5%E8%87%BC%E6%9D%B5%E8%97%A9%E9%96%A2%E4%BF%82%E6%96%87%E6%9B%B8&l2=03.%E5%BE%A1%E4%BC%9A%E6%89%80%E6%97%A5%E8%A8%98〉，2024年7月22日アクセス．

10）人文情報学研究所ほか，前掲「IIIF［トリプルアイエフ］で拓くデジタルアーカイブ——コンテンツの可能性を世界につなぐ」．新潟県立図書館／新潟県立文書館「榊原文書藩政日記　日記（江戸）宝暦13年」〈https://opac.pref-lib.niigata.niigata.jp/darc/opac/switch-detail.do?idx=5〉，2024年7月22日アクセス．

11）佐賀大学地域学歴史文化研究センター「小城藩日記データベース」〈https://crch.dl.saga-u.ac.jp/nikki/〉，2024年7月22日アクセス．

12）吉賀夏子・只木進一・伊藤昭弘「小城藩日記データベースの構築」『研究報告人文科学とコンピュータ（CH）』2018(117-3)，2018年，pp. 1-7.

13）クリエイティブ・コモンズ・ジャパン「クリエイティブ・コモンズ・ジャパン」〈https://creativecommons.jp/〉，2024年7月19日アクセス．

14）「小城藩日記データベースのデータセット」〈https://crch.dl.saga-u.ac.jp/nikki/dataset/index.php〉，2024年7月23日アクセス．

15）関野樹「HuTime-Time Information System」〈https://www.hutime.jp/〉，2024年7月19日アクセス．

16）国立天文台「暦Wiki/ユリウス日—国立天文台暦計算室」〈https://eco.mtk.nao.ac.jp/koyomi/wiki/A5E6A5EAA5A6A5B9C6FC.html〉，2024年7月24日アクセス．

17）佐賀大学地域学歴史文化研究センター「日記・日記目録残存状況表」〈https://docs.google.com/spreadsheets/d/1Dt_Az1_2CyGyLegHrYZW0vaO4b48wHoN/edit?usp=sharing&ouid=117353106642795478305&rtpof=true&sd=true&usp=embed_facebook〉，2024年7月24日アクセス．

18）The IIIF Consortium（IIIF-C）「International Image Interoperability Framework」〈https://iiif.io/〉，2024年7月17日アクセス．

19）ProjectMirador「Mirador — Home」〈https://projectmirador.org/〉，2024年7月24日アクセス．

20）「IIIF Curation Platform」〈http://codh.rois.ac.jp/icp/〉，2024年7月24日アクセス．

21）佐賀大学地域学歴史文化研究センター「御

状方日記・寺社方抜書・佐嘉御取合記事目録データベース」〈https://crch.dl.saga-u.ac.jp/nikki-others/〉，2024年7月24日アクセス．

22）伊藤昭弘「利用案内「御状方日記・寺社方日記・佐嘉御取合記事目録データベース」ウェブサイトについて」〈https://crch.dl.saga-u.ac.jp/nikki-others/info.php〉，2024年7月25日アクセス．

23）佐賀大学地域学歴史文化研究センター，前掲「佐賀藩関係「日記」資料時系列データベース」．

24）伊藤昭弘「利用案内　佐賀藩関係『日記』資料時系列データベースについて：趣旨」〈https://crch.dl.saga-u.ac.jp/dates/info.php〉，2024年7月25日アクセス．

25）工藤拓「MeCab: Yet Another Part-of-Speech and Morphological Analyzer」〈https://taku910.github.io/mecab/〉，2024年7月16日アクセス．

26）吉賀夏子・只木進一「古典籍書誌データ構造に対応した Linked Data への半自動変換」『情報処理学会論文誌』59(2)，2018年，pp. 257-266.

27）吉賀夏子・堀良彰・只木進一・永崎研宣・伊藤昭弘「郷土に残存する江戸期古記録の機械可読化を目的とした市民参加および機械学習による固有表現抽出」『情報処理学会論文誌』63(2)，2022年，pp. 310-323.

28）伊藤昭弘「貴重書紹介　近世の疫病——小城藩日記データベースを用いて」佐賀大学附属図書館，2023年〈https://www.lib.saga-u.ac.jp/assets/pdf/about/public/kichosho/kichosho44.pdf〉，2024年7月17日アクセス．

29）青木歳幸「種痘法普及にみる在来知」『佐賀大学地域学歴史文化研究センター研究紀要』7，2013年，pp. 1-21.

30）青木，前掲「種痘法普及にみる在来知」．

第4章
妖怪データベースが拓く新たな研究の可能性

安井 眞奈美

はじめに

　近年，人文学のさまざまな分野で，デジタルヒューマニティーズがとり挙げられて久しい．たとえばジェニファー・エドモンドは，デジタルヒューマニティーズにできることとして「新しい問いかけを産む，新しいパタンを見出す，新しいデータを産み出す，これまでとは異なる聴衆に語りかける，テクノロジーとこの世界との関係をより理解できるようにする，人文学とテクノロジー研究の領域を広げる」などを具体的に挙げている[1]．本章で紹介する国際日本文化研究センターの「妖怪」に関連したデータベース（以下，妖怪データベースと記す）は，上記のようなデジタルヒューマニティーズにできることを模索してきた．現代でこそ，人文学の分野でデータベースを作ることはさほど珍しくはないが，2002年に「怪異・妖怪伝承データベース」として公開された際には，ゲームや映画，アニメなどの人気も影響して，公開後3日間で10万件のアクセスがあり，データベースのアクセスカウンターが壊れるほどであった[2]．その後，今度は妖怪の画像データベースを作ってほしいという多くの要望が寄せられ，2010年に「怪異・妖怪画像データベース」が公開された．両データベースとも研究者のみならず，学生，クリエーター，妖怪好きの人々をはじめ，開設当初からアクセスが耐えない．また

テレビ番組で妖怪データベースにある日文研所蔵の妖怪画が用いられたり，展示に貸してほしいと依頼があったり，国内外からの問い合わせも続いている．

　筆者は，妖怪に関する日文研の共同研究会に初期から参加し[3]，「怪異・妖怪伝承データベース」を用いた計量分析を試み，データベースの活用について共同発表をしてきた．2017年に日文研に赴任してからは，データベースの更新作業の段取りに携わり，海外で研究発表をする際には，積極的に怪異・妖怪伝承データベースの紹介を行っている．2024年2月に韓国・高麗大学校にて開催されたシンポジウム「デジタルヒューマニティーズとデータベースから見る人文学の世界」にて，妖怪データベースについて発表したところ，「そんなデータベースがあるのかと素直に驚いた」と，フロアの研究者や大学院生から声をかけられた．本章では妖怪データベースをもとに，現在の課題と今後の展望について論じる．

1　怪異・妖怪に関するデータベース

(1)　怪異・妖怪とは何か

　妖怪は，現代日本の大衆文化において人気のあるキャラクターであると同時に，古来より多様な妖怪が創造され，描かれ続けてきた．日本の妖怪研究を牽引してきた小松和彦は，怪異・妖怪を「神秘的な，奇妙な，薄気味悪い現象や存在．そ

の中で，超自然的なものの介入によって生じたとみなされる場合を怪異・妖怪と見なす。また，人間にとって望ましくない現象」と定義している[4]。崔仁鶴の『한국 신이 요괴 사전 (韓国神異妖怪事典)』(2020) の序文にも，小松和彦を中心とした日本の妖怪研究が果たした先導的な役割が紹介されている[5]。日文研にて小松が主催した共同研究会には美術史，歴史学，民俗学，人類学，芸能史などを専門とする多彩な研究者の他，小説家の京極夏彦や編集者も加わり，毎回，妖怪について幅広い視野から多角的な研究が進められた。それらをもとに『日本妖怪学大全』(2003) や日文研妖怪文化叢書『妖怪文化研究の最前線』(2009)，『妖怪文化の伝統と創造──絵巻・草紙からマンガ・ラノベまで』(2010)，『進化する妖怪文化研究』(2017)，『妖怪文化研究の新時代』(2022)，また妖怪データベースを基礎にした『日本怪異妖怪大事典』(2013) ほか数多くの著作が刊行された[6]。小松の『妖怪文化入門』は英語に翻訳され，妖怪を理解する入門書として読まれている[7]。

怪異・妖怪伝承データベース「怪異・妖怪について」のページには，小松が妖怪・怪異について次のようにわかりやすく記している。「高度成長期以降，急速に私たちの周囲から消え去っていった河童や天狗，鬼，あるいは不思議な能力をもった狐や狸，蛇，猫といった動物たち──昔の人はこれらを『もののけ』とか『化け物』，『変化・魔性の物』などと呼んで恐れていました。その伝承世界は，日本人の心の『ふるさと』の一翼を担ってきたと言っても過言ではないでしょう。このデータベースは，そうした『もののけ』『化け物』等についてのデータベースです」と，一般の人々を意識した説明になっている。

日本の妖怪は多様な特徴をもつ。怪異・妖怪伝承データベース内で事例数の多い怪異・妖怪として挙げているのは「キツネ，テング，カッパ，タヌキ，ヘビ，ダイジャ，ユウレイ，オニ，タタリ，ヒノタマ，ヤマノカミ，ムジナ」であり，動物も妖怪の中で重要な位置を占めてきた。香川雅信によると，さまざまな動物は「自然」を体現するものとして，妖怪イメージの中核部分を形成し，その主だったものは鹿・蛇・狐・狸・猫・狼であった[8]。この他にも器物の妖怪などが多数存在する。それはまさに近世の博物学的思考をもとに妖怪が創造された，香川の提示する「江戸の妖怪革命」の産物であった[9]。

ところで韓国で妖怪に対応する用語は「ドッケビ」であり，朴美暻は「韓国 (朝鮮) の説話・伝承に登場するお化けや幽霊，時には民間信仰上の神までも広く指して用いられる言葉であり，日本語で言えばオニ，河童，天狗などの存在を広く指す総称名詞としての「妖怪」に概ね対応する」と概観している[10]。朴によると，江戸時代から庶民文化のなかで視覚イメージを豊富に持っていた日本とは大きく異なり，朝鮮において出版は庶民文化として普及しておらず，「妖怪を描く文化は皆無であった」と分析する[11]。妖怪の特徴と歴史は，当然ながらそれぞれの文化において異なっており，今後の比較研究は重要である。

(2) 怪異・妖怪伝承データベース

「怪異・妖怪伝承データベース」(https://www.nichibun.ac.jp/YoukaiDB/) は，日文研で妖怪文化研究を進めてきた小松和彦・日文研名誉教授が，入手しにくい民俗関連の妖怪文化資料を自宅から簡単に検索でき，信頼できる書誌情報とともに閲覧できるよう，情報学が専門の

山田奨治・日文研教授とともに開発したものである．民俗学関係の雑誌，全国の都道府県史の民俗編，また民俗誌に近い性格をもった随筆類から，「体験談もしくは体験談の集積として形成されたと思われる伝承」を集めた文字情報によるデータベースである．昔話のように，明らかにフィクションと見なされる話は除いてある．データを採取した書誌は，竹田旦編『民俗学関係雑誌文献総覧』(1978)に記載された民俗学関係の雑誌，『日本随筆大成』第1期〜第3期 (1975-78)，民俗編のある都道府県史，そして柳田國男『妖怪名彙』からも怪異伝承を採集している[12]．そのような基準を設けて文献を収集し，デジタル化を行った．

データを収集する作業には，怪異・妖怪伝承データベース作成委員会（現・妖怪プロジェクト室）のスタッフや若手研究者，大学院生など数多くの人々が携わった．作業の進め方や当時の苦労話などは，妖怪データベース15周年の記念シンポジウムにて詳細に語られているように[13]，データベースの根幹をなすデータの収集とデジタル化には，たいへんな時間と労力がかかっている．その結果，収録された事例数は3万5257件に上る（2023年11月更新）．

次に怪異・妖怪伝承データベースの内容を示すため，事例数の多い「キツネ」で「全文検索」すると，3442件のデータが抽出される．検索結果の初めに出てくる「鼠のような小さな狐」のデータを紹介する（図4-1）．

個別の事例ページには，データの番号，呼称，伝承の内容を紹介した執筆者，それを発表した論文名などの書誌情報，伝承を収集した都道府県と市町村名，伝承内容の要約などが示される．2007年には全文検索に加え，「詳細検索」と「呼称一覧」の機能を追加した．「呼称一覧」

図4-1 「鼠のような小さな狐」検索結果
出典：怪異・妖怪伝承データベースより．

は，全国の妖怪・怪異の呼称を一覧でき，その中から選択して検索できるようになった．2023年3月には，各データの「要約欄」からデータベース内での類似事例を機械学習により抽出する検索機能が追加された．なお2024年8月現在，伝承が収集された地域の都道府県名，市・郡名，区町村名が，過疎化による町村合併などによって変わってしまった場合，現行の地域名へと修正する更新作業を行っている．こうすることで，どこで生じた怪異・妖怪の話なのかが理解しやすくなる．データベースで検索できるデータは，元の書誌の100字程度の要約であるため，より詳しく見るためには，元の書誌に戻って確認する必要がある．2022年11月には，伝承の掲載された書誌を国

立国会図書館サーチでも検索できるリンクを設置し，より簡単に元の書誌にアクセスできるようになっている．

(3) 怪異・妖怪画像データベース

次に「怪異・妖怪画像データベース」（https://www.nichibun.ac.jp/YoukaiGazouMenu/）を紹介する．これは，絵画資料に描かれた怪異・妖怪の画像を集めたデータベースで，2010年6月に第1版が公開された．当初は著作権の問題があるため，日文研が所蔵する怪異・妖怪の資料に限っていたが，その後国内外の大学，博物館，美術館などが所蔵する絵巻物や妖怪画も含め，出典を明記した上でデータベースに含めるようになった．2022年8月の更新時点で，データベース収録の絵画資料の総数は4317件である．

怪異・妖怪画像データベースの検索方法は二つあり，「特徴から探す」と「名前から探す」である．「特徴から探す」方法は，名前がない妖怪をどうやって検索できるようにするかが大きな課題であり，その実現のために，妖怪の「特徴から探す」項目として，妖怪の「すがた，しぐさ，かたち，もちもの，いろ」を挙げ，ここから検索できるようにした．各項目にさらに小項目を立て，「すがた（姿）」には「鬼，虫，神，道具・器物，坊主・入道，怪火，女，動物，幽霊，亡者，植物，骸骨，七福神」の小項目，「しぐさ」には「演奏する，踊る，戦う，逃げる，吐く・吹く，食べる・飲む……」など，「かたち（形）」には身体の名称である「爪，牙，角，尾，足……」など，「もちもの（持ち物）」には「武器，杖，扇，旗，仏具・寝具……」など，「いろ（色）」には「赤，青，黄，緑，白……」などの項目が設けられている．これらの項目を選択すると，その特徴をもった妖怪が一覧できる．

図4-2 「おどろし」検索結果
出典：『化物尽絵巻』（北斎季親著，国際日本文化研究センター蔵）．

次に「名前から探す」方法は，五十音順に妖怪の名前を列挙した検索画面から，妖怪の切り抜き画像を見ることができる．194件の名前には「おどろし」や「垢嘗」などのように江戸時代に鳥山石燕が『画図百鬼夜行』にて描いた妖怪の名称もあれば，「獣，蝙蝠，雀」などのように動物の名前をそのまま挙げているものもある．例として「おどろし」を検索すると，画像と妖怪の名称，妖怪を描いた作者名，描かれた妖怪の内容記述，資料の情報源が提示される（図4-2）．なお日文研の資料に関しては，画像を公開・共有する

図4-3 猿
出典：『妖怪絵巻屏風』（国際日本文化研究センター蔵）．

ための国際的な枠組みであるIIIF（International Image Interoperability Framework；トリプルアイエフ）を取り入れ，IIIF Viewerボタンをクリックすれば高精細画像が閲覧できるようになっている（2024年8月）．これにより，該当の妖怪画がどの資料から切り取られたかがわかる．「おどろし」は「化物尽絵巻」の妖怪である．「絵巻物データベース」（https://lapis.nichibun.ac.jp/ema）からも，全体を見ることができる．

次に，怪異・妖怪画像データベースの制作過程を，「妖怪絵巻屏風，女風俗図屏風」の資料を例に紹介する．この資料は屏風の表・裏に異なる趣向の絵が描かれたもので，一方には女性の日常と風俗が，他方には妖怪絵巻などから模写した妖怪が描かれている．この中から「猿」の画像を切り抜いてデータを作成したものが図4-3である．画像には「動物，赤，猿」という特徴から探すために，「赤い肌の猿のような妖怪．頭部と手首より先だけ黒く，牙をむき右側に描かれた妖怪へ襲い掛かろうとしているように見える」という，詳細な記述を登録している．

なお日文研では，2024年3月に「日文研デジタルアーカイブ」（https://da.nichibun.ac.jp/）を開始し，日本研究に関する日文研の所蔵資料のインターネット上での公開を進めており，2024年8月現在1499件の資料を公開している．資料タイトルにはローマ字表記も記載している．

2　データベースの活用方法

(1) 韓国での対話

2024年2月5日，韓国・高麗大学校（ソウル）にて開催された日文研・高麗大学校国際学術シンポジウム「デジタルヒューマニティーズとデータベースから見る人文学の世界」にて，妖怪データベースについて発表した．日本では数多くの人々に利用されているデータベースを，海外の人々と共有していくにはどうすればよいかを考えるよい機会となった．コメンテーターの嚴泰雄・高麗大学校国語国文学科副教授より，類似検索とはどのような機能なのか，怪異・妖怪伝承データベースの元になっている妖怪のデータは国家が主導して収集したものなのか，という重要な質問が出された．怪異・妖怪伝承データベースの元になっている約3万5000件の事例は，県史や諸雑誌の報告など，民俗学者や在野の研究者が集めた報告であり，国家が主導して集めたわけではない．しかし，妖怪データベースのプロジェクトは，科学研究費を基に始まったため，その意味では国家の支援を受けた妖怪のデータベースとも言える．

またこのデータベースは，日本語でしか検索できないという課題もある．現在，ウェブブラウザの翻訳機能と翻訳サイトなどを用いて，日本語のテキストを他の言語に変換することは可能である．本格的に分析したい資料があれば専門的なソフトを用いて翻訳すればよい．シンポジウムにてコメンテーターの荒木浩・日文研教授が，データ検索には専門のデータ

を扱う「丁寧な検索」とざっくり調べる「ぞんざいな検索」があり，それらをつなぐレヴィ＝ストロースのいう「ブリコラージュ」（器用仕事）が必要であると言及したことは核心をついている．これと同じく「ぞんざいな翻訳」と「丁寧な翻訳」があり，それをつなぐ器用仕事としてさまざまな工夫が考えられる．

　今後は，妖怪データベースを単独で用いるだけでなく，他のデータベースと情報を共有することもできるだろう．シンポジウムでは，李承坤・高麗大学校国語国文学科副教授が朝鮮時代の叙事詩である韓国の「野談」を素材に発表され，「野談」に怪異についての言及があることも指摘された[16]．「野談」のデータベースの構築も進めておられるとのこと，日本の妖怪データベースと併せて利用することも，将来的に考えられる．

　一方の怪異・妖怪画像データベースについては，日本語がわからなくとも，妖怪の絵を楽しむことができるため利用しやすい，とシンポジウムの参加者からコメントが出された．また妖怪画像の「特徴」の記述をどのように決めているのかについても質問があり，これまで複数の担当者が試行錯誤して記載し，現在もよりよい表現へと更新していることを伝えた．

　今後，妖怪データベースの資料を拡充する場合，新たに全国の市町村史にまで広げてデータを集めていくことが挙げられる．そのためには，資料の収集と打ち込み作業にかかる人件費を確保する必要がある．また現代の妖怪・怪異に関する情報もさまざまなメディアで収集され，関連の出版物も人気がある[17]．時折，妖怪プロジェクト室に「このような妖怪の話を聞いたので，ぜひ記録して留めておいてほしい」という連絡が来ることがある．現代の妖怪，怪異に関する情報を，妖怪データベースに加えるかどうかはさておき，記録を続けている．

（2）　妖怪データベースを用いた身体論

　かつて筆者は，怪異・妖怪伝承データベースを用いて計量分析を行い，人が「妖怪」に狙われやすい，もしくは「怪異」が出現しやすいと感じていた身体部位を分析し，人間の身体と怪異・妖怪との関係を明らかにした[18]．目や耳など合計39の身体を表す名称を挙げて検索し，データ数の多い身体部位を導き出した．その際，データベースの問題として「手」という名称で全文検索をすると，「手伝う」や「手柄を立てる」，「助手席」といった「手」を含むデータがすべて含まれてしまう．結局は一つ一つのデータを確認し，かなりの時間をかけて，関係のないデータを削除する作業を行った．それらを削除した結果，「手長足長」といった手足の異常に長い「手」に因んだ妖怪や，「手」に生じる怪異現象などを含むデータが得られた．上位10位の身体部位は「足，手，目，頭，首，髪，腹，顔，首，尻」であり，これらは妖怪に狙われやすかったり，怪異が生じやすかったりする身体部位と捉えられる．

　引き続き筆者は，臍に注目して身体と怪異・妖怪との関連を分析している．臍は，怪異・妖怪伝承データベースにて39の身体部位を検索した中で27位と順位は低いが，怪異・妖怪に狙われやすい身体部位と言える．たとえば「雷様は子供の臍をとる」（データ番号：2260182，1931年）という伝承が示すように，雷は人間の臍，とくに子どもの臍をとることが多い．そもそも臍は，腹のまんなかにある小さなくぼみでしかなく，物理的に取ることのできるような身体部位ではない．「取る」イメージを想起させるのは，子どもに起こることの多い「出べそ」，い

わゆる腸ヘルニアが挙げられ，これがあたかも「臍」をもぎ取るように見受けられたからだろう．さながら「瘤取り」の伝承にみる瘤のようである．臍が狙われたのは，身体全体の中での臍の位置づけとも関連がある．常光徹は，雷に臍を取られる俗信は近世には広く流布し，その後も全国的な広がりを見せていたことを指摘し，「ヘソを取られるのは，身体の均衡を保つ核を失うことでもある」と分析している[19]．身体の中心としての臍の位置づけについては，近世から近代にかけての身体観とあわせて検討していきたい．

さらに胎児と胎盤をつなぐ臍の緒にもさまざまな習俗がある．臍の緒は，胎盤が出てきてから，生児の臍の側に少し残して切断し，生児の臍から取れた臍の緒を乾燥させて保管する．臍の緒を保管する習俗は現在もみられ，病院やクリニックでは，臍の緒を大事に保管して桐箱に入れ，退院時に手渡すところもある．

怪異・妖怪伝承データベースからは，「ヘソノオを埋めた上を最初に通ったものを怖がるようになるので父親がまず踏む」（C1040113-000，1982年）などの俗信が挙げられる．この俗信の背後には，臍の緒は子どもの分身である，という人々の身体観がある．臍の緒は，母から胎児へ栄養を送る重要な役割を果たすため，胎盤とともに子どもの分身とみなされてきたのである．

韓国においても，臍の緒を容器に入れて保管する場合もあると聞く．かつて，臍の緒が「良薬」として密かに出まわったこともあり，これを防ぐため現在では廃棄物として処分している病院も多いという[20]．また中国では，縁起ものとして臍の緒の一部を付した高価な印鑑を作ったりする．また乾燥させた臍の緒は，漢方薬としても販売されている．

今後，筆者はこれら臍に関する俗信や妖怪・怪異の伝承をもとに，臍という身体部位にいかなる意味付けがなされ，それが医学の中でどのように変容してきたのかを解明していきたい．次に紹介する怪異・妖怪伝承データベースの「類似事例」の機能は，こうした問いに新たな展開をもたらす可能性がある．

(3) 「類似事例」の機能

怪異・妖怪伝承データベースの類似事例検索の学習機能について，情報学が専門である山田奨治の説明を紹介する．

1．各要旨・要約——データの中身として，怪異・妖怪がそのテキストの中で，どのように紹介されているかを要約したもの——を Janome というソフトで形態素解析し，名詞，形容詞，動詞を抽出する．
2．1で抽出した名詞，形容詞，動詞について TF-IDF の手法を用いて，各要旨をベクトル化する．つまり，各要旨をその内容が反映された一次元の数字の並びに変換する．
3．すべての要旨のペアについて，2で得られたベクトル間のコサイン類似度を要旨間の類似度とする．
4．各要旨について類似度の高い20件を計算してあらかじめテーブルにしておく．
5．検索時には4のテーブルを参照して類似事例を表示する．

TF-IDF とは「ある単語の特定の文書内での出現頻度×その単語の全文書の中での珍しさの度合い」である．この機能により，たとえば「鼠のような小さな狐」という事例を検索すると，20件の類似事例を抽出することができる．また類似事例として表示された伝承から一つを選び，さらに類似事例を検索することもできる．このように類似機能を使うと，

予期しなかったデータに次々に巡りあえる面白さがある．

筆者は，これまで妊娠・出産に関する研究を続ける中で，亡くなった女性の妖怪であるウブメがどのように伝承され，描かれてきたのかに注目してきた．「産女」伝承の初出は，12世紀の『今昔物語集』巻二七の四三，「頼光郎等平季武，値産女語[21]」であるとされている．美濃国で，夜になると女が道行く人に向かって，泣く子を抱いてほしいと寄ってくる．噂を聞いた平季武が，怪異を確かめに出かけ，現れた女から預かった子を，そのまま袖に包んで館に戻ると，木の葉が出て来た．この怪異は狐の仕業とも，子を産もうとして亡くなった女の亡霊の仕業とも語り伝えている，という．この産女の物語が各地に伝わり，それぞれの地域に特有の伝承が生み出されていった．

また「産女」とは別に，夜に赤児を奪っていく鳥の妖怪「姑獲鳥」が中国から伝わった．この時，かつてからある産女の伝承が引き寄せられ，姑獲鳥を「うぶめ」と訓読したことにより，その後，両者は混同されていく[22]．

怪異・妖怪伝承データベースの「呼称検索」により「産女」を検索すると，9件のデータが表示される[23]．このうち1件のデータ（2260058，1929年）について[24]，「類似機能」を使って検索をすると，21件の類似事例が表示される．それらの呼称はキツネ，イシジゾウ，オンナ，オボ・ユウレイ，オンメ，ムジナ，ヤマノカミサマ，カワソ・カワウソ，ユキオンナ，ツチノコ，ダイジャなど多岐にわたる．産女伝承の核になる次のモチーフが類似している．

産女が，赤児を抱くよう依頼．重くなる赤子を抱き続けると，

＊富や幸福がもたらされる．

＊産女に襲われる，化かされる．

たとえば「イシジゾウ」（0690007，1918年）は，「若い女に嬰児を抱いているように頼まれるが，女は戻らず，嬰児が重くなってくる．ふと気付くと子は大きな石地蔵の首になるという．「赤子を抱くよう依頼」というモチーフは共通しているが，「産女」の代わりに「若い女」に，「嬰児」は「石地蔵の首」になっている．

また別のデータでは，赤子を抱くよう依頼したのは「産女」ではなく「雪女」である（0590130，1976年）．子どもを抱いた人は，氷のように冷たい赤ん坊が腕から離れず気を失う．この話は，産女伝承における「雪女」のバリエーションと言える．

このように類似事例の機能を使えば，「産女」や「姑獲鳥」「ウブメ」などの名前が呼称や要約文になくても，話のモチーフが類似しているデータにたどり着くことができる．「雪女」もまた産女のように赤子を抱いてくれと頼む伝承からは，女性の妖怪であれば雪女であっても産女であってもさして問題はない，との人々の認識があったのだろう．

3　翻訳と比較研究に向けて

次に，妖怪データベースの今後について翻訳の問題を考えてみたい．現在，ウェブブラウザの翻訳機能と翻訳サイトにより，データの日本語を他の言語に変換することはさほど困難ではない．とは言え，怪異・妖怪伝承データベースの各データの「呼称」だけでもアルファベット表記にすれば，英語をはじめ，諸言語において検索しやすくはなる．しかし，約3万5000件のデータに，アルファベット表記を追加することは簡単ではない．

その前に，妖怪・怪異伝承データベースの解説ページに，英語，中国語，韓国語の解説を加えて，より多くの人々にアピールすることの方がより効果的である．現在，このデータベースは開設当初のままの英語表記を使っており，怪異・妖怪伝承データベースは Folktales of Strange Phenomena and *Yōkai*（Spirits, Ghosts, Monsters），また怪異・妖怪画像データベースは Paintings of Strange Phenomena and *Yōkai*（Ghosts, Monsters, Spirits）という英語を充てている．*Yōkai* という言葉は，ゲームやアニメなどの日本のポピュラー・カルチャーの人気のおかげで充分に流布し，理解されるようになった言葉であるが[25]，*Yōkai* という言葉が Spirits, Ghosts, Monsters を包括しているかどうか，また「怪異」という不思議な現象の翻訳語が Strange Phenomena でよいかどうかは検討が必要である．

この点について，日文研にて2023年12月にシンポジウムを開催し，日本の妖怪を歴史的文脈に位置づけるための議論を行い，2024年4月にはニューヨークのコロンビア大学にて，日本と中国の怪異・妖怪をそれぞれ英語で説明し，議論を行った[26]．この成果は，2025年3月に『グローバル時代を生きる妖怪』として出版予定である．このような基本的な作業を続けていくことにより，東アジアにおける妖怪・怪異の比較研究へとつなげていきたい．

おわりに

これまで示してきたように，妖怪データベースを基に，それぞれの文化における「妖怪」や「怪異」との比較研究は，デジタルヒューマニティーズの創造的な研究になり得る可能性がある．人類学的に捉えれば，いずれの文化にも「妖怪」や「怪異」に類するものは存在する．しかし，たとえば中国のように「妖怪」という言葉を忌避する社会で，今後，どのような用語を使って比較の軸を据えるのか，台湾のように近年，独自の妖怪画が数多く出版されている地域ではどうか，また韓国のドッケビのように，「現代韓国文化を代表するアイコン」として幅広く用いられている場合など[27]，東アジアにおける妖怪の歴史的な展開と現状は多様であり，それらの比較研究は東アジアの文化史としても重要である．その上で，欧米や他の様々な地域との比較を行う比較妖怪学も想起される．デジタルヒューマニティーズにできることとして，妖怪データベースの多様な伝承を基に，人々の創造や研究の原動力になることが挙げられる．また妖怪データベースを活用した比較妖怪学は，デジタルヒューマニティーズが目指す地平の新たな成果の一つになると言えるだろう．

注
1）Jennifer Edmond "How is Technology changing the nature of humanities research in the 21st Century? An introduction to the issues and methods of digital humanities",（ジェニファー・エドモンド，「テクノロジーは21世紀の人文学をどう変えるのか？　デジタルヒューマニティーズの課題と方法」）奈良女子大学アジア・ジェンダー文化学研究センター主催講演会 "Reframing the Humanities in the Digital Age（デジタル時代の人文学再生）"，2016年3月4日の英語講演内容と松岡悦子奈良女子大学名誉教授による日本語配布資料参照．エドモンドは，デジタルヒューマニティーズのデメリットにも触れ，たとえば暗黙の内にジェンダーバイアスを産み出しているかもしれない危惧を示し，その例として，研究課題そのものではなく，言葉自体が男性性を帯びていた事例を紹介している．
2）妖怪データベースの準備作業にあたっていた松村薫子の発言による（山田奨治・真鍋昌

賢・松村薫子・永原順子・飯倉義之・中野洋平・小松和彦「妖怪データベースの創造——妖怪プロジェクト室かく闘えり」小松和彦・安井眞奈美・南郷晃子編『妖怪文化研究の新時代』せりか書房，2022年，pp. 124-153).

3）日文研共同研究「日本における怪異・怪談文化の成立と変遷に関する学際的研究」（小松和彦代表 1998-2000年度）

4）小松和彦「妖怪とは何か」小松和彦編『妖怪学の基礎知識』角川学芸出版，2011年.

5）崔仁鶴（チェイナク）『한국 신이 요괴 사전（韓国神異妖怪事典）』民俗苑，2020年.

6）小松和彦編『日本妖怪学大全』小学館，2003年.『妖怪文化研究の最前線』2009年.『妖怪文化の伝統と創造——絵巻・草紙からマンガ・ラノベまで』2010年.『進化する妖怪文化研究』2017年（以上，小松和彦編，せりか書房），小松和彦・安井眞奈美・南郷晃子編『妖怪文化研究の新時代』せりか書房，2022年など.

7）小松和彦『妖怪文化入門』せりか書房，2006年.（Komatsu, Kazuhiko, *An introduction to yōkai culture: monsters, ghosts, and outsiders in Japanese history*, Hiroko Yoda and Matt Alt (tr.), Japan Publishing Industry Foundation for Culture, 2017).

8）香川雅信「妖怪としての動物」山中由里子・山田仁史編『この世のキワ——〈自然〉の内と外』勉誠出版，2019年，p. 124，pp. 135-136.

9）香川雅信『江戸の妖怪革命』河出書房新社，2005年.

10）朴美暻「韓国の妖怪「ドッケビ」の世代別認識」『平安女学院大学研究年報』第23号，2022年，p. 54.

11）朴美暻『韓国の「鬼」——ドッケビの視覚表象』京都大学学術出版会，2015年，p. 59.

12）竹田旦編『民俗学関係雑誌文献総覧』，国書刊行会，1978年.『日本随筆大成』第1期～第3期，吉川弘文館，1975-78年.柳田國男「妖怪名彙」『妖怪談義』修道社，1956年（柳田国男・小松和彦校注『新訂 妖怪談義』角川学芸出版〔角川文庫〕，2013年.）

13）山田ほか，前掲「妖怪データベースの創造——妖怪プロジェクト室かく闘えり」，pp. 124-153.

14）山田ほか，前掲「妖怪データベースの創造——妖怪プロジェクト室かく闘えり」，p. 152.

15）鳥山石燕『画図百鬼夜行全画集』角川書店〔角川ソフィア文庫〕，2005年.

16）2024年2月5日開催のシンポジウム「デジタルヒューマニティーズとデータベースから見る人文学の世界」より.

17）KADOKAWA雑誌『怪と幽』，朝里樹『日本現代怪異事典』笠間書院，2018年，朝里樹監修『日本怪異妖怪事典』シリーズ全8巻，笠間書院，2021-2023年など.

18）安井眞奈美「怪異・妖怪に狙われやすい日本人の身体部位」『怪異と身体の民俗学——異界から出産と子育てを問い直す』せりか書房，2014年，pp. 205-234.

19）常光徹『日本俗信辞典 身体編』KADOKAWA，2024年，p. 502.

20）筆者の2023年の聞き取り調査による.

21）Yasui Manami, "Imagining the spirits of deceased pregnant women: an analysis of illustrations of *ubume* in early modern Japan", *Japan Review*, 35, 2020. 安井眞奈美「胎児分離」埋葬の習俗と出産をめぐる怪異のフォークロア——その生成と消滅に関する考察」『怪異と身体の民俗学——異界から出産と子育てを問い直す』せりか書房，2014年.

22）木場貴俊『怪異をつくる——日本近世怪異文化史』文学通信，2020年.

23）「姑獲鳥」で検索すると4件，うぶめ・ウブメで検索すると，「産女」「姑獲鳥」を含む48件が表示される.

24）長山源雄「豊後国国直入地方の民間伝承」『民俗学』1（5），1929年，p. 44.

25）マイケル・ディラン・フォスター「妖怪を翻訳する」『ヒューマン 知の森へのいざない』6，2014年.

26）2023年12月，日文研主催のシンポジウム「グローバル・コンテクストにおける妖怪の理論化と歴史化（Theorizing and Historicizing *Yōkai* in Global Context）」（日本語）と，2024年4月にコロンビア大学東アジア言語文化学部とドナルド・キーンセンター共催による英語のワークショップ "Questioning the 'Supernatural' in Chinese and Japanese Literature/Culture"「中国と日本の文学／文化における"超自然"を問う」.

27）朴，前掲『韓国の「鬼」——ドッケビの視覚表象』，p. 4.

第5章

想像×創造する帝国
——吉田初三郎式鳥瞰図から検証する——

劉　建輝

はじめに

　近代日本において，明治以降に導入された新たなツーリズムの成熟に伴い，大正から昭和初期にかけていわゆる大観光ブームを迎えた．そのブームの中，日本内外の旅行地図，パンフレットなどに自ら考案した鳥瞰図を取り入れたのが「大正の広重」と呼ばれた吉田初三郎である．彼の鳥瞰図の最大の特徴は極端なデフォルメで，その大胆な構図と鮮やかな配色により，時の旅行地図や旅行案内がきわめて豊かな想像で彩られるようになった．

　初三郎は京都生まれの鳥瞰図絵師で，1913（大正2）年に作成した「京阪電車御案内」が皇太子時代の昭和天皇から「是れは奇麗で解り易い」と賞賛されたことに喜び，生涯に1600点以上もの作品を描いたと言われている．

　本章では，「想像×創造する帝国」という，これまでにはなかった視点を取り入れ，国際日本文化研究センターが蒐集した「吉田初三郎コレクション」の内，「外地」を中心とする代表的な鳥瞰図を選び出し，一連の作品から一般民衆のレベルにおいて「帝国日本」がいかに成立したのか，現実的な領有地の拡大に伴う国民的なイマジネーションの生成——その想像×創造されたプロセスを再検証したい．

1　吉田初三郎とその発案した鳥瞰図の誕生

　吉田初三郎（図5-1）は，1984（明治17）年京都市中京区に生まれた．1歳の時に父親が亡くなったため母方の姓である泉と名乗るようになり，10歳から西陣友禅図案師「釜屋」に丁稚奉公し，18歳に京都三越呉服店友禅図案部の職工として働き始めた．25歳から京都岡崎にある「関西美術院」に入り，鹿子木孟郎について洋画を学んだ．その時，本人の出自を案じて，鹿子木から「洋画界のためにポスターや壁画や広告図案を描く大衆画家となれ」とのアドバイスを受けたと言われている．1913（大正2）年，初三郎は京阪電車の依頼を受けて「京阪電車御案内」を制作したが，それが翌年たまたま修学旅行で京阪電車に乗られた皇太子時代の昭和天皇に褒められ，本人が大いに喜んだという．そしてこれを機に，初三郎が積極的に日本各地の名所図絵を作り始め，地元の京都日出新聞や大阪時事などに「大正の広重」と絶賛され，一躍有名な地図絵師となったのである．

　1916（大正5）年，初三郎が京都山科御陵にある自宅兼画室に大正名所図絵社を設立し，鉄道省などから鉄道路線図やポスターの注文を受けて精力的に制作し始めた．そして事業拡大のために，1921（大正10）年さらに大正名所図絵社を東京京橋区材木町に移し，鉄道省の依頼に

図5-1　44歳時の吉田初三郎
出典：『技芸倶楽部』昭和4年新年号より．

よる鉄道開業50周年記念事業『鉄道旅行案内』の挿絵を担当し，各停車駅を中心とする全国各地の鳥瞰図を作り上げた．しかし，こうしてせっかく軌道に乗りつつあった初三郎の創作事業が，不運にも1923（大正12）年の関東大震災に遭い，大正名所図絵社も自宅兼画室もすべて焼失してしまった．幸いなことに，その後，初三郎はすぐ知人である名古屋鉄道常務上遠野富之助の好意により名古屋鉄道社員寮である「蘇江倶楽部」を提供してもらうことになり，画室「蘇江仮画室」を愛知犬山に構える一方，名古屋市内に大正名所図絵社名古屋支社を設立した．以後，ここを拠点に10数年間にわたって全国から鳥瞰図や宣伝パンフレットの制作依頼を受けながら絵師として活動し続けていた．

この間，名声が高まるにつれて，初三郎は1927（昭和2）年に朝鮮総督府，満鉄，大連汽船の招聘により朝鮮，満洲を始めとして，華北の天津や北京などを調査旅行し，大連の満鉄クラブで作品展示会も開催した．また1929（昭和4）年に5か月もかけて朝鮮半島に渡り，釜山，慶州，金剛山，京城，平壌などを巡遊し，各地の鳥瞰図を制作した．さらに1934（昭和9）年には今度も4か月をかけて台湾を訪れ，現地でスケッチ旅行を行った．その後，1936（昭和11）年に犬山にある本拠地を青森県八戸市種差の潮観荘に移し，翌年勃発した日中戦争の前線に従軍画家として幾度も出向きながら多くの戦地関連の鳥瞰図や絵葉書などを制作した．

このように，初三郎は当初洋画家として出発しながらも，少年時代の図案師としての出自と恩師である鹿子木孟郎の勧めにより，生涯にわたって「商業美術」の一種とされる広告やパンフレットなどを作成する一方，国内外の旅行案内となる鳥瞰図を創作し続けた．この鳥瞰図の制作にこだわった理由として，本人が「私は茲に現代の名所図絵を残して，後の世に当年の名所と交通の関係と発達の状態を伝えたならば，一つには人文史の材料ともなり，一つには当代特有の名所絵という一種の芸術を示すこともできよう」（『旅と名所』第22号，1928年）と告白したように，一つ一つの作品にきわめて意図的に地図的機能としての実用性と美術的機能としての観賞性を持たせることで一種の時代的な「記録」を作り上げ，長らく後世に残そうとしたと思われる．

そもそも鳥瞰図は，「飛ぶ鳥の目から見たように見える」ということを意味する地図作成技法の一つで，古くから創作現場で採用されてきた．有名なところでは江戸時代における葛飾北斎の「東海道名所一覧」に代表される道中図などはすでにこの手法を用いている．ただ，初三郎が考案した初三郎式鳥瞰図はこうした従来の画法にまず近代的な遠近法や測量

法を取り入れた上，作者の主観によって
中心と周縁を自由自在に動かしたり，表
現目標物を極端に強調したりすることで，
それまでの鳥瞰図とは明らかに一線を画
す構図となっている．いわば初三郎は，
伝統的な絵巻や江戸時代に流布した画法
に近代地理学，測量技術，空中写真技術
などの要素を加え，両者を巧みに融合さ
せた形でまったく新しい描写スタイルを
作り上げたのである．

　中でも空中写真技術からの影響で言う
と，日本では，航空機からの空中写真撮
影が帝国陸軍によって始めて実験的に行
われたのは1911（明治44）年で，本格的
に実用として投入されたのは1923（大正
12）年に起こった関東大震災の時である．
東京，横浜などの被災状況を把握するた
めに，陸軍航空学校下志津分校が各地の
空中撮影を実施し，広範囲的に災害の実
態を記録したのである．初三郎の鳥瞰図
は初期のやや単純な構成から脱皮し，
徐々に重厚な実写性を見せ始めたのもほ
ぼ同じ時期からであり，その意味では，
従来の技法上の「想像」と違い，この空
中からの真の「鳥瞰」は本人のその後の
創作において大いに参考になったと推測
される．

　そして，こうした様々な伝統と近代の
要素を統合した結果，初三郎式鳥瞰図は，
例えば都市の案内図を作る場合，往々に
して駅を中心に電車などの交通網を分か
りやすく配置し，左右の端をU字型に
曲げつつパノラマ風に画面を展開させて
いる．一方，この構図自体はまた本人の
職工時代の経験を活かし，一番見せたい
絵柄を中心に据えながら美しい色合わせ
を演出するように考案された女性の着物
や帯などから来たデザインではないかと
想像される．そのため，初三郎式鳥瞰図
はつねに「手で描くのではなく足で描き，
頭で描く」一枚の楽しめる「絵」となっ

たのである．

2　内外交通およびツーリズム の発達と初三郎式鳥瞰図

　1872（明治5）年の新橋・横浜間の蒸
気機関車運行からスタートした日本の鉄
道事業は，1889（明治22）年の東海道全
線開通，1914（大正3）年の東京駅開業，
さらに昭和初期の各ローカル線の営業開
始に伴い，きわめて短期間に密度の高い
全国の交通網を構築した．それのみなら
ず，1905（明治38）年の日露戦争の勝利
により，その線路が下関・釜山間の関釜
連絡船の運航，1911（明治44）年の中朝
国境を渡る鴨緑江橋梁の竣工をもって，
朝鮮鉄道，満洲鉄道，さらにロシアの中
東鉄道（シベリア鉄道支線）と連結し，
遠いヨーロッパにまでつながった．また
複雑な前史を持ちながら，1884（明治
17）年の大阪商船，1885（明治18）年の
日本郵船，1896（明治29）年の東洋汽船
などの設立により，日本の内外航路もア
ジアから北米，ヨーロッパにまで延伸し，
世界各地との交通を可能にした．中でも，
大阪商船は，日満連絡，内台連絡，天津，
青島，清津など東アジア一円に航路を張
り巡らせ，とりわけ「満韓支」などの外
地との連絡に力を注いだ（図5-2）．

　そもそも大阪商船は当初，主に国内線
を中心に運航していた．1890（明治23）
年に初めての海外航路である大阪・釜山
線を開設し，続いて93年に大阪・仁川線，
朝鮮沿岸線を開いた．日清戦争後，海運
興隆の風潮を受け，1896（明治29）年に
台湾航路，98年に揚子江航路，99年に北
支航路，1900年に南支航路と日本の権益
拡大に追従する形で航路の拡張が行われ
た．その後，さらに大阪・ウラジオス
トック，大阪・天津，大阪・大連，香
港・上海などの航路が新設され，日本郵

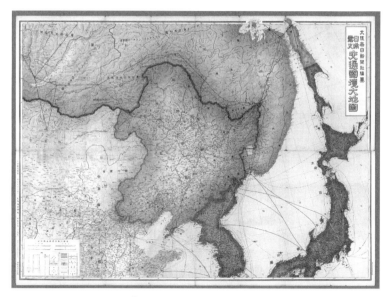

図 5-2 「日満露支交通国境大地図」(1935年)
出典：大阪毎日新聞社.

船に次ぐ第二の汽船会社としての地位を獲得した.

大正に入り，1914（大正3）年青島の陥落に伴い大阪・青島線，15年にサンフランシスコ航路，横浜・香港線，16年に豪州南洋線，南米線，18年にスマトラ線と次々と新航路を開設し，強固な航路同盟が存在する遠洋航路にも食い込んだ．また昭和になると，過度な競争を排除するため，日本郵船が欧州・北米航路を独占するかわりに大阪商船が南米・近海航路を独占するという「世界分割」方式を取り始め，終戦まで続いた．

後述するように，初三郎はその鳥瞰図において，まさにこのような内外交通の発達を反映し，国内外の数々の鉄道線路や駅，また客船とその航路を突出させた形で描いている．これは従来の名所図会の表象と明らかに異なり，彼一流のデフォルメにより，当時出現しつつある「大交通時代」の様子をみごとに描出したのである．

一方，この「大交通時代」の到来とともに，大正半ば頃から日本はまた近代ツーリズムの隆盛を迎え始めた．それを象徴する事象として，例えば，まず1912（明治45）年にこれまで主に来日外国人の斡旋を業務としていた貴賓会の後を受け継いだ形でジャパン・ツーリスト・ビューロー（JTB）が設立され，また1924（大正13）年に日本の旅行文化向上を事業目的とする日本旅行文化協会も立ち上げられた．この両者の事業展開により，日本はいよいよ本格的に旧来の名所巡りと決別し，まったく新しい近代的観光の時代に突入したのである．とりわけ，昭和初期になると，交通網のさらなる発達に加え，あいつぐ各地の温泉地の開発や国立公園の設立などにより，一種の「ディスカバー・ジャパン」とも言える国内観光がますます大きなブームを見せ始めていた．

図 5-3 「朝鮮へ　満洲へ」
（1920年代）
出典：満鉄鮮満案内所.

そして，前記の鉄道線路や商船航路の朝鮮や満洲などへの延伸も背景となって，この時期の観光旅行は単に日本国内に止まらず，近隣の朝鮮や満洲，また中国内陸もその対象とされた．例えば，JTBは国内外の観光客のニーズに応えるために，海外とりわけ「満韓」や中国内陸との連絡を重視し，設立早々から大連やソウル，台北などに相次いで支部か代理店を設置した．また日本旅行文化協会設立の際にはその趣旨として「朝鮮，満蒙，支那」などの紹介も協会活動の目的の一つだと明記し，さらに当協会の機関誌である『旅』の創刊号には「旅行シーズン来る　朝鮮へ！　満洲へ！　支那へ！」という満鉄の広告を大々的に掲載していたのである（図 5-3）．

当時，これらの地域への渡航が如何に便利だったのか？　ここで具体例として中国に渡る二つの交通手段，「満韓」に連絡する列車と上海に連絡する客船のケースだけを簡単に紹介しておく．

まず，列車による「満韓」へのアプローチだが，これをもし東京からの出発とした場合，東京・下関間には1912（明治45）年からすでに「特別急行」が一本運行しており，これに1923（大正12）年からはさらにもう一本の「特急」が増設されたのである．そして前者は一，二等特急（後に各等特急に変更）で，1929（昭和4）のダイヤ改正を機に「ふじ」と命名され，後者は三等のみの特急（後に二，三等特急に変更）で，同じダイヤ改正により「さくら」と名付けられている．この二本の特急以外にまた第五列車と第七列車の急行も存在したが，これらはいずれも下関で関釜（下関・釜山）連絡航路を介して，釜山・長春（新京）間の急行「ひかり」，または釜山・奉天（瀋陽）間の急行「のぞみ」と連絡し，日本と「満韓」の便利な往来を可能にしている．

次に，客船による上海方面へのアプローチだが，これには主に日本郵船による明治時代からの横浜・上海間，神戸・上海間，それに1923（大正12）年に新設された長崎・上海間の三つの定期航路が存在していた．なかでも最強速力21ノットの快速客船である上海丸と長崎丸の登場によって，日中（長崎・上海）間はわずか26時間で結ばれるようになり，その存在が日本人の大陸渡航に実に計り知れない影響を与えていた．

まさにこのような内外への観光ブームが続く中，初三郎は多くの制作依頼を受けて数々の国内の観光地や温泉，神社，公園などをテーマとする鳥瞰図，旅行パンフレットを制作したのみならず，幾度にもわたって近隣の朝鮮や満洲，また中国内陸と台湾にまで足を延ばし，鮮やかに現地の特徴を捉えた鳥瞰図や案内図などを世に送り出したのである．

そして，これら「外地」関連の作品を作るにあたって，初三郎はできるだけ各

依頼主の要望を反映させる一方，きまって現地を訪れた際に理解したそれぞれの被写体の性格をリアルに表現しようと工夫していた．例えば，大都市についてはその全体像，古都についてはその固有の骨格，商業都市についてはその繁栄ぶり，港町についてはその外部との連絡などを強調し，微妙にその特徴を描き分けている．この傾向は前半の国内ものに比べ，後半のいわゆる「外地」ものがより強化されていたように思われる．

3　初三郎式鳥瞰図による朝鮮と中国の表象

　明治以降，日本はその勢力の膨張に伴い，沖縄，樺太，台湾，朝鮮，青島，満洲などをあいついで自らの支配下に置き，また1937（昭和12）年に日中戦争が始まると，短期間に華北を始めとする中国北部と南部の沿海地域を占領した．そして国や軍部によるこの急速な支配圏の拡大を受け，多くの内地の日本人も上記の各地に次々と移住し，名実とも日本を中心とする一大帝国の形態を整えた．

　しかし，帝国の成立は，単に現実上の領有地の拡大だけではけっして完成することなく，そこには内外の「国民」による帝国への想像と表象の介在も必須の条件であった．すなわち，領有した先々を意識的に表現，表象してはじめて国民の想像が膨らみ，精神的ないしは観念的にそれを「占有」することになる．

　初三郎は国内の鳥瞰図のみならず，外地の鳥瞰図にもよく神社を描き込み，また近景と遠景にはかならず客船の連絡航路と富士山などを配置した．きわめて意識的だったと思うが，その表象こそが国内外を連結させ，帝国日本の一体感を作り出す比類のない装置だったと言える．奇抜な案内図で観光ブームに貢献した初

表5-1　昭和前期の吉田初三郎の中国や朝鮮における足跡

年	内　　容
1927（昭和2）	満鉄などの招聘により，弟子の前田虹映とともに渡満．大連，旅順，奉天，長春，哈爾賓，チチハル，興安嶺，満洲里，天津，北京，青島，上海などを2ヶ月間巡遊．大連の満鉄クラブで展示会開催．
1928（昭和3）	前年の取材に基づき，「大連」「星が浦」「旅順」「金洲」「千山」などを作成，刊行．
1929（昭和4）	2月〜6月朝鮮半島を踏査．釜山，慶州，金剛山，京城，平壌など各地の鳥瞰図を作成．9月「朝鮮博覧会」を記念する作品として「朝鮮博覧会図絵」「朝鮮大図絵」などを発表．
1931（昭和6）	「朝鮮金剛山大図絵」を創作，発表．
1932（昭和7）	満洲国の成立を受け，再度渡満．「満洲国大鳥瞰図」「満蒙の交通産業案内」などを作成．
1934（昭和9）	4ヶ月をかけて台湾スケッチ旅行，関連作品を制作．
1935（昭和10）	「樺太観光交通鳥瞰図」「台北市鳥瞰図」を発表．
1938（昭和13）	5月，従軍画家として渡中．以後3年連続して大陸前線に渡り，上海，南京，武漢，華北各地を巡遊，「南京景勝鳥瞰図」などを作成．

出典：筆者作成．

三郎だったが，「帝国」の創出にも一役を買ったことはまぎれない事実だろう．

　前述のように，初三郎は昭和時代に入ると頻繁に朝鮮や満洲に渡り，一連のいわゆる「外地」の鳥瞰図を作成した．また日中戦争（1937（昭和12）年）勃発後，翌年から3年連続して海軍，さらに陸軍派遣の従軍画家として中国前線に赴いた．ここでは簡単にその間の本人の主な足跡を表5-1に記しておく（図5-4も参照）．

　この略年表の通り，初三郎が初めて大

第5章 想像×創造する帝国　67

陸に渡ったのは1927（昭和2）年だったが，実はその5年前にすでにそれを意識して1枚の雄大な鳥瞰図を作成していた．鉄道省運輸局の依頼によって1922（大正11）年に開催された平和記念東京博覧会に出品した「日本を中心とせる世界の交通」という作品である（図5-5）．日本から世界各地への航路を入れた交通鳥瞰図だが，本体の解説に「これは今迄の普通の日本地図を見るとは眼を異にして，逆に日本海々上から飛行器で日本を見た気持になつて御覧下さい」と記されているように，ここではまさに「飛行器」のアングルでアジア，さらには世界を俯瞰する帝国日本の姿を現出させている．

ただ，この時点では中心としての「日本」を雄々しく描けたが，いまだ大陸を実際に経験していない初三郎にとって，「世界」は当作品の中ではなお漠然としたものに過ぎず，いささか具体性を欠く対象でしかなかったように見える．

これに対し，朝鮮総督府，満鉄，大連汽船の招聘により1927（昭和2）年に満洲に渡った初三郎はその各ホスト側の周到な接待を受けたこともあって，いわゆる「関東洲」を含む遼東半島を中心に徹底的に実地調査し，帰国後早速この一円を対象とする作品の制作に取り掛かり，翌年から相次いで「大連」「旅順」「金洲」「千山」「星が浦」「大連汽船会社定期航路案内図」などを刊行した．中でも「大連」（1927年，南満洲鉄道株式会社鉄道

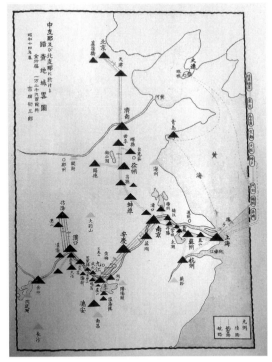

図5-4　吉田初三郎「中支及び北支那に於ける踏査地域略図」（1940年）
出典：石川肇氏提供．

部）という作品（図5-6）は，当時流布していた地図と違い，海側から大連市街の全貌を捉え，日露戦争後，ロシアから受け継いだこの未完成の植民地都市を見事に帝国のフロンティアとして作り上げた日本の「偉業」を讃える内容となっている．

満洲の各都市だけではない．初三郎はこの2年後の1929（昭和4）年2月から6月にかけて再び朝鮮半島を詳細に踏査した上，帰国後に釜山，慶州，金剛山，京城，平壌などの鳥瞰図を作成した．そして同年9月に開催された「朝鮮博覧会」を記念するために「朝鮮博覧会図絵」（1929年，朝鮮總督府），「仁川を中心とせる名所交通図絵」（1929年，朝鮮博覧

68　第Ⅱ部　データベースをつくる

図5-5　「日本を中心とせる

出典：鉄道省運輸局.

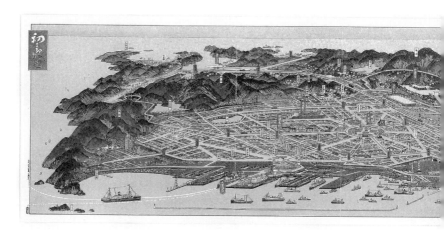

図5-6　「大連」

出典：南満洲鉄道株式会社鉄道部.

会仁川協賛会）などを献上している．これらの中で京城（ソウル）を中心に描いた「朝鮮大図絵」(1929年，元山毎日新聞社）（図5-7）は，遠景に民族的霊山とされる白頭山を据え，朝鮮半島の東の釜山から京城，平壌を通って西の新義州に伸びる鉄道が国境となる鴨緑江に架かる鉄橋の先の満洲にまで続く様子を鮮やかに描き，植民地支配による交通の整備，都市の繁栄などを描出しようとしたのである．

数多くの「外地」を表象する鳥瞰図の中で，もっとも雄大な形で「帝国」のイメージを想起させる作品は，1932（昭和7）年に満蒙交通産業案内社のために作った「満蒙の交通産業案内」(図5-8）だろう．満洲国の建国に合わせて渡満した際のものだが，詩人の野口雨情が「人々よ……見よ満蒙を，訪れよ，支那を～」と満洲各地を訪れた時に詠った気持ちを一枚の鳥瞰図に凝縮させたそうで，独自のデフォルメにより日本と大陸の位置関係を絵巻のように分かりやすく描出し，遠くモスクワやパリ，ロンドンまで

第5章　想像×創造する帝国　69

「世界の交通」（1922年）

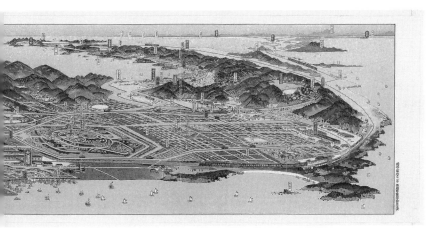

（1927年）

見えるような構図となっている．小さいながらもユーラシア大陸の一郭を支配し始めた「帝国日本」の姿がここに鮮明に躍り出ている．

最後に戦時中における初三郎の創作活動を見てみよう．前述の通り，初三郎は日中戦争勃発後の翌年，1938（昭和13）年5月にまず海軍省の嘱託として中国前線に派遣された．続いて翌年からも2年連続で従軍画家として渡中している．この間，彼は華中，華北の各地を取材し，いわゆる戦跡図を数多く作成した．中で

も南京を巡るものが一番有名で，以下それらについて少し紹介したい．

初三郎の南京を描く作品には2種類が存在する．一つは，1937（昭和12）年12月に行われた南京攻略戦に関するもので，その「戦跡」を題材とする作品は4点もあると言われている．ただ現在，写真で確認できるのは1938（昭和13）年秋，皇室に献上された「南京城攻略戦跡図」の1点のみである．一従軍画家として初三郎はどのような思いで南京戦を描いたのか，作品が確認できない以上，なんとも

図 5-7 「朝鮮大図絵」
出典：元山毎日新聞社.

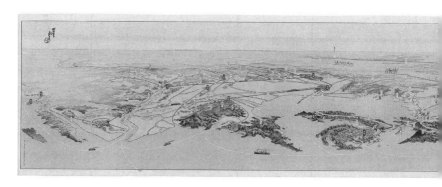

図 5-8 「満蒙の交通産業」
出典：満蒙交通産業案内社.

判断しがたい．

　もう一つは，南京の景観を描いた一連の作品で，鳥瞰図「南京景勝鳥瞰図」（1938年，富永萬吉）（図5-9）と16枚の絵葉書からなる「南京十六勝」が確認されている．その前者は水路に囲まれる南京城とその後ろに聳え立つ鍾山を色鮮やかにまとめ，戦火に浴びた直後の様子をまったく感じさせないように描かれている．後者は激戦が展開された中山門や光華門を含む南京の各景勝地を捉えたものだが，「南京城内秦淮河」（図5-10）に代表されるように全体のトーンがきわめて抒情的で，どちらかと言うと伝統文化豊かな美しい「南京」を表わそうとしている．大事件後の南京をこのように表象した初三郎の意図が大いに感じさせられる作品と言えよう．

おわりに——想像×創造する帝国

　冒頭でも触れたように，本章ではこれ

第 5 章　想像×創造する帝国　71

（1929年）

案内」（1932年）

までほとんど研究されてこなかった初三郎の「外地」関連の作品を中心に,「想像×創造する帝国」という視点を取り入れ,その国民的なイマジネーションの生成において果たした役割を検証した.そしてその際に特に本人を巡る歴史的時空間上の「つながり」を意識し,絵師としての初三郎とその鳥瞰図を「時代」及び「周辺」（空間）との関わりの中で捉え直すことに重点を置いた.まず「時代」で言うと,できるだけ大正以降の国内外の鉄道と航路の発達やツーリズムの隆盛などの時代背景を提示し,初三郎式鳥瞰図がきわめて独創的でありながらも,やはり日本人がいよいよ近代化する「国土」ないしは膨張する「帝国」を意識し始めたこの時期ならではのいわゆる「時代の産物」にほかならなかった一面を強調しようとした.次に「周辺」（空間）で言うと,こちらは世間的によく知られている国内の鳥瞰図よりも,可能な限りその海外に及ぶ画業の紹介を通して作者がいか

図5-9 「南京景勝」
出典：富永萬吉（発行）．

図5-10 南京城内秦淮河（1938年頃）
出典：絵葉書「南京十六勝」．

に自らの作品において東アジア一円に広がる「帝国日本」を想像×創造し、また想像×創造させていたかを浮き彫りにしようとした．

むろん、その目論見は果たしてどこまで実現したかはいささか心許ないが、取り上げた作品の簡単な紹介からも窺えるように、当時の国民はこの一連の作品（鳥瞰図、絵葉書など）を通して、おそらくこれだけ広大な「植民地」を保有して

第 5 章　想像×創造する帝国　73

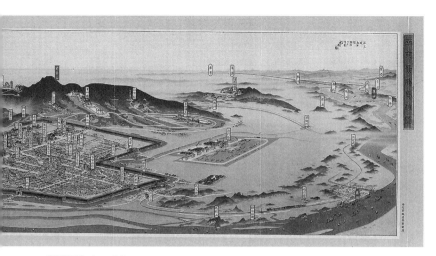

鳥瞰図」(1938年)

いるという一種の「帝国民」的な実感も湧いただろうし，また遠景にかならず富士山や東京などを配置する構図から自らの「内地」への帰属感とともに「外地」へ雄飛したいという衝動もにわかに強くなっただろうことは想像に難くない．植民地や占領地への観念上の領有，むろんこの心情を国民に浸透させたのは初三郎式鳥瞰図だけではないが，自由自在にデフォルメできた分だけ，地図や写真，絵葉書，旅行案内などよりもつねにそうしたミックスメディアの最重要のツールだったに違いない．

付記
　国際日本文化研究センター（日文研）は「吉田初三郎式鳥瞰図」データベースを構築し，ホームページにて一般公開している．なお，本章で取り上げた鳥瞰図はすべて日文研に所蔵されるものであることを断っておく．

第Ⅲ部

デジタルヒューマニティーズで人文知を拓く

第6章
研究論文データベースから見る韓国における
日本文学の研究動向と主題分析

鄭　炳浩

はじめに

　韓国の日本関連学会では韓国における日本研究の動向を報告したり日本研究の課題や展望をめぐって多様な角度から議論したりする企画が度々設けられていた. たとえば, 日本関連学会の中ではもっとも歴史の長い韓国日本学会が学会創立40周年を記念して2013年に刊行した『日本研究の成果と課題』という著作がその代表的な成果である. この著作は韓国日本学会が歩んできた学会の歴史だけではなく, 第2部「韓国における日本研究の現況と課題[1]」において「日本古典文学」や「日本近現代文学」を含めて「日本語学」「日本語教育」「日本史」「日本民俗」「日本語通翻訳研究」「日本政治」などにわたってその当時までの日本研究の動向とその課題をまとめたものである.

　韓国における日本研究の動向に関するこのような議論を日本文学という範囲に絞ってみると, 『日本文学研究』第3輯（韓国日本文学会, 2000年10月）における「グローバル時代の日本文学・文化研究いかにすべきか」という特集, 『日本学報』第62号（韓国日本学会, 2005年2月）の「日本文学企画特集[3]」, 『日語日文学研究』第52巻（韓国日語日文学会, 2005年）の特集[4]がそのような議論の成果である. このような報告と議論から出された問題意識を具体的に検討すると, まず, 1998年まで韓国で出された学位論文・学術論

文・著作・翻訳書を対象にして各年度別の研究成果と研究対象の各時代別分類を試みながら「韓国人研究者という主体性を堅持し日本文学の本質を把握するための作品研究が行われるべき[5]」であるという議論, 韓国での日本文学研究が「日本人研究者の追随主義的研究態度から大きく抜け出ていな[6]」いとする主張, 「大部分の論文が〈近代〉を取り扱いながらもなぜ〈近代〉を取り扱うのかに対する自覚や意識的姿勢を見せていない[7]」という主張, 「学問的な論理によって書かれているものではなくほぼ感想文の水準に止まって[8]」いると言う評価など多岐にわたっている.

　このほかにも, 韓国における日本（近現代）文学研究の現況とともに, 「日本の学会や学術雑誌が国際的日本研究の真のプラットフォームとなる[9]」よう, その要望を提言した論考, 日本国際交流基金ソウル文化センターの委託を受けて実施された「2019年度韓国における日本研究調査」の一環として書き上げられた論考[10]も, 韓国における日本文学の動向をまとめて今後の課題を明らかにする意図から作成されたものである.

　このような調査研究は, 韓国における日本文学研究の道程をチェックしその課題を確認しながら新たな研究展望を導いてきたという点で, 多大な役割を果たしたといえる. しかし, 現在の時点からみるとその調査研究はかなり時間が経っており, 特定の学会誌やデータに偏ってい

たり特定の限られた時期を取り扱ったりしている場合が多く，印象批評的な解釈に止まる傾向があったことも決して否めない．そこで本研究は韓国の中でもっとも活発に活動している，日本関連の八つの学会が刊行している機関誌（韓国日本学会［1973年］『日本学報』・韓国日語日文学会［1978年］『日語日文研究』・東アジア日本学会［1999年］『日本文化研究』・韓国日本言語文化学会［2001年］『日本言語文化』・韓国日本語文学会［1995年］『日本語文学』・日本語文学会［1992年］『日本語文学』・韓国日本文化学会［1996年］『日本文化学報』・大韓日語日文学会［1991年］『日語日文学』）における日本文学関係の論文を対象にその量的研究を試み，2004年から2023年までの最近20年間の研究動向を究明することを目的とする．具体的には八つの日本関連学術誌において韓国語で書かれた日本文学関連論文の結論部分を収集し，テキストマイニングを活用しそのデータの出現頻度やTF-IDFの分析をとおして，2004年から2023年に至るまでの韓国における日本文学研究の時期別の流れや特徴，動向を把握する．また，このようなデータ分析の結果から得られたいくつかのポイントに基づき，最近20年間すべての日本文学論文の内容・傾向をあらためて調査することで，韓国における日本文学の研究動向と主題を分析する．

1　研究対象と方法

　韓国における人文・社会分野の学術誌は，日本とは異なり学術誌の評価を定期的に実施しており，「韓国学術誌引用索引（KOREA CITATION INDEX）」のデータベースにインデックスされた学術誌の論文は基本的にはオープンアクセスの形を取っている．すなわち，韓国では韓国研究財団が1998年から学術誌の評価をと

おして一定の基準を満たした学術誌を「韓国学術誌引用索引」に登載する制度を実施し，その学術誌の情報や論文情報，参考文献などをデータベース化している．この制度により学術誌によって異なるが2000年代以後，すべての学問分野の主な学術誌がデータベース化されてその情報と論文の原文が公開されている．

　したがって，本研究では「韓国学術誌引用索引」に登載された韓国における8つの日本関連の学会で刊行する学術誌の中で，2004年から2023年までの「日本文学」関連論文を対象としてそのデータ収集し分析することにする．収集した論文の数は以下の**表6-1**で見られるように韓国日本学会の『日本学報』が513編，韓国日語日文学会の『日語日文研究』が923編，東アジア日本学会の『日本文化研究』が500編，韓国日本言語文化学会の『日本言語文化』が420編，韓国日本語文学会の『日本語文学』が608編，日本語文学会の『日本語文学』が700編，韓国日本文化学会の『日本文化学報』が513編，大韓日語日文学会の『日語日文学』が433編であり，総計4777編に至っている．その論文を5年ずつ四つの時期に分けて示すと，表6-1のとおりである．

　本研究では，上記のように2004年から2023年まで刊行された八つの学術誌において韓国語で執筆された文学分野論文をそれぞれ5年ずつに分けて論文の結論部分を収集し，そのデータをテキストマイニングの手法で分析することで韓国における日本文学研究動向の流れを把握する．そのために，このデータをTEXTOM SVというビックデータ分析プラットフォームをとおして「データ前処理」のプロセスを経て，「単語出現頻度（Term Frequency）」と「相対的単語出現頻度」，「TF-IDF（Term Frequency-Inverse Document Frequency）」のデータを導出する．

第6章　研究論文データベースから見る韓国における日本文学の研究動向と主題分析　79

表6-1　韓国の日本関連学会における日本文学分野の論文数

学会名（学術誌）	2004〜2008年	2009〜2013年	2014〜2018年	2019〜2023年	総　　計
韓国日本学会	254(170)	179(135)	147(117)	100(66)	680
韓国日語日文学会	285(163)	295(198)	217(149)	126(93)	923
東アジア日本学会	152(98)	180(147)	96(78)	72(64)	500
韓国日本言語文化学会	87(48)	111(76)	126(80)	96(24)	420
韓国日本語文学会	168(113)	159(127)	152(118)	129(98)	608
日本語文学会	196(90)	168(113)	192(126)	144(114)	700
韓国日本文化学会	163(89)	125(75)	98(69)	127(94)	513
大韓日語日文学会	108(61)	126(92)	118(90)	81(62)	433
総　　計	1,413(832)	1343(963)	1,146(827)	875(615)	4,777(3,237)

注：( ) 内の数字は韓国語で書かれた論文の数.
出典：筆者作成.

このデータを処理する際，2004〜2008年，2009〜2013年，2014〜2018年，2019〜2023年という区切りを設けて作業を進めているが，5年ずつ四つの時期に分けるのは韓国の日本文学研究の動向をより明確に捉えるためである.

また，この得られたデータを細かく分析・解釈することで2004年から2023年まで韓国における日本文学の研究動向にはいかなる変化があるのか，その主題の変化にはいかなる特徴があるのかを見てみる. また上のような分析に基づき，韓国語で書かれた論文だけではなく日本語論文をも含めたすべての論文を対象にして韓国における日本文学研究はどの時代の文学を対象にしているのか，近現代文学論文の場合はどの作家・ジャンルを対象にしているのかに関する時期別の統計を作りその指標を分析することで，最近20年間にわたる韓国の日本文学研究の動向とその変化をより明らかにする.

2　出現頻度数（Term Frequency）から見る日本文学研究の動向と特徴

まず，2004年から2023年まで，韓国における八つの日本関連の学術誌において韓国語でかかれた日本文学論文の結論部分から得たキーワードの出現頻度を示すと表6-2のとおりである. 上位75位までの出現頻度を記した表6-2から見られるように，〈文學〉，〈作品〉，〈日本〉，〈小説〉，〈詩〉などの単語がどの時期にも上位に位置していることがわかる. こうした単語の出現頻度が上位に位置するのは，収集されたデータが日本文学に関わる論文なので当然の結果とも言えよう. 加えて，出現頻度の中で上位に位置しているキーワードとして〈韓国〉（8→8→10→7），〈朝鮮〉（7→4→5→5）とともに〈在日コリアン〉（21→12→9→8）などの単語が目立っているが，このキーワードは研究が実施された韓国と関わりのある言葉である. 韓国の日本文学研究という意味で当たり前のようにも見えるが，「在日コリアン」も上位に位置して

表6-2 研究論文データのキーワード上位の出現頻度回数

順位	2004～08年 キーワード	数	2009～13年 キーワード	数	2014～18年 キーワード	数	2019～23年 キーワード	数
1	文学	1,850	日本	2,124	日本	1,930	日本	1,571
2	作品	1,811	作品	1,965	作品	1,694	作品	1,228
3	日本	1,788	文学	1,461	文学	1,337	文学	823
4	小説	652	朝鮮	946	小説	793	小説	652
5	近代	561	小説	908	朝鮮	756	朝鮮	519
6	詩	533	近代	666	詩	483	映画	381
7	朝鮮	451	詩	524	近代	483	韓国	376
8	韓国	375	韓国	427	翻訳	443	在日コリアン	360
9	思想	367	日本人	383	在日コリアン	437	詩	308
10	映画	351	翻訳	377	韓国	417	近代	259
11	夏目漱石	337	思想	360	映画	372	日本人	206
12	物語	316	在日コリアン	348	日本人	366	植民地	204
13	日本人	311	物語	337	物語	339	差別	180
14	芥川龍之介	311	植民地	307	説話	312	大衆	177
15	翻訳	230	歌	276	植民地	303	現代	168
16	伝統	217	夏目漱石	276	大衆	248	物語	153
17	明治	211	映画	258	和歌	209	朝鮮人	152
18	松尾芭蕉	204	説話	256	思想	201	思想	148
19	説話	189	芥川龍之介	218	伝統	197	アニメーション	147
20	太宰治	184	朝鮮人	213	夏目漱石	190	沖縄	145
21	在日コリアン	184	俳諧	204	朝鮮人	185	妖怪	142
22	神話	178	天皇	200	歌	181	日記	141
23	天皇	164	伝統	197	日本社会	175	天皇	133
24	谷崎潤一郎	151	日本語	183	明治	170	日本社会	130
25	中国	141	松尾芭蕉	163	差別	163	伝統	127
26	歌	136	差別	163	現代	161	原爆	116
27	詩人	132	北村透谷	159	天皇	158	明治	113
28	和歌	129	現代	158	中国	156	翻訳	113
29	北村透谷	125	神話	155	芥川龍之介	156	和歌	106
30	古典	122	大衆	154	太宰治	154	ミステリー	103
31	植民地	119	支配	152	詩人	135	説話	102
32	源氏	113	明治	150	神話	133	コンテンツ	98
33	支配	112	日帝	148	日本文学	131	支配	98
34	文学史	110	中国	145	古典	129	帝国	97
35	現代	109	古典	144	武士	128	大江健三郎	96
36	私小説	106	大江健三郎	142	沖縄	121	大正	93
37	大江健三郎	106	日本文学	139	支配	114	日本語	92
38	中世	104	日本社会	137	帝国	113	神話	90
39	解放	98	私小説	135	日本語	110	古典	90
40	日本文学	97	詩人	132	松尾芭蕉	103	中国	89
41	俳諧	92	帝国	117	平安	100	歌	84
42	自然主義	87	沖縄	112	帝国主義	96	童話	78
43	川端康成	87	和歌	108	敗戦	94	日帝	77
44	差別	87	古代	105	解放	92	夏目漱石	77
45	大衆	87	帝国主義	99	俳句	90	詩人	75
46	日本語	84	日記	98	古代	89	冷戦	75
47	文学作品	83	万葉集	97	日帝	87	村上春樹	74
48	朝鮮人	82	谷崎潤一郎	97	マイノリティ	83	帝国主義	70
49	島崎藤村	77	アニメーション	94	古事記	82	解放	69
50	日記	75	武士	91	大江健三郎	77	文学作品	67
51	平安	73	太宰治	90	日記	76	俳句	63
52	日本社会	71	源氏	90	세계	76	ドラマ	63
53	古代	70	俳句	89	植民	74	近世	59
54	近世	70	詩歌	88	童話	73	武士	59
55	武士	69	文学作品	87	近世	72	遊女	58
56	今昔物語	68	古事記	83	文学作品	68	三島由紀夫	56
57	伊勢物語	67	敗戦	82	村上春樹	68	植民	56
58	帝国主義	65	解放	82	ドラマ	65	敗戦	55
59	俳句	65	漫画	81	伝統	61	古事記	54
60	敗戦	61	童話	77	詩歌	59	在朝日本人	53
61	壬辰倭乱	61	植民	74	台湾	58	日本文学	53
62	詩歌	60	川端康成	69	文学史	58	台湾	53
63	童話	60	司馬遼太郎	67	森鷗外	56	漫画	53
64	平家	59	村上春樹	65	日本書紀	56	災害	49
65	高村光太郎	59	平安	64	在朝日本人	54	歌舞伎	48
66	日帝	57	中世	63	川端康成	52	ジェンダー	47
67	大正	51	三島由紀夫	62	コンテンツ	52	災難	46
68	林芙美子	50	文学史	61	俳諧	51	ディアスポラ	43
69	張赫宙	50	伝統	59	中世	51	川端康成	42
70	沖縄	49	韓国人	58	島崎藤村	49	曲亭馬琴	39
71	日本書紀	47	上田秋成	58	民謡	48	中世	38
72	上田秋成	47	朝鮮語	58	有島武郎	48	詩歌	38
73	万葉集	45	森鷗外	58	源氏	47	中上健次	38
74	世阿弥	43	安龍福	55	韓半島	46	谷崎潤一郎	37
75	遊女	41	韓半島	54	強占期	42	平安	36

出典：筆者作成.

第 6 章　研究論文データベースから見る韓国における日本文学の研究動向と主題分析　*81*

表 6-3　上位出現頻度の作家・作品

	古典文学の上位頻度の作品・作家	近現代文学の上位頻度の作家
2004〜08年	松尾芭蕉(18)・源氏(32)・今昔物語(56)・伊勢物語(57)・平家(64)．日本書紀(71)・上田秋成(72)・万葉集(73)・世阿弥(74)・古事記(76)・伎楽(80)・兼好(86)・井原西鶴(89)	夏目漱石(11)・芥川龍之介(14)・太宰治(20)・谷崎潤一郎(24)・北村透谷(29)・大江健三郎(37)・川端康成(43)・島崎藤村(49)・高村光太郎(65)・林芙美子(68)・金史良(77)・森鴎外(78)・金達寿(83)・柳宗悦(84)．
2009〜13年	松尾芭蕉(25)・万葉集(47)・源氏(52)・古事記(56)・上田秋成(71)・平家(80)	夏目漱石(16)・芥川龍之介(19)・北村透谷(27)・大江健三郎(36)・谷崎潤一郎(48)・太宰治(51)・川端康成(62)・司馬遼太郎(63)・村上春樹(64)・三島由紀夫(67)・森鴎外(73)・島崎藤村(77)・宮崎駿(88)・柳宗悦(89)
2014〜18年	松尾芭蕉(40)・古事記(49)・平家(52)・日本書紀(64)・源氏(73)・万葉集(78)	夏目漱石(21)・芥川龍之介(29)・太宰治(30)・大江健三郎(50)・村上春樹(57)・森鴎外(63)・川端康成(66)・島崎藤村(70)・有島武郎(72)・三島由紀夫(77)・安部公房(83)・金達寿(84)
2019〜23年	古事記(59)・曲亭馬琴(70)・蜻蛉(76)・平家(80)	大江健三郎(35)・夏目漱石(44)・村上春樹(47)・三島由紀夫(56)・川端康成(69)・中上健治(73)・谷崎潤一郎(74)・有島武郎(87)・宮崎駿(89)

出典：筆者作成．

いることから判断すれば，日本と韓国の歴史的な関係の中で日本文学が研究された可能性もある．

　それでは，2004年から2023年までそれぞれ四つの時期にわたって研究の対象となる文学が時代別に如何なる変化があるのか．実際どの時代の文学を取り扱っているのかを示す，それぞれの時代を表わす単語である〈古代〉（53 → 44 → 46 → 86），〈中世〉（38 → 76 → 69 → 71），〈近世〉（54 → 66 → 55 → 53），〈平安〉（51 → 65 → 41 → 75），〈近代〉（5 → 6 → 7 → 10），〈現代〉（35 → 28 → 26 → 15）という単語の出現頻度の順位を見るとその変化の様子が窺える．〈近世〉の順位は横ばいの状態をみせており，〈現代〉の順位はかなり上昇した一方で他の単語の順位は全て下落している．この結果をみると，古典

の場合は近世を除いてはほとんどがこの20年間の時間の経過とともに関心の度合いが下がり，その代わりに1945年以後の現代的なジャンルに対して関心が高まったと解釈できる．

　一般的に日本文学を前近代の古典文学とそれ以後の近現代文学に二分すれば，韓国の日本文学研究分野で主要な作家や作品は時代別にいかなる動向を見せているのか，ここ20年間その頻度に変化はあるのかどうかを考察してみる．近代以前の古典文学における上位頻度の作品や作家，近代以後近現代における上位頻度の作家をより具体的に示すと，**表 6-3** の通りである．

　この表を見るとわかるように，古典文学も近現代文学も2004年から2023年に至るまで，上位に出現する作家や作品の種

表 6-4　上位出現頻度の文学・文化ジャンル

2004〜08年	小説(4)・詩(6)・映画(10)・物語(12)・説話(19)・神話(22)・歌(26)・和歌(28)・俳諧(41)・日記(50)・俳句(59)・童話(63)・ドラマ(85)・アニメーション(96)
2009〜13年	小説(5)・詩(7)・物語(13)・歌(15)・映画(17)・説話(18)・俳諧(21)・神話(29)・和歌(43)・アニメーション(49)・日記・(46)・俳句(53)・漫画(59)・童話(60)・伝説(69)・戯曲(83)
2014〜08年	小説(4)・詩(6)・映画(11)・物語(13)・説話(14)・和歌(17)・歌(22)・神話(32)・俳句(45)・日記(51)・童話(54)・ドラマ(58)・伝説(59)・コンテンツ(67)・俳諧(68)・民謡(71)・妖怪(82)・歌舞伎(85)・戯曲(88)
2019〜23年	小説(4)・映画(6)・詩(9)・物語(16)・アニメーション(19)・妖怪(21)・日記(22)・和歌(29)・ミステリー(30)・説話(31)・コンテンツ(32)・神話(38)・歌(41)・童話(42)・ドラマ(51)・俳句(52)・漫画(63)・歌舞伎(65)・戯曲(79)・サブカルチャー(81)

出典：筆者作成.

類もその頻度数も全体的に下落している．古典の場合は2004年から2008年までは古代文学から近世文学に至るまで13の作家や作品が出現するが，2019年から2023年の間には四つの作家と作品しか登場しておらず，出現頻度の順位もかなり下がっている．90位以内の上位に出現する近現代文学の作家も2004年から2008年まで，また2009年から2013年までの期間にそれぞれ14人，2014年から2018年までは12人，2019年から2023年までは9人であり，古典と同じく時期ごとにその数が減っており，出現頻度も下落する傾向を見せている．古典文学・近現代文学問わず，日本文学研究の主な対象であった伝統的な大作家・巨大作品の出現頻度が下がっており，特に近現代のほうではアニメーション監督の宮崎駿も二つの時期に含まれていることを見ると，ここ20年間韓国の日本文学研究分野においては，研究対象という側面でかなり変化があったといってよい．

次に，古典文学や近現代文学に登場する，それぞれの文学・文化の下位ジャンルにはいかなる変化があるのかを見てみる．

表6-4を見ると〈詩〉や〈小説〉とい

う近代的な文学ジャンル，あるいは〈物語〉〈説話〉〈和歌〉〈俳句〉〈神話〉といった古典文学ジャンルは四つの時期にわたって出現頻度の変化が見えるがそれほど激しく変動しているとは言い難い．

しかし，表6-4でもっとも目立っている単語は，伝統的な文学ジャンルとは言えない〈映画〉，〈ドラマ〉，〈アニメーション〉，〈漫画〉，〈コンテンツ〉，〈ミステリー〉，〈サブカルチャー〉のような用語である．このような単語は〈サブカルチャー〉という言葉が示すように大衆文化と非常に関係のあるキーワードである．大衆文化とかかわるこの単語は徐々にその種類も増えているが，特にコロナウイルスの大流行と重なる2019〜2023年の時期には飛躍的に増加した．したがって，この時期には大衆文化的なジャンルへの関心が急増し，そのようなテーマを取り扱う研究が増えたと指摘できる．

もう一方では，2014〜18年の時期にはそれ以前までに上位に登場しなかった〈在朝日本人〉（65位），〈日本語文学〉（87位），〈原爆〉（89位），〈原子力〉（90位），〈地震〉（91位）という単語が出現し，2019〜23年の時期には〈在朝日本人〉（60位），〈災害〉（64位），〈災難〉（67

位）という単語が上位に出現している．この言葉の出現の背景には2010年代から韓国で非常に盛んに研究されていた植民地日本語文学や在朝日本人研究の結果であり，もう一方では2011年東日本大震災以後韓国でも「震災文学」や「核文学」研究が増加したという傾向を反映した結果である．

3 「相対的単語出現頻度」「TF-IDF」から見る韓国における日本文学研究の動向

以上，単語出現頻度の分析をとおして2004年から2023年まで四つの時期にわたって研究対象の時代別分布，主な作家や作品，文学ジャンルに対する研究傾向，韓国の日本文学研究に現れる特徴などを見てきた．ここでは，このような分析の論点に基づき，「相対的出現頻度」や「TF-IDF」の結果をとおして韓国における最近20年間日本文学研究の動向と時期別の特徴をより具体的に探ってみる．TF-IDFとは単語の頻度（Term Frequency, TF）と逆文書頻度（Inverse Document Frequency, IDF）を掛け合わせた数値を指すが，ある文書の中で特定の単語がどれほど重要なのかを示す統計的指標としてテキストマイニングで特定の単語の重要度を計算する方法である．

まず，出現頻度の上位を占めている近現代作家が，四つの時期にそれぞれ如何なる推移を見せているのかを図6-1のグラフを通して見てみる．このグラフは2004年から2023年にわたる全時期の出現頻度が上位に当たる〈夏目漱石〉（16位），〈芥川龍之介〉（19位），〈太宰治〉（36位），〈大江健三郎〉（38位），〈北村透谷〉（47位），〈谷崎潤一郎〉（48位），〈川端康成〉（61位）という単語をそれぞれ四つの期間にわたって「TF-IDF」の数値を記したものである．このグラフの変化を見るとわかるように，現代作家である大江健三郎だけが僅かに下落をみせている以外は，他のほとんどの作家はその数値が下がる一方の傾向を示している．特に近現代作家の中でもっとも多く研究されていた夏目漱石と芥川龍之介の「TF-IDF」の数値がそれぞれ「0.092 → 0.068 → 0.052 → 0.03」，「0.084 → 0.054 →

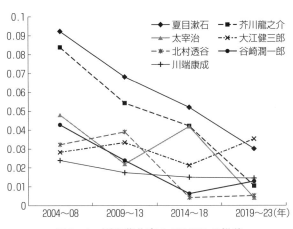

図6-1　近現代作家のTF-IDFの推移

出典：筆者作成．

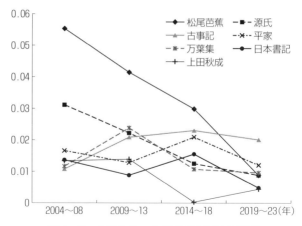

図 6-2　古典作品・作家の TF-IDF の推移
出典：筆者作成.

0.042→0.01」といった推移を見せており，激減と表現してもよいぐらい数値が下がっている．このような結果から判断すれば，2004年から既存の日本文学史で重視されていたいわゆるキャノン（正典）中心の研究傾向が次第に薄れてきたといえる．

次は，出現頻度の上位を占めている古典作品や前近代作家の推移を見ることにする．近現代作家と同じく，図 6-2 は古典の作品や作家の中で2004年から2023年に渡る全時期の出現頻度が上位に当たる〈松尾芭蕉〉（31位），〈源氏〉（57位），〈古事記〉（60位），〈平家〉（68位），〈万葉集〉（69位），〈日本書記〉（81位），〈上田秋成〉（92位）という単語を四つの期間にわたってそれぞれ「TF-IDF」の数値を付けたものである．このグラフに示されているように，時期別に見ていくと古典の作品や作家の「相対的出現頻度」や「TF-IDF」の結果が相当下落している項目もあるが，〈松尾芭蕉〉という単語を除けば全体的には横ばいか若干の騰落という傾向を見せている．特に，〈古典〉という単語の「TF-IDF」の数値 （0.034→0.038→0.038→0.036） がほとんど変動がなく，古典の下位ジャンルに当たる「物語」「説話」「神話」「和歌」などもそんなに極端な下落を見せているとは言えない．このような意味で古典作品や近代以前の作家に比べ，かえって近現代作家の「TF-IDF」の数値がもっと激しく下がっていると言えるが，この現象は近現代の日本文学研究において研究の対象・テーマが特定の作家に集中するよりも多角化してきたとも指摘できる．

この近代以後の日本文学研究におけるテーマの多様化を考える際に，その理由をよく説明するのが次の図 6-3 である．このグラフは大衆文化と関わる〈映画〉（9位），〈大衆〉（21位），〈アニメーション〉（51位），〈漫画〉（74位），〈ミステリー〉（75位），〈コンテンツ〉（79位）などの単語を，四つの時期にわたって「TF-IDF」の数値を付けたものである．四つの時期にわたる数値の推移は伝統的な文学分野の作家とは反対にそのキーワードのすべてが大幅に上昇している．このグラフには記していないが，〈ドラ

第 6 章　研究論文データベースから見る韓国における日本文学の研究動向と主題分析　85

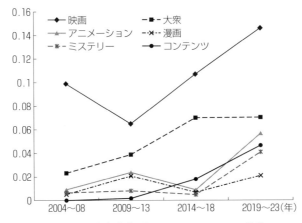

図 6-3　大衆文化ジャンルの TF-IDF の推移
出典：筆者作成.

マ〉（71 位，0.01 → 0.007 → 0.018 → 0.023）や〈サブカルチャー〉（163位，0.0003 → 0.0027 → 0.0027 → 0.012）など，同じく大衆文化と関わるジャンルを表すキーワードは全体的に増加しており，〈宮崎駿〉（121位）というアニメーションの監督も比較的に上位に登場し，次第に頻度数がかなり上昇（0.0009［2004〜08］→ 0.011［2019〜23］）している．したがって，いままで伝統的な文学ジャンルや大作家を中心になされていた韓国における日本文学研究が，2000年代以後次第に研究分野が大衆文化の領域へと移動していったと言えるが，特にコロナウイルス時期と重なる2019〜2023年の時期，研究対象として大衆文化が急激に増加するのは注目に値する．

一方，前に指摘したように〈韓国〉〈朝鮮〉〈在日コリアン〉というように，研究者のアイデンティティと関わる単語が四つの時期にわたってすべて上位を占めていたが，その他にもこのようなキーワードには〈翻訳〉（12位），〈植民地〉（15位），〈日帝〉（41位）〈韓半島〉（78位），〈在朝日本人〉（82位）などの単語が含ま

れている．このキーワードの「TF-IDF」の数値は〈朝鮮〉が「0.127 → 0.247 → 0.221 → 0.204」，〈韓国〉が「0.103 → 0.108 → 0.119 → 0.143」，〈在日コリアン〉が「0.05 → 0.088 → 0.124 → 0.139」，〈翻訳〉が「0.065 → 0.099 → 0.13 → 0.045」，〈植民地〉が「0.033 → 0.08 → 0.088 → 0.079」，〈韓半島〉が「0.007 → 0.014 → 0.013 → 0.012」，〈在朝日本人〉が「0 → 0.013 → 0.019 → 0.025」といった推移を見せているが，このキーワードはほとんど四つの時期にわたって出現の頻度が上昇する傾向を示している．このように2000年代以後，韓国における日本文学研究分野では韓国あるいは韓国という立場，ひいては日本と韓国の歴史的な関係を連想させる単語が際立っているが，この現象は2000年代以後韓国の日本文学研究者が「日本（近現代）文学をみつめる他者の主体的な視線を獲得しようとする」[12]姿勢による結果と見ることができる．その他にも，2004年から20年間の韓国の日本文学研究において韓国との関わりの中で日本文学を追究する姿勢は，1990年代半ば以後文学主義

的な文学研究を相対化しようとする動きやポストコロニアル研究の動きとも関連があり，このような方向から「在日文学」「植民地日本語文学」「翻訳」研究が非常に盛んになった．その間〈満州〉〈沖縄〉〈台湾〉という単語もかなり頻繁に出現することもこのような文学研究のスタンスと密接にかかわっている．

4　韓国における日本文学論文のデータ統計からみる日本文学研究の動向

これまで，2004年から2023年まで韓国の八つの日本関連学会が出している学術誌の中で韓国語で書かれた日本文学論文の結論部分を収集し，テキストマイニングの手法を活用して得られた「単語出現頻度」や「TF-IDF」の結果から，四つの時期にわたる韓国の日本文学研究動向と関わって様々な論点を分析した．ここでは，このような論点に基づいて韓国語論文だけではなく日本語で書かれた論文も含めてすべての日本文学論文のデータから統計指標を作成し，時期別の特徴をより具体的に考察する．

図6-4は，2004年から2023年まで八つの学会誌に掲載された日本文学論文4777編を対象にして，その論文がどの時代に創作された文学をテーマとしているのかを示したものである．このグラフを見る限り，2004〜2008年の日本文学論文が1413編から2019〜2023年の875編と激減している中で，もっとも激しく減少した時代は明治維新以後から1945年までの近代文学である．実際，近代文学をテーマとした論文は四つの時期にわたり665編（47.1％）→544編（40.5％）→409編（35.7％）→219編（25％）という推移を示しており論文の本数や割合ともかなり減っていると言わざるを得ない．その代わり1945年以後の現代を対象とした論文は253編（17.9％）→338編（25.2％）→362編（31.6％）→400編（45.7％）という推移を示しているように，全体の論文の数がかなり減ったにもかかわらず本数や割合がともに相当増加する傾向を見せている．このような現象は，前で見たように時期的推移にともない大衆文化というテーマに関心が高まったことによるが，

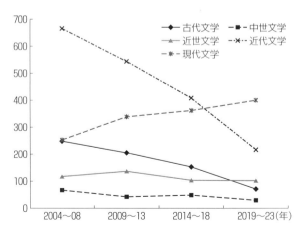

図6-4　韓国における日本文学論文の時代別の推移
出典：筆者作成．

第 6 章　研究論文データベースから見る韓国における日本文学の研究動向と主題分析　　87

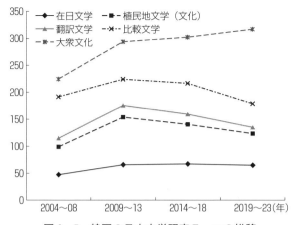

図 6-5　韓国の日本文学研究テーマの推移
出典：筆者作成．

実際そのテーマを取り扱った論文の数が少なくとも33編 → 70編 → 86編 → 138編の推移を見せており，このテーマのほとんどが現代と関わるテーマであるため，全体的に現代を取り扱う論文の数が増えたとも言えよう．

一方，最近韓国では「日本文学研究，特に古典文学研究が減少している」[13]というイメージが強いが，上のグラフを見ると「古代文学」を除いては必ずしも古典文学が著しく減少しているとは限らない．例えば，日本古典文学の原点とも言える古代文学は250編（17.7 %）→ 205編（15.3 %）→ 153編（13.4 %）→ 71編（8.11 %）という推移を見せて相当な減少が確認されるが，中世文学と近世文学は割合の面から見るとそれほど大きな変化はないと言ってよい．中世文学の研究論文は67編（4.74 %）→ 42編（3.13 %）→ 49編（4.28 %）→ 29編（3.31 %）の変化を示しており減少してはいるが，割合的にはそれほど大きな変化ではない．近世文学の研究論文は118編（8.35 %）→ 136編（10.1 %）→ 104編（9.08 %）→ 103編（11.8 %）の推移であるが，時系列的に見るとむしろ割合が上昇した．全体的には古典文学の研究論文は453編（32.1 %）→ 423編（31.5 %）→ 343編（29.9 %）→ 235編（26.9 %）の推移であり，近現代の研究論文は946編（66.9 %）→ 909編（67.7 %）→ 793編（69.2 %）→ 633編（72.3 %）の推移を見せている．近代文学と古代文学に関する論文の減少部分が，現代に関する論文の増加部分とほぼ同じであるが，その原因は後で分析するように図 6-5 で示した研究推移と密接な関係がある．

とすれば，データの「単語出現頻度」や「TF-IDF」の結果から見た，いわゆる大作家の研究動向は実際どうなっているのか．ここ20年間，韓国の日本文学研究者は日本のいかなる大作家を選び，研究に取り組んでいたのかを表 6-5 から見てみる．

韓国語論文と日本語論文を合わせてすべての論文を対象に調べた上の統計指標をみると，韓国語論文の結論部分のデータから得た「単語出現頻度」や「TF-IDF」の結果とは必ず一致してはいないが，その大きな方向は大同小異である．

88　第Ⅲ部　デジタルヒューマニティーズで人文知を拓く

表6-5　主な近現代作家の論文の推移

順	作家名	2004	2009	2014	2019	総計	順	作家名	2004	2009	2014	2019	総計
1	芥川龍之介	101	67	43	18	229	16	横光利一	9	15	4	3	31
2	夏目漱石	72	54	34	16	176	17	森鴎外	11	11	6	0	28
3	大江健三郎	37	29	16	19	101	18	萩原朔太郎	12	8	6	2	28
4	太宰治	35	26	29	5	95	19	田村俊子	7	13	4	2	26
5	谷崎潤一郎	47	22	11	11	91	20	宮本百合子	8	8	4	2	22
6	島崎藤村	39	21	15	6	81	21	樋口一葉	5	5	2	2	21
7	村上春樹	10	24	23	23	80	22	林芙美子	7	12	2	0	21
8	川端康成	25	24	9	9	67	23	田山花袋	8	7	1	3	19
9	北村透谷	22	29	10	2	63	24	石川啄木	6	6	2	3	17
10	志賀直哉	31	12	6	6	55	25	井伏鱒二	11	1	4	1	17
10	遠藤周作	20	18	13	4	55	26	佐多稲子	11	1	4	0	16
12	三島由紀夫	15	13	11	14	53	27	大岡昇平	4	5	4	3	16
13	有島武郎	15	11	8	7	41	28	武者小路実篤	5	1	8	1	15
14	宮沢賢治	16	10	10	3	39	29	正岡子規	5	6	3	0	14
15	安部公房	12	7	10	7	38	30	北原白秋	7	3	4	0	14

出典：筆者作成.

村上春樹を除いては近代の作家と現代の作家を問わずに，全体的に日本文学史の中心となっている大作家を対象にした論文の数はここ20年間減ってきたと言える．特に，韓国でもっとも多く研究されていた芥川龍之介と夏目漱石に関する論文がそれぞれ101編→67編→43編→18編，72編→54編→34編→16編という推移を示している結果を見ると，文学史でもっとも権威のある作家の研究が非常に激減している．この現象は，韓国の中でも2000年代以後伝統的なキャノン（正典）に当たる大作家や巨大作品を相対化しようとする文学観念の変化が働いた結果であろう．特に，図6-5に示されているように従来の『日本文学史』で重視される作家に焦点を当てるのではなく，研究テーマが多角化したこともその一つの要因である．前の「単語出現頻度」や「TF-IDF」の結果でも示されていたよ

うに，2000年代以後時間の順に沿って伝統的な文学より大衆文化の多様なジャンルに関心が高まり，自ずと伝統的な作家への関心が低くなったと言える．その上，「比較文学」や「翻訳文学」を含めて，日本と韓国の関係，あるいは日本と韓国の歴史的な遺産と関わる研究に関心が高まったこともそのような変化に関係があるが，その典型的な領域が「植民地文学」や「在日コリアン文学」研究である．

以上，2004年から2023年まで韓国内の八つの学会が刊行する学会誌に掲載された日本文学論文全体を対象にしてその統計指標を調べてみたが，その結果は韓国語論文の結論部分のデータから得た「単語出現頻度」や「TF-IDF」のデータに相当部分，照応するものである．

おわりに

　韓国における日本文学の研究動向を論じながらここまで一度も触れてこなかったが，実際のところ2004年から2023年まで韓国の日本文学論文の推移でもっとも目立つ現象はここ20年間日本文学論文が量的に大きく減少したという事実である．具体的にみると1413編 → 1343編 → 1146編 → 875編というように推移しているが，2010年代半ばからそのような減少が顕在化している．その原因としては，韓国内における人文学の危機の深化，それによる日本研究分野における次世代研究者の急激な減少，日韓関係の悪化など，様々な理由が挙げられる．

　これまで論じてきたことではあるが，ここ20年間韓国における日本文学の研究動向を大きくまとめると次のとおりである．第一，古典文学・近現代文学を問わず，従来の文学史で重視された正典あるいは大作家・巨大作品研究が次第に減少しており，その研究対象やテーマが多様化している．第二，四つの時期にわたって共通に見られる現象は，日本文学を日韓関係の歴史あるいは韓国と関わりの中で研究する傾向である．第三，2010年代後半から日本文学研究者が大衆文化・文化コンテンツをも視野に入れて研究を展開する傾向が顕著に表れており，この分野の研究がかなり増加している．第四，植民地日本語文学（在朝日本人文学）・在日文学・災難文学・女性文学など，日本における同時代の文学研究と共鳴しながら韓国における独自の研究も切り開こうとする動きも拡がりつつある．韓国内の日本文学研究におけるこのような動向の変化は，伝統的な文学概念の変化やキャノン（正典）中心の文学研究からの脱却，韓国内で日本文学研究をめぐる活発な議論などが反映された結果でもある．

　本研究は韓国内の日本文学研究の動向をめぐる議論であるが，基本的にはここ20年間の研究論文に限って考察した．このような期間設定は韓国で「韓国学術誌引用索引」のデータベースが公開されたのが2000年代以後であるため，2000年代以前の研究論文は調査から外すしかなったことによる．また，このような調査研究は言語によって分析するデジタル・ツールが異なるため，日本文学研究の動向といっても韓国という一国に限った調査に止まっている．したがって，時間的には2000年代以前の研究論文をも含めて，空間的には日本の主な日本文学学術誌，ひいては中国や台湾，欧米の日本文学研究をも視野に入れて互いに横断して考察することが今後の課題となろう．

注

1）韓国日本学会40周年特別委員会編『日本研究の成果と課題』図書出版宝庫社，2013年．

2）この特集には総計5編の論文が掲載されているが，日本文学に関わる論文は李栄九「グローバル時代に我々は日本文学をいかに研究するか」（pp.20-27），平岡敏夫「21世紀日本文学はいかに研究されるか」（pp.5-19）がある．

3）この特集には韓国日本文学研究者15人が源氏物語，「記紀」神話，万葉集，中世の劇文学，俳句，近世文学，森鴎外，夏目漱石，有島武郎，川端康成，島崎藤村，日本近・現代詩，芥川龍之介の研究など，韓国における日本文学研究の成果と課題を論じている．

4）ここでは日本上代文学，平安文学，中世文学，近世文学，近代文学など，時代別の5編の論文がその分野の研究現況と課題を検討している．

5）金鐘徳「韓国における日本文学研究の現況と展望」『日語日文学研究』45，韓国日語日文学会，2003年，p.51．

6）金順墳「日本近代文学と韓国の文学的トラウマの克服のために」『2009年度国内日本研究者招請ワークショップ』，高麗大日本研究センター．2009年，p.8．

7）朴裕河「韓国における日本近代文学研究の一考察」『日語日文学研究』52，韓国日語日文学会，2005年，p. 64.

8）河泰厚「韓国における芥川龍之介文学研究の成果と課題の照明」『日本学報』62，韓国日本学会，2005年，p. 543.

9）鄭炳浩「韓国の日本近代文学研究と国際研究交流――日本文学研究の国際的フラットフォームという眼差しから」『日本近代文学』100，日本近代文学会，2019年，p. 94.

10）崔在喆「韓国の日本文学研究の動向と課題――日本近現代文学研究（2012-2018年）を中心として」，『日本研究論叢』51，現代日本学会，2020年，pp. 273-295.

11）〈https://textom.co.kr/main〉.

12）鄭炳浩「韓国における日本近現代文学の研究と課題」『日本学報』91，韓国日本学会，2012年，p. 36.

13）崔，前掲「韓国の日本文学研究の動向と課題――日本近現代文学研究（2012-2018年）を中心として」，p. 278.

14）実際，「2003年からサービスされた韓国ネイバーのブログでは，毎年〈日本文化コンテンツ〉や〈日本大衆文化〉の出現件数が増えており，特に2010年代からは大幅増加し新型コロナウイルス感染症が始まった2020年からは急増する傾向を見せている．2010年代の日韓の様々な外交的葛藤や関係の悪化にもかかわらず，日本文化コンテンツの消費が増大していたと言ってよい」（鄭炳浩「テキストマイニングを活用した韓国人の日本文化コンテンツの認識」『跨境―日本語文学研究』17，東アジアと同時代日本語文学フォーラム・高麗大学校グローバル日本研究院，2023年，p. 39）という指摘に見られるように，日本研究者だけではなく韓国の一般の市民の間でも日本大衆文化への関心が高まっていたことが確認される．

第7章
データで読み解く野談

李　承垠（中村静代 訳）

はじめに

　近年，古典文学の分野では，デジタル人文学の方法論を適用した研究が多数提出されている．しかし，その一方でそれら有効性について疑問の声もある．これは，研究対象である作品の特性が「0」と「1」に変換される過程で，作品の複雑な意味や微妙なニュアンスが十分に反映されないという懸念によるものだ．この懸念は，デジタル人文学的アプローチが量的な分析には強いが，テキストの背後にある記意や文脈の理解を見逃す可能性があるという批判にも繋がる[1]．また，文学作品をデジタル人文学的な方法で分析するためには，コンピュータシステムがデータを処理可能な形式に変換することが不可欠だが，分節されたデジタルデータの合成は，現実の作品世界を完全に再現できないという限界も指摘されている．分節の過程で，テキストの連続性や文脈，そして読者が経験する感情的な響きや解釈の多様性が単純化されたり，歪められる，あるいは消失する危険があるからだ．

　そのため，すべての文学研究がデータに基づいて行われる必要はないだろう．だが，データで表現することで，より明瞭でマクロな分析が可能となる領域も存在する．特に野談のようなジャンルがこれに該当するといえる．野談とは漢文で書かれた短編叙事で，多彩な性格の物語を包括するジャンル名である．研究者によって野談のジャンル的な性格を規定する方法には差があるが，共通の見解は野談が朝鮮王朝後期の現実生活を反映しているという点である．野談への関心を本格的に主導した『李朝漢文短編集』の初版序文では，野談には民話，童話，伝説，見聞した素材がありのまま描かれているという多様性を示しつつ，その主流は「当時の社会と人生に関する深刻な問題の一面を扱ったもの」と見なしている[2]．野談は「生活経験から溢れ出たもので，人々の現実への向き合い方が叙事的言語に転化されたもの」とする見解[3]や，また「日常への関心，現実生活を模倣[4]」するジャンルだという見解もまた，同様のものである．

　野談のこうした特徴は，データに基づく研究に非常に有効であることを示唆している．第一に，野談は他の叙事文学のジャンルに比べ話の長さが短い．これは，登場人物，事件，背景など叙事を構成する情報が単純で複雑ではないことを意味する．第二に，野談は事実と虚構の交渉を見せているが，基本的には事実志向の性格を持っている．虚構的な要素が加わっても，事実性を強調する傾向があり，登場人物の感情を文学的に描写するよりも叙事の展開に焦点を当てる傾向がある．この二つの特徴は，データへの変換過程での喪失や歪曲の可能性の低さを示唆している．第三に，野談は一定の叙事構造，つまりパターンを持つという特徴がある．

データを通じてパターンを分析すれば，それを基に共通の特質や変化の差異を把握し，意味を解明することができる．第四に，野談には系譜を形成する各編が存在している[5]．類似したモチーフと叙事構造を持つ物語が他の野談集に伝承され，その過程でわずかな変異を見せることがある[6]．これをデータ分析によってさらにマクロに追跡すれば，野談の享受層の受容意識を分析する土台を構築できる．

　これらを証明するためには，野談に適したデータモデルを設計し，そこに特定のタイプの野談各編の実データを入力して，その有効性を検証する必要がある．そこで本章では，野談の内容要素をデータに変換することでデータベースを構築し[7]，これに基づく分析を試みることにする．対象とするのは，『天倪録』，『東稗洛誦』，『渓西雑録』，『東野彙輯』に収録された出世譚である[8]．これら出世譚は，科挙合格による社会的身分の変動を話題とした物語であり，類型の系統が比較的明確で，類型の抽出やパターンの把握が容易であると考えられる．同時に，出世は人間の普遍的な欲望であり，常に文学的関心事であったことから他の類型と比較してその数が豊富であるといえる[9]．

　したがって，本章ではこれら出世譚を基にして，データによる野談の読みの可能性を探っていく．

1　野談セマンティックデータ構築のプロセス

　野談は漢文で書かれたテキストであり，固定された構造や形式を持たない非構造化データである．非構造化データを分析可能な形にするためには，構造化が必要だ．周知のように，物語は登場人物，事件，場所，時間などの様々な要素が多層的かつ相互的に関連し，複雑な関係を成している．物語は因果関係や時間の流れに沿って展開され，新しい人物が登場したり，以前に定義されていなかった関係が現れる．このような物語の特徴は，野談を定型的なテーブル構造で表現することを難しくしている．

　本研究では，この点を考慮し，野談を構成する内容要素をセマンティック（semantic）データとして編纂した[10]．セマンティックデータは，テキストから抽出した様々な要素とそれらの関係を明示的に表現する方法であり，オントロジーやRDF（Resource Description Framework）などの形式を用いて知識グラフとして構築される．固定されたスキーマなしで，データ間の多様な関係を示し，データを単に構造化するだけでなく，データの意味や関係を理解しその解釈を可能にしてくれる．野談を例に挙げると，セマンティックデータを通じて物語の中の人物関係や，事件間の因果関係などをより柔軟に探査し分析することができる．そのため，セマンティックデータに変換された野談は単なるデータベース検索を超え，意味論的な接続に基づく深層分析が可能になる．また，セマンティックデータはセマンティックウェブ技術に基づいており，他のデータソースとスムーズに連携することができる．例えば，野談に登場する歴史的人物はリンクトデータ（Linked Data）を通じて歴史データベースの情報と接続され，その人物の実際の行動や時代背景をより正確に把握することが可能となる．このような連携によって，野談のデータは個別の物語分析を超え，広範な知識ネットワークの中で統合的かつ多層的な解釈の材料となる．

　このセマンティックデータを編纂するためには，ドメイン定義とオントロジー設計により概念的な枠組みを設定した上でデータを構造化し，データ間の意味的

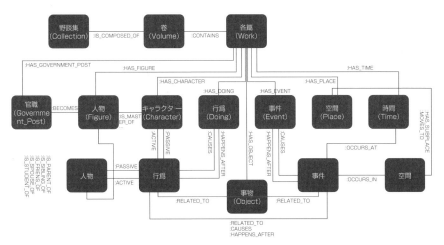

図7-1 野談の内容要素データモデル

出典：筆者作成．

関係を明確にし知識グラフを構築する必要がある．本研究では，対象とした野談集から合計101件の出世譚を選び，図7-1のようにオントロジーを設計した．

先行研究では，野談の文脈を通じて確認される多様な情報を，登場人物，背景，事件，素材を参考にした5つの大分類の下で，12のクラスに設計することを提案している[11]．これは理想的なモデリングと言えるが，個別の作品を対象にして個人が実際に構築するにはあまりにも複雑である．本研究の目的は，出世譚の叙事的特徴と野談集間の伝承の様相をデータに基づいて調査することであるため，先行研究の提案の一部を活用し，あるいは簡素化してこのようなオントロジーを設計した．

個別クラスについてのより具体的な説明は，先行研究に従う．ただし，ここでは各篇から抽出したエンティティ間の関係のうち，特徴的な部分について説明したい．人物，キャラクターと行為は，能動的（：ACTIVE）に行為を行った場合と，受動的（：PASSIVE）に行為を受けた場合に分けて表現した．行為と事件は物語の核心要素であり，人物とキャラクター，時間や空間と関連している．また，行為と事件のクラスに含まれるエンティティ間の関係を因果関係（：CAUSES）と先後関係（：HAPPENS_AFTER）として定義することで，時間の流れに沿った物語の進行を表現できるようにした．空間は，漢陽内の木井洞や昌慶宮など，それぞれ下位空間分類（：HAS_SUBPLACE）を持っていることを表現し，空間の具象化の程度を検討できるように設計した．また，空間と空間の関係として（：MOVES_TO）を設定し，登場人物の移動経路が把握できるようにした．

次の例を通じて，野談の各篇がセマンティックデータに変換される様子が確認できる．物語のタイトルは「李徳重」であり，これは『渓西雑録』第1巻に収録されている．李徳重は漢陽の西学峴に住んでいたが，ある日，妻が龍の夢を見た．翌朝，兄の李台重が到着し，一緒に科挙試験を受けた結果，二人とも合格したという内容である．図7-2がこの内容を

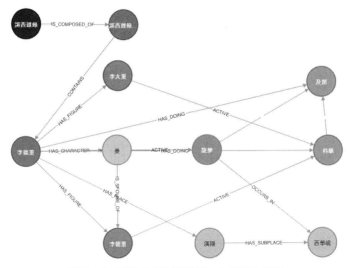

図7-2 野談の内容要素データ編纂の事例
出典：筆者作成.

表している.

ここには『桂書雑録』（Collection）と第1巻（Volume），および「李德重」という作品と，作品から抽出された人物，キャラクター，行為，空間情報およびそれらの関係が明示されている．Figureラベルの人物ノードに該当するのは李德重と李台重であり，李德重とその妻との関係は「IS_SPOUSE_OF」として表現されている．Doingラベルの行為ノードには，龍の夢，科挙試験，科挙合格が含まれており，これらの行為と人物，キャラクターとの関係は「ACTIVE」に定義されている．これにより，人物，キャラクターが行為を能動的に行ったことがわかる．科挙試験と科挙合格は時間の流れに沿った先後関係として表現され，龍の夢と科挙合格は因果関係として示されている．Placeラベルの空間ノードには，漢陽と西学峴の二つが含まれ，龍の夢という行為ノードとの関係は「OCCURS_IN」として示されている．西学峴は朝鮮時代の西学が位置していた中区の太平路近くの低い丘であり，漢陽という空間の下位空間「HAS_SUBPLACE」として表現されている．

一見曖昧に見えるラベリングや関係設定は，各作品の内容を構造化する過程であり，関係やラベルを追加できるという点で柔軟な構造化をサポートしている．また，このような構造化により，物語間の相互関連性が高まる．上の図に示されたノードは，他の編にも登場する可能性がある．たとえば，別の編で西学峴という空間が背景として登場する場合，それを媒介にして二つの作品が結びつくことになるが，これにより，広範な視点から野談の中の特定の人物やキャラクター，空間，および物の分布を分析することが可能になる．さらに，ノード間の関係を中心に検索することもできる．たとえば，龍の夢を原因とする他の行為や事件を探したり，科挙合格という行為の原因がどのように表現されているかを知ることも可能だ．

このように，各編から内容要素を抽出

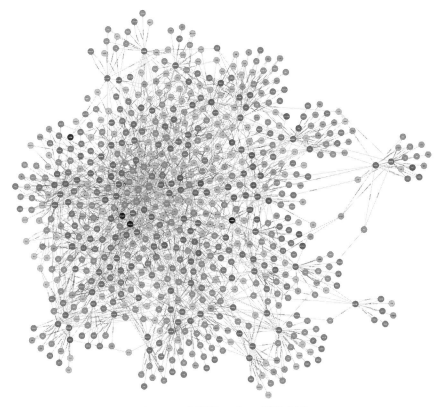

図 7-3　出世譚のデータ構築事例

出典：筆者作成．

し，その関係を定義した後，グラフDBMSであるNeo4j[12]を用いて対象作品の全データを構築した結果が，図7-3に示されている．

2　データで見る出世譚の系譜と特徴

(1) 伝承の概略的な様相

一般に知られているように，野談は一つの野談集から別の野談集へと伝承される傾向がある．この過程において頻繁に伝承された物語と，そうでない物語を比較することで，野談を楽しむ人々の物語に対する嗜好性を確認することができる．

また，伝承の過程で，物語を構成する内容要素に変化が現れることもある．主人公の名前や身分が変わったり，背景が変わったり，画素が縮小したり拡大したりすることもある．このように変異の幅が多様であることを考慮し，ある物語が他の物語と伝承関係にあることを把握するための最小限の基準として，3つ以上の行為ノードを共有する作品をデータベースから検索した．

図7-4は，左上の『天倪録』，左下の『渓西雑録』，右上の『東稗洛誦』，右下の『東野彙輯』の作品のうち，行為ノードを共有する作品を出力した結果である．図7-4を見ると，あまり伝承されてい

96 第Ⅲ部 デジタルヒューマニティーズで人文知を拓く

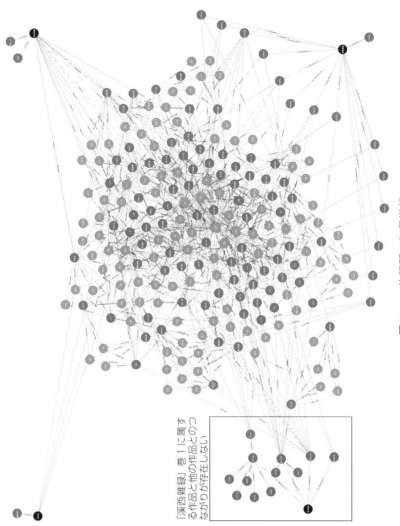

図7-4 物語間の伝承様相

『渓西雑録』巻1に属する作品と他の作品とのつながりが存在しない

出典：筆者作成．

第7章　データで読み解く野談　97

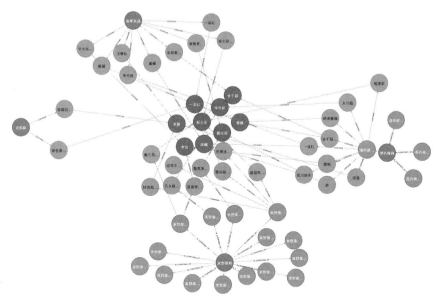

図7-5　主な各編の伝承様相
出典：筆者作成.

ない物語が『渓西雑録』巻1に集中していることがわかる．『渓西雑録』巻1は編纂者李義平の「家間事跡」が主な内容である．この巻に収録された出世譚も，李徳重，李海重，李山重，李台重など，韓山李氏家門の優れた人物たちの科挙合格談が含まれている．これらの物語は実在の人物を登場させており，他の物語と比較して相対的に単純な構造をしていると言える．

これらの物語が後世に伝承されなかったのは，『渓西雑録』巻1の伝承範囲が狭かったからでもあるが，物語自体の性格にも起因する．実際，韓山李氏家門は，高麗末期に李穡と3人の息子が科挙に及第した後，世宗代に10人余りの宰相を輩出し，壬辰倭乱後まで24人が功臣に冊封されるなど，代表的な名門豪族として定着した．そのため，彼らの出世は，家門の一員でない一般的な人々の普遍的な欲望と夢の反映とは程遠いものであった．

韓山李氏家門は当時有名な家系であり，李氏の兄弟らの優れた資質や科挙合格は，ある意味当然のことで特筆すべき内容でもなかった．物語の中で科挙合格の原因としてよく登場する「龍の夢」は科挙合格の予知夢として機能している．しかし，これは家族にとっては神秘的な前兆だったが，それと無関係な人々の興味を引くには不十分だったと思われる．

このような推測は，継続的に伝承された物語と比較することで，より明確となる．

図7-5は，三つの野談集で共通して扱われた話を示している．まず，グラフから各野談集の巻ごとに出世譚の各編が偏っていることが確認できる．『渓西雑録』の場合，巻4に，『東野彙輯』の場合，巻12に他の夜話集にも収録されている話が集まっているのである．特に，『渓西雑録』巻4に収録された作品はすべて『東稗洛誦』にも収録されており，

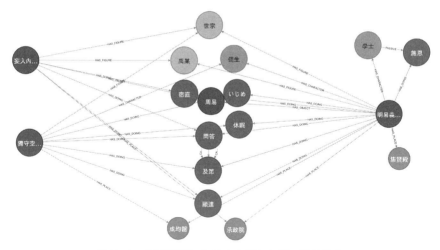

図7-6 伝承過程における変異と各編の単純結合
出典：筆者作成．

両野談集間の伝承関係を明らかにした先行研究を裏付けている．一朶紅や玉簫仙の話は，妓生と両班の子息とのロマンスを描いており，両班の出世の話でもある．これらの話は，結婚と別れ，挫折と達成，達成への報酬などの複雑なテーマをかなり長い尺で描写している．これは単純で，予測可能な展開を辿る『渓西雑録』巻1の出世譚とは対照的な性格を持つ．つまり，物語が継続的に伝承されるためには，多様な登場人物の感情や葛藤を複雑に描写し，共感と興味を引き起こす必要があることがわかる．

伝承の過程における変異も，グラフを見れば一目瞭然である．変異の様相は大きく3つに分けることができる．第一に，他の野談集の物語を組み合わせて一つの物語にすること，第二に，人物の名前など内容要素の一部を変更すること，第三に，他の野談集の物語に新しい人物や行為，事件を付加して物語を拡張することである．一つの作品にこれら3つの変異が複合的に現れることもある．まず，最初のケースの例として，図7-6を見てみよう．

「明易義擢列清選」の中には，承政院の官職を目指し宮殿に行った禹という人物が，そこで一晩過ごすことで偶然にも出世したという話と，同僚が遊山に出かけてしまった後，一人真面目に成均館に残っていた儒生が科挙に合格したという二つの話が登場する．グラフを見てみると，これは『天倪録』にある「独守空斎擢上第」と，「妄入内苑陞顕官」の二つの話を物理的に繋げたものであることがわかる．これらの話の共通点は，貧しい書生が偶然に王と出会い，出世したという点である．禹氏は，低い役職を転々とする官吏で，宮殿に一度も入ったことがなく，儒学生は他の儒学生から孤立した孤独な存在だった．しかし，彼らにはそれぞれ学問の資質があったため，王が『周易』の一節について問いかけると難なく答え，その才覚を見抜いた賢明な王によって，高い地位に昇進することができた．『天倪録』の二つの話では，それぞれ話に登場する王が世宗王であると客観的に記述しているが，『東野彙輯』で

はこれを全面的に世宗王を強調した物語として一つに結合させている．そのため世宗王が集賢殿の書生たちに布団をかけてやった逸話を序文に挿入し，話の主人公を貧しい儒学生から偉大なる世宗王へと換骨奪胎している．

こうしたことは「感宸夢独占䲰科」でも見られる．成宗王が密行したときの逸話三編が『渓西雑録』巻2に続けて収録されているのに対し，『東野彙輯』ではこれを成宗王を中心にした一つの物語にまとめている．これは，李源命が述べた「一人の事跡が複数の項目であっても，一編に並べて記録する（一人事蹟，雖累條並録於一篇）」という編纂の原則と合致するものである．また，世宗王と成宗王の二人の王を主人公にすることで，王には優れた人材を見抜く眼識があり，公正に人材を登用する賢さがあることが強調されている．

また，『東野彙輯』では，一つの事件をもとに，二つの話を結びつけることもある．例えば「賢尉掲鑑飲婿婿」が挙げられる．洪命夏を主人公とするこの話は，『渓西雑録』にある李秉鼎と洪命夏の二つの話を一つに統合したものである．二つの話を結ぶ共通点は，妻の家族から受ける冷遇と，主人公の出世だといえる．李秉鼎は妻の家族から冷遇されつつも，毎日昼寝をして過ごしていた．しかし，最終的には科挙合格を果たし，妻の兄弟や家族を見返すという話である．また，洪命夏の話は，主人公が妻の家族から冷遇されていたところ，知識と洞察力を持つ妻の父，申翊聖が彼を励ましてくれたという話だ．これら二つの話は洪命夏の物語として一つに統合されている．

李源命は，次に挙げる『東野彙輯』の序文で，『於于野談』や『記聞叢話』などの作品集から話を抜き出し，手直ししたことを明らかにしている．

仕舞いに二冊の書から，優れた話であり，長く伝わっていて故実を証明できるものを取り出し，さらに他の書からも参考となるものを取り入れて，併せて修正し掲載した．さらに，村に伝わる古い話も採集し，文章にして挿入している．[14]

先に見た事例はこの序文を立証している．さらに，李源命は，前代の作品を収録する過程で，無名の登場人物に名前を付けたり，新たな逸話を付け加えたりもした．図7-7は，その様子を明確に示している．

図7-7は『東稗洛誦』と『渓西雑録』に収録された金千鎰の妻の話が『東野彙輯』に受け入れられながら変化する様相を示している．『東稗洛誦』と『渓西雑録』で物語は金千鎰と彼の妻を中心に展開される．これは図の左から中央までのノードと関係を通じて確認することができる．それによると，実はこの物語の主人公は金千鎰の妻であると言える．妻は嫁いできた当初は昼寝ばかりしていたが，壬辰倭乱を事前に知り，これに対する備えとして財産を蓄え，また鍛冶屋を雇って鉄の朴を作り，その後，倭軍ににに策を仕掛ける準備をするなど，別人かのような面を見せている．金千鎰の妻が行った一連の行為は『東野彙輯』にもそのまま収録されているが，図7-7の中央と右側がまさにその内容を視覚化したものである．まず，男性人物の名前が金千鎰から郭再祐に変わっていること，郭再祐の再娶として妻が設定されていることが確認できる．それだけでなく，郭再祐が永昌大君のために上疏をしたり，辟穀して神仙になったなど，彼の史実を長々と脚色し，これを郭再祐の物語に変えている．

「借弩手又鬘復讐」は，『東稗洛誦』収録の「鄭蘊」と，『渓西雑録』収録の「桐渓鄭蘊」の二作との系譜を成す作品であ

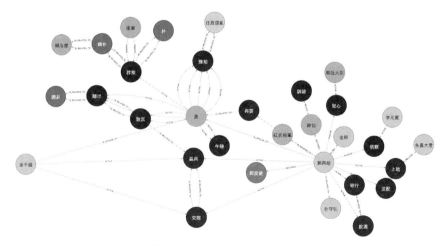

図7-7 伝承過程における変異および各編の拡張と変化
出典：筆者作成．

　る．二つの内容は，鄭蘊が科挙試験を受けに行く途中で，ある女中に頼まれて彼女の主人の仇を討ってやったところ，鄭蘊は試験に受かることができ，後にその女中を副妻にしたというものだ．『東野彙輯』ではこれに加え，後日談として，鄭蘊の妻が嫉妬深く，鄭蘊が常に妻を恐れていたという内容が詳しく付けくわえられている．また，『東野彙輯』の「用田功岬窮獲報」では，主人公の全東屹が貧しい李尙眞を助けた詳細な話が説明されているのに対し，『東稗洛誦』では全東屹が李尙眞に米を与えたことだけが簡潔に述べられている．『東野彙輯』では，その米で酒を造り，村人たちと共に飲み，村人たちに李尙眞が田を耕す手伝いをするよう促すなど，全東屹の協力が具体的に強調されていることがわかる．
　名前がなかった登場人物に名前を付けるという手法は，『東野彙輯』が先代の作品を継承する過程でよく使った手法である．たとえば，『東稗洛誦』の「観象」の主人公は無名の人物から「繡衣給訪茶母家」に登場する「李万雄」へと名前が付けられ，また「馬」の主人公，嶺南の無名の書生は「假竊馬轉禍媒榮」の中で「李万甲」という名前を得ている．さらに，名前が変わる場合もあり，『東稗洛誦』および『渓西雑録』に収録された「禹夏亭」と「水汲婢」の話は「瞰碎銀圖占仕路」において「具兵使」と「朱氏」の話に変更され，義兵長の「金千鎰」の妻の話は「郭再祐」とその再婚談に改編されている．また，「禅房訓書警迷童」では，『渓西雑録』の「海印寺老僧」の話を「休静大師」の話に変更し，壬辰倭乱とそれに対応する「休静大師」と僧軍の活躍を詳述している．これは，「海印寺老僧」の特異な予知能力を「休静大師」のものとして描き変え，彼の活躍を詳細に記録して一つの物語として仕上げようとした意図を表している．

(2) 物語のパターン
　出世物語は，物語の結末，つまり指向を登場人物の出世に置いている．これは大きく分けて，科挙試験に合格すること，そして合格後の出世に代表される．これ

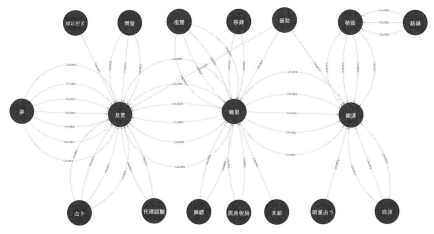

図7-8　出世の原因

出典：筆者作成.

らの物語の物語的特徴を把握するために，合格と顕達の原因として何が設定されているのかをデータベースで検索した結果は図7-8の通りである．

図7-8は，出世譚で及第と顕達の原因となるものが何であるかを直感的に表現している．それによると，主人公を及第に導くのは夢，占福，問答，代理試験，報恩などであり，主人公を顕達させるのは積徳，名堂點指，報恩などである．これは大きく二つの性格に分けることができる．まず，明堂點指や占福，夢のように人物の意志とは無関係に行われる行為である．明堂點指とは先祖の陰徳を借りる明堂點指ことであり，夢と占福は決められた運命を登場人物に伝える役割を果たすだけである．つまり，これらの要素が出世の原因とされる物語には，及第と顕達は運数所関［訳注：運が関わっていること］という意識が反映されていると言える．第二は，報恩，積徳など人物の善行に報いとして出世が叶う場合である．つながった線の数から，出世譚のかなりの数がこれらを原因として設定していることが分かる．

このように，出世譚に定型パターンが存在するかどうかを調べたところ，「報恩談」が多いことが確認された．『天倪録』の「臨場屋枯骸冥報』，『東稗洛誦』の「盧禛」，「漣川金生」，「李兵使尙眞」，「観象」，「李光庭」，「洪脩」，「鄭蘊」，「順興萬石屋」などの作品は，登場人物の出世と恩返しを結びつけている．また，『渓西雑録』も『東稗洛誦』の一部を継承し，「報恩」，「高麗将軍」，「柳鎭恒」，「盧同知」，「水汲婢」，「桐渓鄭蘊」，「宣川妓生」，「太守遊び」などの恩返しに関連する話がある．『東野彙輯』では「富翁達理贐科儒」，「繡衣紿訪茶母家」，「五女嫁因太守戯」，「用田功卹窮獲報」，「貸銀要酬抜柱礎」などが『東稗洛誦』や『渓西雑録』を継承している中，「恤三葬遇女登仕」，「救四命占山發福」，「酬前惠窮儒筮仕」，「除悪奴處變報讐」，「作良媒俱受晚福」，「獲奇遇二妾列屋」は，新たな物語として登場している．

これらの話は，登場人物が他の登場人物に経済的または物理的な支援をし，その支援を受けた者が直接恩返しをして出世に至るパターンと，登場人物の善行と

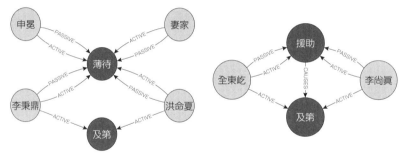

図7-9 逆転と繰り返しの構造
出典：筆者作成.

その出世が時間的に連続し，善行の報いが暗示されるパターンとに分類できる．例えば，「臨場屋枯骸冥報」や「漣川金生」，「李兵使尚眞」，「高麗将軍」などの話では，骸骨や霊が夢に現れて祭祀の方法を教えたり，道中の危険を予知したりする．また，助けられた人物が高官となり，過去に自分を助けてくれた人物を出世させるというケースも見られる．

一方，こうした登場人物の利他的行動の内容によっても，これらの話を分類することができる．例えば，「李光庭」や「作良媒倶受晩福」などは，貧しい家の子息の結婚を仲介した結果，主人公やその子孫が出世したという話だ．周知の通り，儒教の教えでは，「夫婦となることは人倫の始まりであり，天地の大義（夫婦人倫之始，天地之大義）[15]」と考えられてきた．したがって，結婚を仲介したことは，人としての義務を果たせるように大きな人助けをしたことになる．また，「東溪鄭蘊」や「除悪奴處變報讐」，「導射夫報仇話恩」，「洪脩」など，これらの話の多くは，主人公が女性の危機的状況（使用人や奸夫による主人の殺害，僧侶が道行く婦人を襲う）に対し，復讐や処罰を代行し助けてやる話だ．これは「善を積む家には必ず後に良いことがあり，悪を積む家には必ず後に災いがある（積善之家 必有餘慶 積不善之家 必有餘殃）[16]」という言葉を物語化したものといえる．

興味深い点は，これらの話が全体的に，あるいは部分的に「デカルコマニー」[訳注：絵の具を塗りつけた紙を半分に折り絵の具を転写させる方法のこと]のような物語構造をとっているという点だ．もちろん，善行と恩返しという単純な構成が，登場人物間のやり取りをより明瞭にしていることもあるが，図7-9のような構造が頻繁に見られるのがその特徴だ．

『東稗洛誦』の「洪命夏」は沂川の逸話で，洪命夏は義兄の申冕に冷遇されるが，科挙に合格して出世した後，申冕が金左点の獄事に巻き込まれて取り調べを受ける際，彼を無視する．『溪西雑録』の「昼寝好きの婿」の主人公李秉鼎もまた，妻の家族から冷遇される．科挙に合格した後，彼は妻の家族に対して自分が受けた冷遇をそのまま返す．これは二人の人物の器量が狭いことを示す逸話だが，受けた通りに返す応報の構造が鮮明に表れている．応報の構造は，恩返しが出世の原因となる物語にも見られる．『東稗洛誦』，『東野彙輯』に収録された李尚眞と全東屹の話を例に挙げてみよう．李尚眞が若い頃，非常に貧しく，姉（または自分）の婚礼費用を乞いに回っていたところ，全東屹がそれを気の毒に思い，米

を送った．全東屹の助けで危機を乗り越えた李尙眞が科挙に合格した後，今度は全東屹を武科に合格させる手助けをする．これは施した通りに報いを受ける応報の構造である．このような構造は出世譚に頻繁に見られる．

『渓西雑録』の「柳鎭恒」は，密造酒を取り締まるよう命じられ，それに違法した密造酒の家を訪ねると，母親を養う貧しい書生の事情を知り，彼をかばって代わりに罰を受けた．時が経ち，柳鎭恒は地方官となり虐政を行うようになった．彼の不正が告発され，それを処罰するため御史が派遣されたが，その御史はかつて柳鎭恒がかばってやった密造酒の書生であった．彼は柳鎭恒の不正を隠しただけでなく，柳鎭恒の業績を称賛して報告したため，柳鎭恒は昇進し統制使になったというものである．この話でも，前半での書生と，後半での柳鎭恒の状況と行動が，まるで鏡のように相似していることがわかるだろう．

また，『東稗洛誦』の「順興万石屋」や，『東野彙輯』の「富翁達理賺科儒」でも同様のパターンが見られる．順興地方の黄氏の富豪が貧しい学者である崔生の科挙受験を支援し，その結果，崔生は科挙に合格して出世する．長い年月が経った後，地方官として故郷に戻った崔生は，衰退した黄氏の息子を支援するという話だ．このように，物語の前半と後半で登場人物の立場を逆転させつつ同じ内容を繰り返すことで，これらの話が記憶しやすく構成されているのである．

もう一つの出世譚のパターンとしては，「予知」とその実現が挙げられる．特に夢による「予知」の話が目立つが，中には占い師の言葉が現実になるという話も見られる．これら「予知」の実現は『渓西雑録』に集中しており，物語の構成は比較的単純である．だが，『渓西雑録』，

『東稗洛誦』，『東野彙輯』に共通して収録されている鄭孝俊の四度目の結婚の話は，例外となっている．この話は物語の分量が長く，「予知」の実現は子息の出世に関する後日談に一部取り入れられているだけだ．『東稗洛誦』収録の「馬」も継続的に伝承されている話であるが，ここでは占い師による占いと，夢を通じた「予知」の両方が登場する．主人公が科挙試験に何度も落第し苦悩する中，占い師から命の危険を予言され，それを克服しようとする必死の努力が描かれており，『渓西雑録』に見られる単なる夢や「予知」とは異なる．このように，夢や「予知」のパターンの継承を通じて，物語に対する興味や享受層の趣向を垣間見ることができる．

（3）人　物

出世譚の主人公が主に男性であるのは当然のことであろう．朝鮮王朝後期には女性の社会的活動に限界があったからである．しかし，出世譚では，男性の出世において女性の存在が重要な必要条件として描かれている点が特徴的だといえる（図7-10）．

四つの野談集に幅広く収められている一朶紅と玉簫仙の話をはじめとして，楊士彦，金千鎰，禹夏亭，盧禛，李起築，鄭起龍の話では，女性人物を媒体として男性の出世が実現していく．禹夏亭の相手は妓生や水汲婢として描かれ，その女性が科挙合格前の少年や，母子家庭の儒学生，貧しい辺境の武官などを出世へと導く役割を果たしている．李起築や鄭起龍の話では，無学あるいは下働きの身分にある男性を夫として迎える女性の姿が描かれている．これらの女性は共通して，家族の反対を押し切って自分で配偶者を選ぶ．李起築の妻は，文字すら知らない無学な李起築に政治的力量があることを

第Ⅲ部　デジタルヒューマニティーズで人文知を拓く

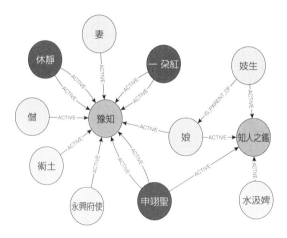

図7-10　知覚と予知の主体
出典：筆者作成．

見抜き，反正を企てる金鎏と李貴に夫を推薦することで，彼が反正功臣となるように協力した．金千鎰の妻は，壬辰倭乱を予見し，それに備えて夫に義兵を起こすよう促した人物として登場している．さらに，楊士彦の話では彼の出世が母親の犠牲によるものであると描かれている．

実際に，女性には母親や妻として男性の出世を内助する役割があるかもしれない．しかし，これらの話では，女性の内助と男性の出世をより劇的に演出するために，低い身分でありながら高い見識を持つ女性人像を作り出し，その相手の男性もまた貧しく不遇の境地にいる人物として描かれている．このような話が継続的に伝承されているのは，受容層の嗜好を示しており，認識の逆転が人々の興味を引き，同時に話の面白さを引き出しているからだといえよう．

とはいえ，登場人物に見られる特徴が人々の興味を引く要素や，架空で信じがたい人物や事件にだけ集中しているわけではない．それらは実際にあったことに基づいており，図7-11に示される文官と武官の出世譚の性格や内容には，それ

がよく表れている．文官の物語では，科挙の合否が出世を大きく作用することが描かれている．たとえば初試には合格したが，会試で繰り返し不合格になる主人公が頻繁に登場し，宦官の妻と関係を結べば合格するという俗説に従い不貞を試みる人物が描かれる．これには合格してからの昇進より，科挙に合格すること自体が出世であるという当時の認識が見られる．また，代理試験や，試験の内容を予め教えるというような不正行為など，すべて科挙制度そのものに関連した事柄である．

一方，武官が主人公の作品では，科挙試験よりもその後の出仕や出世を目指して奮闘する様子が描かれている．『東野詩集』の「失青銅獲妾横財」，「嘲座客騁辯得官」，「劫病宰窮弁膴仕」には，武官試験に合格してからもなかなか出仕できないという困難な状況が頻繁に描かれている．「嘲座客騁辯得官」と「劫病宰窮弁膴仕」に登場する無名の武弁と尹某は，高官や宰相を補佐しながら出仕の機会をうかがう人物たちである．「失青銅獲妾横財」，「恤三葬遇女登仕」，「除悪奴處變報讐」には共通して「侵入」の要素が見られる．これらは官職を得ようと努力していた武官が，ついに志を遂げられず挫折し，吏曹判書の家に侵入して事情を訴えようとしたり，「失青銅獲妾横財」のように，武官が兵曹判書の書吏だと称する者に全財産を差し出したが，騙されたと知ってむしろ自決しようと，民家に無断で侵入するなど，劇的な状況が描かれている．

これは，朝鮮王朝後期に武官試験合格

第7章 データで読み解く野談　105

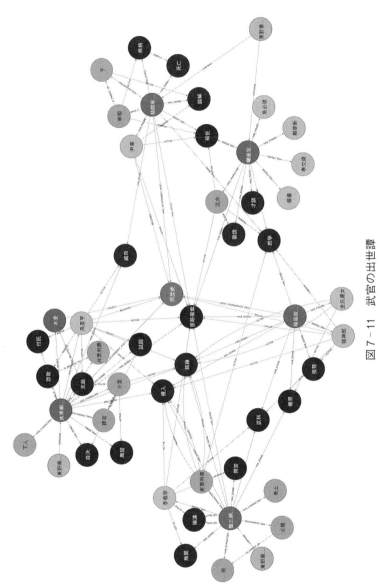

図7-11　武官の出世譚

出典：筆者作成．

106　第Ⅲ部　デジタルヒューマニティーズで人文知を拓く

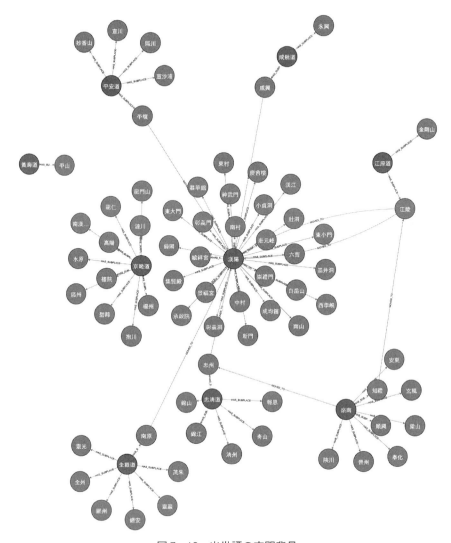

図7-12　出世譚の空間背景

出典：筆者作成.

者が急増した状況を赤裸々に反映している．朝鮮時代の武官試験合格者の総数は約13万人と推定されており，朝鮮王朝前期と後期の合格者数には約15倍の差がある．[17] 1676年の丙辰年には，武官試験合格者が17652人に達し，「万科」と呼ばれるほどであった．そのため，「武科は試験でない」という不満の声が上がったと言われている．[18] 作品はこのような社会状況を反映し，多様な方法でそれらをロマンのなかで解消している．

「恤三葬遇女登仕」は，過去に葬儀で李義寧を手伝ってくれた家の娘が吏曹判書の側室となり，侵入してきたのが李義

寧であることが分かるとその出仕を手助けし、「除悪奴處變報讐」も張神郎が復讐を手伝った金氏の娘が吏曹判書の側室となって二人の再会がなされる。先ほど見た報恩のコードが働いているのである。「嘲座客騁辯得官」の無名の武弁は口先巧みに職位を得、「劫病宰窮弁騰仕」は病に倒れた宰相の胸にまたがり、彼を脅すことで薦挙の約束を勝ち取る。問題を抱えた状況をロマンのなかで劇的に解決することで、物語の享受層を楽しませ、彼らの期待を幻想のなかで満たす役割を果たすのだ。

(4) 空間

出世譚の背景となる空間は、朝鮮全土にわたっている。野談に頻繁に登場する冥界や地獄、神仙世界といった非現実的な空間は徹底的に排除されており、現実世界の実際の空間を背景としている点が特徴である。

図7-12を見ると、出世譚の背景として最も多く登場する場所は漢陽（現在のソウル）であることがわかる。その次は、京畿、慶尚道、全羅道、平安道、忠清道の順となっている。これは、科挙が出世の主要手段であり、科挙試験が行われる舞台が漢陽であることを考慮すると、十分に納得できる結果である。同時に、このような空間分布は、17世紀以降に漢陽と地方の格差が広がる状況[19]を事実上反映した結果でもある。これは空間の関係において「移動」を検索した時に、最終目的地として漢陽が設定されることからも確認できる。

図7-12から確認できるもう一つの点は、いわゆる空間の階層性である。漢陽の場合、具体的な下位空間の存在までが現れてくる。例えば、東村、南村、中村といった空間区分に加え、六曹通り、鐘閣などの特定の場所も指定される。さらに景福宮内の慶会楼、神武門、承政院、集賢殿という建築物の名称にいたるまでの非常に詳細な空間情報が示されるのである。一方、漢陽を除く他の地域の場合、八道を基準とした道単位の分類程度の情報しか見られず、それ以上の具体性はほとんど見つけることができない。これは、野談作品を享受していた階層の空間観念を知る手助けとなる。野談集の編纂者の多くが京華老論界の文人であったことを考慮すれば[20]、野談集に彼らの世界観や趣味、思考が反映されているのはごく自然なことだといえる。彼らにとって、居住地である漢陽は具体的なものとして描ける空間であったが、それ以外の地方は観念的な空間、あるいは非日常的に一時通過する空間であったことが、これらの図から明らかとなった。

おわりに

本章は、デジタル人文学の方法論を用いて、野談の内容要素をセマンティックデータとして構築し、それに基づく分析の事例を示した。その内容を要約すると、以下の通りである。

野談は、朝鮮王朝後期の現実を反映した漢文の叙事であり、比較的短く、事実に基づく性格があるため、データ分析に適したジャンルと言える。また、一度書かれた話が継続的に伝承される野談の特性をマクロな視点で分析するためには、データに基づく研究が必要である。

これらの検証のために、『天倪録』、『東稗洛誦』、『渓西雑録』、『東野彙輯』の四つの野談集から出世譚を抽出し、それをデータ化して分析した。これにより、野談独自の叙事パターンや内容要素をデータとして変換し、野談が持つ内的な特徴や叙事要素を明らかにすることを目指した。分析は、伝承の概要、物語のパ

108　第Ⅲ部　デジタルヒューマニティーズで人文知を拓く

ターン，登場人物，そして空間の観点から行い，その結果，野談の享受層の嗜好や時代的背景を把握することができた．

　これらの研究は，従来の解釈的アプローチを超え，データに基づく分析方法論から野談をより客観的かつ体系的に探求する可能性を開いたという点で大いに意義があると言えるだろう．今後，より精緻なモデル化と他の野談集や叙事文学，歴史資料との連携を進めることで，朝鮮王朝後期における叙事全体像の把握が進むことに期待したい．

注

1 ）キム・バロ，ガン・ウギュ「ビッグデータと古典文学研究方法論」『語文論集』78，中央語文学会，2017年，p. 11.

2 ）イ・ウソン，イム・ヒョンテク「初版序文」『李朝漢文短編集』14，チャンビ，2018年，pp. 8-9.

3 ）イ・ガンオク『韓国野談の叙事世界』ドルベゲ，2018年．

4 ）キム・ジュンヒョ「野談における文学伝統と独自ジャンルへの変遷」『古小説研究』12，韓国古小説学会，2001年，p. 408.

5 ）ジョン・ファングクは，『正本韓国野談全集』収録の野談には，継続して掲載されていることで自己系譜を確立している作品が150編余りあると述べている．ジョン・ファングク責任校訂「正本韓国野談全集解題」『正本韓国野談全集』 1 〜10巻，ボゴ社，2021年．

6 ）ナム・グンユン「系譜を獲得した野談とその叙事的特徴」『韓国文学研究』69，東国大学韓国文学研究所，2022年．

7 ）この過程では，野談のデータモデルに関する以下の研究を参照した．グォン・ギソン，キム・ドンゴン「野談集索引データベースの構築法案の模索『記聞叢話』を中心に」『古典と解釈』22，古典文学漢文学研究学会，2017年，ヤン・スンモク，リュウ・インテ「野談のデータ，野談からのデータ——韓国野談データモデルの構想」『韓国文学研究』68，東国大学韓国文学研究所，2022年．

8 ）『天倪録』，『東稗洛誦』，『渓西雑録』，『東野彙輯』は，朝鮮王朝後期の野談史の展開においていずれも重要な位置を占めている．また，

『天倪録』，『東稗洛誦』，『渓西雑録』に収録された話は，編纂者の家門間の交遊関係から見ると，物語を共有したり，互いに参照した可能性が高いと思われる．『天倪録』の編纂者任埅は洪鳳漢の母方の祖父であり，『東稗洛誦』の編纂者盧命欽は洪鳳漢家の塾師であった．『渓西雑録』の編纂者李羲平は洪鳳漢の娘恵慶宮洪氏と六親等の外戚であった．

9 ）ジョン・ファングクは18世紀以降の野談の主要キーワードとして「出世」と「致富」を挙げている．これは朝鮮王朝後期の現実を示すものであり，同時に人間の普遍的な欲望だといえる．ジョン・ファングク「18世紀後半の漢文短編の性格」『古典文学研究』54，韓国古典文学会，2018年．

10）先行研究でも，野談の内容と形式，野談から収集できる情報と知識を体系的に整理・表現・共有するためには，原文および翻訳文テキストをウェブで共有する単なる文字列ベースのデータベースではなく，野談を多様なデータの集まりとして捉え，それをデジタル環境により高解像度で展開し表現できるセマンティックテクノロジー基盤のデータアーカイブを設計する必要があると主張している．ヤン・スンモク，リュウ・インテ，前掲「野談のデータ，野談からのデータ——韓国野談データモデルの構想」，p. 279.

11）ヤン・スンモク，リュウ・インテ，前掲「野談のデータ，野談からのデータ——韓国野談データモデルの構想」，p. 301.

12）〈https://neo4j.com/〉，2024年12月19日アクセス．

13）『東野彙輯』凡例．

14）『東野彙輯』序「遂就兩書，撮其篇鉅話長堪證故實者，旁及他書之可資該洽者，並修潤載錄，又采間巷古談之流傳者，綴文以間之．」

15）『近思録集解』巻之六「家道」．

16）『周易』「坤卦」文言．

17）ジョン・ヘウン「朝鮮後期武科合格者の進路に見られる差別問題」『韓国文化』58，ソウル大学校奎章閣韓国学研究院，2012年．

18）李命龍『戒逸軒日記』1760年10月24日，「文科五十餘人 武科三百六十八人 所謂文科非其科也．」

19）キム・ジュンヒョは17世紀以降，漢陽が大きく以前の姿から変貌したとし，その過程において全ての権力は漢陽に集中したが，反対に地方はそれら権力の中心部から遠ざかってしまったと述べている．キム・ジュンヒョ

ン「朝鮮後期野談集に見られるソウルと地方
の風景」『民族文学史研究』51，民族文学史学
会，民族文学史研究所，2013年.

20) キム・ヨンジン「朝鮮後期の士大夫の野談
創作と享受の一様相」『語文論集』37，安岩語
文学会，1998年，pp. 21-45.

第8章
明治期日本における軍医と学歴
――『陸軍現役将校同相当官実役停年名簿』の数量分析を中心に――

松田 利彦

はじめに

　明治期日本の陸軍軍医（以下本章にお
ける「軍医」は陸軍軍医（将校相当官）を
指す）は，どのような学歴をもった集団
だったか，その構成・配属は日清・日露
戦争を経てどのように変化したか．本章
ではそのような問題を検討する．

　この研究の出発点は，国際日本文化研
究センターが2020～2022年度に購入した
佐藤恒丸の遺族旧蔵資料（以下『佐藤恒
丸関係文書』とする）の整理を筆者が担
当したことにある[1]．佐藤恒丸（1872～
1954年）は，明治～昭和期の陸軍軍医で
ある．1896年に東京帝国大学医科大学を
首席で卒業し，軍医に任官した．1907～
10年にドイツ留学（陸軍官費留学生）を
経て，1910～20年には，植民地期初期の
朝鮮で京城衛戍病院長，朝鮮駐箚軍軍医
部長を歴任した．その後は，赤十字社病
院長（1920～27年），侍医頭（1927～37年）
などをつとめている．軍医としては最高
位の軍医総監（1922年）にまで上り詰め
たエリートである[2]．

　このような佐藤の生涯を追うなかで，
佐藤を含む東京帝大出身の高級軍医が軍
医全体のなかでどのような位置を占めた
のか，さらには軍医のなかにはどのよう
な学歴を持つ者がどのように分布してい
たのかを明らかにする必要を感じるよう
になった．そのため，日清戦争前～日露
戦争後（1890～1912年）を対象に，全軍

医（将校相当官）の名簿をデータベース
化し，デジタル化された人名録類と照合
して学歴等の悉皆調査を行った．

　本章の課題をあらためて整理しておく
と，第一に，日清・日露戦争期の軍医の
拡大がどのような学歴層からのリクルー
トによってもたらされたかを明らかにす
ることである．図8-1に示したように，
この時期は，日中戦争期以降を除けば，
近代日本における未曾有の軍医拡張の時
期に当たっていた（各年度の具体的な人
員数は後掲表8-1を見よ）．軍医の学歴を
検討することで，この時期，軍医集団が
量的拡大とともに高学歴化という質的変
化を遂げていたことが示されるだろう．

　第二に，軍医がどこに配属されたかと
いう問題を考える．日清戦争後，7師団
体制を13師団体制にすることが目ざされ
（1896年当初計画），日露戦争後には19個
師団を平時25師団に拡張する方針が立て
られた（1907年帝国国防方針）．同時に，
日清戦争にともなう台湾領有（1895年），
日露戦争にともなう関東州の租借（1905
年）と韓国の保護国化（1905年）および
韓国「併合」（1910年）等によって，日
本帝国の版図は大きく拡張した．このよ
うな日清・日露戦後の師団増設および
「外地」への日本軍の駐屯は，軍医のポ
ストも急増させた．「外地」を含む新た
なポストにどのような学歴層の軍医が配
置されたのか，その傾向も探りたい．

　先行研究について触れておこう．明治
期における軍の創建と近代化という問題

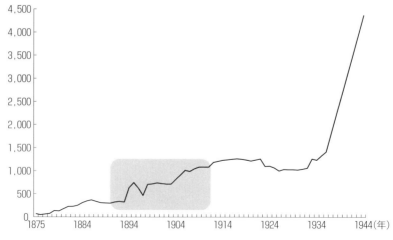

図8-1 戦前日本の陸軍軍医数の推移（1875〜1944年）
出典：本章，後掲の表8-1に原データと出典を記載．

は日本近代史上の重要テーマであるが，非戦闘部門の軍医についてはやや等閑視されてきた感がある．とはいえ，近代的国民軍の創設においては，国家の名において徴兵する身体に対し国家が責任をとることが制度の前提となっており，軍医制度は早い時期から始動していた．このような草創期の軍医制度の整備については比較的研究が多い．しかし，その後の軍医制度の運用についての研究は乏しく，日清戦後の軍医の専門職化について扱った加藤真生の論文がある程度である．本章も，軍医の専門職化のために陸軍衛生部（軍医と薬剤官からなる陸軍の組織）が行った改革について加藤論文から学ぶところは大きかったが，同論文では，改革の結果生じた軍医集団の質的変化（高学歴化）は看過されている．このほか，軍事史研究・医師社会研究において数量分析をもちいた先行研究に関しては第1節で言及したい．

以下，第1節で資料と分析方法について述べた後に，第2，3節で上記二点の課題について考察する．

1 資料と分析方法について

本章では，現役陸軍軍人（将校及び同相当官）の名簿である『陸軍現役将校同相当官実役停年名簿』を基礎資料とした．同名簿は，陸軍省によって1875年以降（おそらく毎年）作成され，各年度における陸軍将校の実役停年（進級に必要な最低年限），各階級への任官年月，配属部署，出身地，族籍（士族か平民か）などを記録している．本章では，『実役停年名簿』1890，1894，1898，1903，1906，1908，1909，1911，1912各年版をもとに全軍医（現役・在職者）のべ7608件について，姓名・階級・配属部署の情報をデータベース化した．この個々の軍医の情報を，医師の人名録や各帝国大学・官公立医学専門学校の学校一覧，官報などと照合して，学歴その他の情報を補完した．このようにして作成したデータベースを，以下「明治期軍医データベース」とする．年度の取り方に精粗はあるが，日清・日露戦争をはさむおおよそ20年間

の中期的動向を抽出するには問題がない
と考える.

　このように名簿類からデータを集積し,
ある集団の構造を探究する手法は,歴史
学ではなじみ深いものである.経済史で
は,古くから数量分析は主要な研究方法
の位置を占めてきたし,本章と関連の深
い軍事史・医療社会史の分野でも,主流
とは言えないものの,いくつかの重要な
研究がなされてきた.たとえば,デジタ
ルヒューマニティーズという言葉がまだ
一般的でなかった1990年代,永井和は,
すでに『職員録』各年版等を用いて内閣
や高級官僚に占めた軍人のプレゼンスを
数量分析し,その方法論を「それ自体は
何も語っていないに等しい貧弱な情報量
しかもたぬ「史料」というよりは「デー
タ」を大量に集積し,それを分析するや
り方」と説明している[7].軍医と学歴とい
う本章の問題関心に近接する分野では,
軍事史研究において,『陸軍現役将校同
相当官実役停年名簿』による数量分析を
行った熊谷光久,堀茂,大江洋代らの論
考がある[8].しかし,明治期陸軍における
長州閥の展開や将校の専門職化を主たる
関心とするこれらの研究において,分析
の対象は兵科将校であり軍医は対象外と
なっている.

　後述のように,軍医の主な供給源は
――兵科将校が陸軍士官学校のような陸
軍の専門教育機関出身者によって充当さ
れたのとは異なり――民間の医師社会で
あったが,これについては,橋本鉱市が
『日本杏林要覧』(1909年刊)に掲載され
た医師を数量分析している[9].しかし,医
師社会全体で軍医になるものはごく少数
だったため[10],橋本論文でも軍医への言及
はほとんどない.専門的教育を受けた軍
医の形成,すなわち軍医の近代化・専門
職化については,先行研究において,陸
軍の近代化と医師の近代化の問題のはざ

まに置かれ,その独自の性格が検討され
ずにきたといえよう.

2　軍医のリクルートと学歴

　明治維新後の日本では,近代的国民軍
の創設とともに軍医制度の確立が喫緊の
課題となった.1873年の徴兵制実施に先
立ち,1871年に軍医を管轄する部署とし
て兵部省軍医寮が発足している.1872年
には,最初の軍医養成機関として,5年
制の軍医寮学舎が設けられた.翌1873年,
軍医寮学舎は軍医学校と改称された
(1888年に軍医の短期速成教育機関として設
置された(後期)軍医学校と区別するため,
前期軍医学校と呼ぶ).

　このように,陸軍は当初,(前期)軍
医学校という陸軍独自の専門教育機関に
よって軍医を養成しようとしたが,この
方針は間もなく放棄された.東京医学校
(東京帝国大学医科大学の前身)の整備に
ともない,同校の生徒から志願者を募る
方針に転換し,1877年に軍医学校は廃止
されたのである.このとき創設された陸
軍依託生徒の制度(卒業後に軍医となる
ことを条件とした給費制度)によって,東
京帝国大学医科大学が軍医の供給源と位
置づけられた(1893年,陸軍依託学生と改
称).

　では,東京帝大は軍医の供給を充たす
ことができたのだろうか.当局の認識で
は,明らかに不十分だった.たとえば,
1898年,石阪惟寛医務局長の稟申は,
「衛生部現役士官ノ補充ハ帝国大学医科
大学依託学生」で行うのが「現行補充条
例ノ精神」である.しかし「既往数年ノ
実験ニ拠レハ依託学生志願者ハ其員甚タ
多カラス到底要員ヲ満タスニ足」らず,
と述べている[11].

　このため,軍医の募集先は東京帝大以
外にも広げざるをえなかった.1883年に

114 第Ⅲ部 デジタルヒューマニティーズで人文知を拓く

は民間の志願者で「相当ノ資格」すなわち医術開業免状取得者に，5ヶ月間，軍陣医学の教育を施し軍医試補などに任官させることにした．1888年には，官公立医学専門学校からも依託生徒を採用して，(後期) 軍医学校で短期教育を受けさせ補充することにした[12]．ひと言で言えば，軍医の人材プールが一般の医師社会と接続されたのである．こうして，官立私立病院，大学などとともに，陸軍も民間医師の争奪に加わることになった．当時の陸軍省年報には，「凡ソ方今医術ニ秀タルモノハ官省競フテ之ヲ徴シ府県競フテ之ヲ聘シ殆ント野ニ医員ナキニ至レリ」[13]と記されている．

　それでは，当時，陸軍が軍医の人材を求めた医師社会はどのような構造をもっていたのか．多くの先行研究で指摘されているように[14]，明治期の医師社会には，帝国大学医科大学出身者—官公立医学専門学校出身者—医術開業試験及第者—旧医 (漢方医) という序列ができあがっていた．このうち，帝国大学医科大学と官公立医専の出身者が正規の医学教育機関で学び，卒業後は無試験で医師の資格を得ることができた．こうした学校に通うだけの資力のない者は，開業医のもとで修行したり予備校的学校に通ったりして医術開業試験 (1875年より実施) に及第することで医師の資格を得た．以上が西洋医学の修得者であったのに対して，江戸時代以来の旧医 (漢方医) がその下位にあった．従来開業していた者とその子弟 (従来開業医) や医師免許規則 (1883年) 以前から医術をもって官庁に出仕していた奉職履歴医などからなる．

　「明治期軍医データベース」においても，この4区分を採用している．同データベースでは，東京帝大医科大学・京都帝大医科大学・京都帝大福岡医学校 (後の九州帝大医科大学) 出身者 (医学士) に，少数の外国医学校出身者および先述の前期軍医学校修了生も含め「帝大」のタグ[15]をつけた．これに次ぐ位置にあった仙台・千葉・愛知・京都・大阪・岡山・長崎・鹿児島の官公立医学専門学校出身者 (得業士) については，東京大学医学部別課生も含め「官公立医専」のタグをつけた．医術開業試験に及第して医師の開業免許を得たグループを「試験及第」とした．最後に，従来開業医，奉職履歴医等を「旧医」に区分した．

　軍医集団のなかで「帝大」「官公立医専」「試験及第」「旧医」の4グループが，どのような階層構造をなし，日清・日露戦争を経てどのように変化したかをまとめた (図8-2)．

　図8-2によれば，日清・日露戦争期，軍医の学歴主義的階層構造には明らかな変化が生じている．「旧医」の減少，「試験及第」の減少，そしてその一方での「官公立医専」の急増，「帝大」の横ばいという傾向である．日清戦争前の1890年時点では，軍医の過半を占めたのは旧医や試験及第者だったが，日露戦後には，これらの層はほぼ淘汰され，官公立医専出身者が大部分を占めるとともに，帝大出身者も10%前後を占め続けたのである．

　専門的教育機関での修学を専門職化の条件と考えるならば，軍医の専門職化は日清戦争後から日露戦争期までには達成されていたといってよい．これは，陸軍全体の専門職化と歩調を合わせつつ実現されたといってよい．陸軍将校の大宗を占める歩兵科将校において，陸軍士官学校卒業生が陸軍官僚機構の中核を占めるのも日清戦後とされているからである[16]．他方で，明治日本の医師社会全体と比較すると，軍医集団において「学校出」が多数派になったのはかなり早かったと言ってよいだろう．図8-2の最終年度の1912年においては，大学卒業の占有率

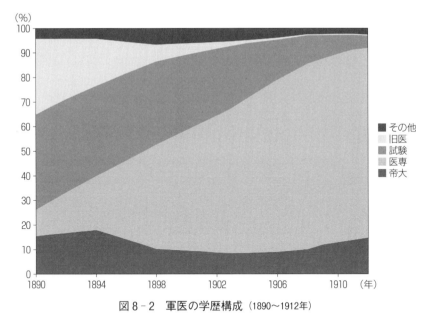

図8-2 軍医の学歴構成（1890～1912年）
出典：「明治期軍医データベース」より作成．本章，後掲の表8-2に原データと出典を記載．

は医師全体で7.5％，軍医では14.8％，官公立医専は医師全体で29.0％，軍医では76.8％である．[17] 軍医集団がいかに高学歴だったかが分かるだろう．従来，明治期の医師は「従来開業医と試験及第医が大半を占め，学校卒医や大卒医は極めて少数であった[18]」とされ，これをそのまま軍医集団の分析の前提とする傾向があったが，改める必要があろう．

なお，このように軍医集団が高学歴者を確保し，医師社会全体よりも早く専門職化を果たしえたのは，先行研究が示している日清戦後の軍医（志願者）へのさまざまなインセンティブ——依託学生・依託生徒の制度による学費の給付，後期軍医学校における教育システムの刷新，研究成果媒体の整備によるによるキャリアアップの実現欲求[19]——が作用した結果とみられる．ただ注意しなければならないのは，官公立医専卒業者と帝大出身者とでは，これらのインセンティブの有効

性はやや異なっていただろうという点である．医専卒業者についてはこれらが有効に働いたことが，前述した軍医集団における急増につながったと見られる．しかし，卒業後に軍医の道を選ばずともある程度の社会的成功は約束されていた帝大出身者の場合は必ずしもそうではない．東京帝大だけを取り出してみた場合，日露戦後の任官者は増えているとはいえ，官公立医専出身者のような爆発的な増加ではない（後掲表8-2参照）．にもかかわらず，帝大出身者が一定の比率を維持したのは，帝大の増加がかかわっていよう．京都帝国大学（1897年創設．医科大学の設置は1899年），京都帝国大学福岡医科大学（1903年設置）などの創設によって，供給母体の帝大自体が増えたのである．「明治期軍医データベース」によれば1906年より京都帝大出身軍医，1908年より京都帝大福岡医科大学出身軍医が現れている（後掲表8-2参照）．

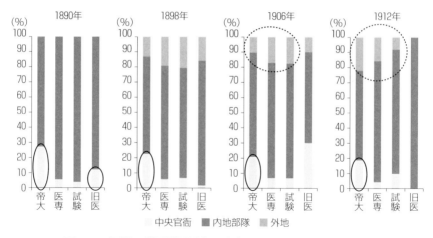

図8-3 軍医の学歴別配属先の分布（1890, 1898, 1906, 1912年）
注：「その他・不明」は省略した．
出典：「明治期軍医データベース」より作成．本章，後掲の表8-3に原データを記載．

3 軍医の配属

軍医の学歴と配属先の間にはどのような関係が見られたのだろうか．軍医の配属先を大きく三つに分けて分析し，学歴別にそれぞれの配属先に振り分けられた比率を算出した．

「中央官衙」は，陸軍省医務局の課員や（後期）軍医学校あるいは陸軍士官学校・同幼年学校・同戸山学校などの各学校教官といったポストである．「内地部隊」は，内地の各師団におかれた軍医部や衛戍病院および隊附などの配属ポストである．「外地」は，日清戦後に領有した台湾，義和団事件以降北京・天津に置かれた清国駐屯軍，日露戦後に領有した樺太，租借地となった関東州，1905年に保護国化，1910年に植民地化した韓国・朝鮮を指し，それぞれに設けられた軍医部や衛戍病院，隊附きのポストが含まれる（配属先の細目と配属人員数は後掲表8-3を参照）．

煩雑を避けるために，図8-3では，1890年，1894年，1906年，1912年4年分のみを取りあげる．これによれば，どの学歴層でも「内地部隊」に配属された者が高い割合を示している．軍医が，隊附，衛戍病院勤務によって将兵の健康管理を担う現業部門である以上，当然のことではある．

しかし，「内地部隊」以外の配属先に目を向けると，学歴による配属傾向の違いも認められる．

「中央官衙」については，日清戦争以前（図8-3では1890年）は「帝大」と「旧医」の配属割合が高いが，次第に「帝大」のみが高い割合で配属されるようになる（実線の丸囲み部分）．すなわち，日清戦争以前は陸軍省を中心とする中央官衙には，ベテランの「旧医」と最先端の学術を学んだ東京帝大出身者が配属される率が高かったが，「旧医」が淘汰されるにつれ「帝大」出身者が中央官衙の中心的位置を占めていくという傾向が読みとれる[20]．後掲表8-3を見れば分かるように，特に陸軍省医務局の局長や課員といった行政ポスト，軍医学校教官，大

学院派遣，外国駐在（留学）など次世代養成のためのポストは帝大出身者によって占められていた．

また，「外地」についても興味深い傾向を読みとることができる．図8-3で1906年と1912年の「外地」に配属された割合を読みとると，1906年においては帝大＜官公立医専＜試験及第であるのに対し，1912年では帝大＞官公立医専＞試験及第の順になっている（図8-3の点線の丸囲み部分）．いわば学歴の低い者を優先的に「外地」に送る方針だったのが，日露戦後のある時点から逆転している様相が見てとれる．さらに，後掲表8-3から見てとれるのは，「外地」のなかでも，このような配属傾向には地域差があったという点である．清国（C-①）・台湾（C-②～④）・樺太（C-⑤）では必ずしも目立った変化はないものの，対照的に関東州（C-⑥～⑩）では5.9％（1906年）→32.4％（1912年），韓国・朝鮮（C-⑪～⑰）でも3.5％（1906年）→10.3％（1912年）と，帝大出身軍医の配属率が飛躍的に伸びている．両地域で帝大出身者の比率が急増している部署は，関東州の衛戍病院（C-⑦）および満鉄系の大連病院（C-⑨），韓国・朝鮮では大韓医院・朝鮮総督府医院・道慈恵医院（C-⑰）である．

データの数量分析ではこうした傾向までは明らかにできるが，その背後にあった政策的意図までは読みとれない．この点を本章冒頭で紹介した『佐藤恒丸関係文書』を含む史料によって補完しておこう．

「外地」，特に関東州や韓国・朝鮮の病院に帝大出身の軍医が送りこまれるようになったのは，1907年11月に軍医のトップである陸軍省医務局長に就任した森林太郎（森鷗外）の人事政策による．森の前任医務局長である小池正直は人事政策の変化を察知し，1909年頃から不満を漏らしていた．1909年8月に小池が佐藤恒丸に宛てた書簡では，小池が医務局長の時代に東大出身者を陸軍衛生部の中心に据えて引退したにもかかわらず，森局長が「小生在職中ニ信任シタル者ヲ悉ク海外ニ逐ヒ」だしており，このような「逆戻ノ勢」に東大系高級軍医は皆「憤慨」している，と伝えている[21]．

この後も，大韓医院（1907年に設立された大韓帝国の官立中央病院．日本人が主要ポストを握っていた）への東大出身軍医の導入をめぐって，小池と森は対立している．森が韓国「併合」直前に寺内正毅陸相兼韓国統監に送った大韓医院人事案では，主要な役職の半分を東大系軍医で充当する案を提示している[22]．朝鮮植民地期初期は陸軍中心の「武断政治」が行われ官立病院にも軍医が配置されたことが知られているが，森はその一環として高学歴軍医を送りこむプランを用意したのである．

他方，同じ頃，森は別の意見書で，「現時我陸軍々医ノ教育ニ於テ最遺憾トスルハ技術ノ習熟足ラザルニ在リ」として，大学出の軍医が「実地ノ錬磨」をするための病院も足りない，と述べていた[23]．森医務局長は，帝国の最前線に優秀な軍医を送ることで朝鮮の「武断政治」の準備の一端を担うとともに，東大出身軍医に実地経験を積ませることも狙っていたのではないかと考えられる[24]．

おわりに

明治後半期における帝国の拡張のなかで，陸軍衛生部は，軍医の量的拡充とともに専門的医学教育を受けた人材を確保する質的向上の必要に迫られていた．本章では，その様相を明らかにするため，1890～1912年の軍医7608件からなる「明

治期軍医データベース」の分析により，当時期の軍医の学歴構成と配置状況について基礎的考察を行った．

　その結果，第一に，人材供給源が一般医師社会と接続していた軍医集団においては，日露戦後までに，旧医・医術開業試験及第者に置きかわるかたちで，官公立医専出身者・帝大出身者が多数を占めるようになったことが明らかになった．また，第二に，高学歴の帝大出身軍医は中央官衙に配置される割合が比較的高かったが，日露戦後には「外地」への配属も増加したことも示した．

注

1）国際日本文化研究センターが整理し現在公開している『佐藤恒丸関係文書』（一部未整理）は，書簡約1900点，葉書約1100点，書類80点余りを中核とし，時期的には，佐藤の東京帝大大学院時代から引退後まで，ほぼ全生涯に及んでいる．陸軍衛生部首脳の佐藤宛書簡が質量とも充実しており，森林太郎，石黒忠悳，小池正直らの書簡が含まれる．また，入沢達吉，賀屋隆吉，志賀潔のような大学関係者・医学者の書簡も多い．以下のウェッブサイトを参照されたい〈https://toshonin.nichibun.ac.jp/webopac/BB10556069〉．

2）佐藤の経歴については，松田利彦「佐藤恒丸と森鷗外」石川肇・林正子・松田利彦編『新発見書簡で読み解く 軍医森鷗外 後輩軍医佐藤恒丸に問う海外情勢』法蔵館，2024年，参照．

3）軍医制度の創設過程については以下の研究を参照した．坂本秀次「明治の陸軍軍医学校──校長石黒忠悳，教官森林太郎」『医学史研究』61，1988年，西岡香織「日本陸軍における軍医制度の成立」『軍事史学』26(1)，1990年，黒澤嘉幸「明治初期の陸軍軍医学校」『日本歴史学雑誌』第47巻第1号，2001年，同前「明治初期の陸軍軍医学校の卒業生」同前，47(2)，2001年，熊谷光久「明治期陸軍軍医の養成・補充制度」『軍事史学』46(2)，2010年．

4）加藤真生「明治期日本陸軍衛生部の補充・教育制度の社会史」『専修史学』74，2023年．

5）1875年8月に各科の上長官士官実役停年名簿が作成された．その後，同年12月に「停年名簿編纂概則」が制定されたことで同概則に則った実役停年名簿の作成が行われるようになった（「実役停年名簿改正」1876年1月17日．アジア歴史資料センター Ref.A24011245100，太政類典・第二編・明治四年～明治十年・第二百八巻・兵制七・武官制七（国立公文書館），2024年7月15日閲覧）．

6）横井寛編『内務省免許全国医師薬舗産婆一覧』英蘭堂，1882，1884年，山口力之助編『帝国医籍宝鑑』南江堂，1898年，日本杏林社編刊『日本杏林要覧』1909年，医事時論社編刊『日本医籍録』各年版，1926年～など．いずれも「国会図書館デジタルコレクション」〈https://dl.ndl.go.jp/〉でデジタル化され公開されている．また，「アジア歴史資料センター」〈https://www.jacar.go.jp/〉，「韓国学資料統合プラットフォーム」〈https://kdp.aks.ac.kr/〉などからも適宜情報を得た．

7）永井和『近代日本の軍部と政治』思文閣出版，1993年，p.414.

8）熊谷光久『日本軍の人的制度と問題点の研究』国書刊行会，1994年，第三章，堀茂「「長閥」の数値的実態に関する一考察──「二葉会」による長州人陸大入学阻止について」『軍事史学』43(1)，2007年，大江洋代『明治期日本の陸軍──官僚制と国民軍の形成』，東京大学出版会，2018年，第四，五章．

9）橋本鉱市「近代日本における医師社会の階層的構造──『日本杏林要覧』（M42）による実証的分析」『放送教育開発センター研究紀要』7，1992年．

10）たとえば，1912年時点での日本（「内地」のみ）の医師全体の数は4万88人，軍医の数は1185人だった（内務省衛生局編刊『衛生局年報』明治45年・大正元年版，1914年，p.137，および本章，後掲表8-1）．

11）陸軍軍医団編刊『陸軍衛生制度史』1913年，p.291.

12）熊谷，前掲「明治期陸軍軍医の養成・補充制度」pp.34-36.

13）『陸軍省第三年報』1878年，p.144.

14）橋本，前掲「近代日本における医師社会の階層的構造」のほか，川上武『現代日本医療史──開業医制の変遷』勁草書房，1965年，pp.38-44，厚生省医務局編『医制百年史』ぎょうせい，1976年，pp.61-80，猪飼周平『病院の世紀の理論』有斐閣，2010年，pp.69-78など．

15）陸軍衛生部では「右大学［東京医学校］医

学部ハ軍医学校［前期軍医学校］同様ノ者ト見做」すとしていたことによる（陸軍軍医団編, 前掲『陸軍衛生制度史』p. 271）.

16）大江, 前掲『明治期日本の陸軍』, 第五章.

17）医師全体の数字は, 内務省衛生局編, 前掲『衛生局年報』明治45年・大正元年版, p. 137より算出. 軍医の数字は後掲表8-2より算出.

18）加藤, 前掲「明治期日本陸軍衛生部の補充・教育制度の社会史」, p. 5.

19）加藤, 前掲「明治期日本陸軍衛生部の補充・教育制度の社会史」, pp. 10-32.

20）図8-3では, 1906年のグラフにおいても, 「旧医」が高い割合で「中央官衙」に配属されているように見えるが, 実際には同年の「旧医」はわずか10名（軍医全体の0.9%）に過ぎないのでネグリジブルである.

21）小池正直発佐藤恒丸宛書簡, 1909年8月28日（『佐藤恒丸関係文書』74-13）. 小池が森の人事政策を批判した書簡は, この書簡以外にも『佐藤恒丸関係文書』中に確認される. 松田利彦「森林太郎陸軍省医務局長の人事政策⑴──佐藤恒丸宛小池正直書簡を中心に」『鷗外』113, 2023年では小池書簡6通を部分的に翻刻し紹介しているので, 詳細はそちらを参照されたい.

22）寺内正毅宛森林太郎書簡, 1910年8月8日（『寺内正毅関係文書』171-1, 国会図書館憲政資料室所蔵）. 松田利彦「森林太郎陸軍省医務局長の人事政策⑵──帝国大学出身軍医の「外地」への配置と大韓医院の人事構想を中心に」『鷗外』114, 2024年, pp. 13-17, 参照.

23）森林太郎「済生会救療事業実施案」1911年か, 『鷗外全集』第34巻, 岩波書店, 1989年, p. 622.

24）詳細は, 松田, 前掲「森林太郎陸軍省医務局長の人事政策⑵」pp. 10-12, 参照.

表8-1　戦前日本の陸軍軍医数の推移（1875〜1944年）

年	月　日	軍医総監	軍医監	一等軍医正	二等軍医正	三等軍医正	一等軍医	二等軍医	三等軍医	軍医副	軍医補	軍医試補	計	出　典
1875	7月1日	1	2	2	13		13			20	19		70	陸軍省第一年報（1876年）
1876	6月30日	1	2	2	10		10			7	18		50	
1878	6月30日	1	2	8	5		21			16	24		77	陸軍省第四年報（1879年）
1879	6月30日	1	4	6	7		26			24	56	14	138	
1880	6月30日	2	4	7	6		28			25	53	5	130	陸軍省第五年報（1880年）
1881	6月30日	2	5	4	21		60				85	4	181	陸軍省第六年報（1881年）
1882	6月30日	2	5	4	25		60			66	59	6	227	陸軍省第七年報（1882年）
1883	6月30日	1	4	7	22		64	83	40			9	230	陸軍省第八年報（1883年）
1883	12月31日	1	4	6	27		57	83	51			24	253	陸軍省第九年報（1883年）
1884	12月31日	1	4	10	25		70	83	62			54	309	陸軍省第十年報（1884年）
1885	12月31日	2	4	10	29		86	68	148				347	陸軍省第十一年報（1885年）
1886	12月31日	2	5	7	36		98	42	180				370	陸軍省第十二年報（1886年）
1887	12月31日	2	5	6	34		88	85	120				340	陸軍省第1回統計年報（1887年）
1888	12月31日	2	4	5	33		81	72	112				309	陸軍省第2回統計年報（1888年）
1889	12月31日	2	3	6	32		104	75	81				303	陸軍省第3回統計年報（1889年）
1890	12月31日	1	4	4	35		109	75	71				299	陸軍省第4回統計年報（1890年）
1891	12月31日	1	4	11	34		133	81	62				326	陸軍省第5回統計年報（1891年）
1892	12月31日	1	6	10	34		142	84	60				337	陸軍省第6回統計年報（1892年）
1893	12月31日	1	4	13	31		130	92	55				326	陸軍省第7回統計年報（1893年）
1894	12月31日	2	4	15	30		158	83	341				633	陸軍省第8回統計年報（1894年）
1895	12月31日	3	13	16	30		192	58	431				743	陸軍省第9回統計年報（1895年）
1896	12月31日	2	9	15	62		155	63	317				623	陸軍省第10回統計年報（1896年）
1897	12月31日	0	2	10	15	68	159	18	195				467	陸軍省第11回統計年報（1897年）
1898	12月31日	0	3	9	19	58	144	267	206				706	陸軍省第12回統計年報（1898年）
1899	12月31日	0	4	10	17	57	173	295	159				715	陸軍省第13回統計年報（1899年）
1900	12月31日	0	4	10	17	71	290	178	167				737	陸軍省第14回統計年報（1900年）
1901	12月31日	0	4	10	18	69	307	179	135				722	陸軍省第15回統計年報（1901年）
1902	12月31日	0	4	10	18	74	301	182	123				712	陸軍省第16回統計年報（1902年）
1903	12月31日	0	4	9	23	68	305	188	115				712	陸軍省第17回統計年報（1903年）
1906	12月31日	1	4	13	32	128	363	198	272				1,011	陸軍省第18回統計年報（1906年）
1907	12月31日	1	4	19	35	104	401	229	194				987	陸軍省第19回統計年報（1907年）
1908	7月1日	1	6	17	37	109	382	260	234				1,046	実役停年名簿 M41
1909	7月1日	1	7	18	49	102	389	282	235				1,083	実役停年名簿 M42
1911	7月1日	1	7	18	49	102	389	282	235				1,083	実役停年名簿 M44
1912	7月1日	1	9	19	40	121	451	287	257				1,185	実役停年名簿 M45
1914	7月1日	2	9	23	39	125	473	279	281				1,231	実役停年名簿 T3
1917	9月1日	3	11	21	43	129	479	375	202				1,263	実役停年名簿 T6
1918	9月1日	3	12	21	47	131	483	368	187				1,252	実役停年名簿 T7
1919	9月1日	2	8	24	52	134	494	349	172				1,237	実役停年名簿 T8
1920	9月1日	2	11	27	54	146	484	328	163				1,215	実役停年名簿 T9
1922	9月1日	3	12	34	68	143	498	226	275				1,259	実役停年名簿 T11
1923	9月1日	3	9	41	53	145	455	188	203				1,097	実役停年名簿 T12
1924	9月1日	3	15	43	71	229	362	185	195				1,103	実役停年名簿 T13
1925	9月1日	4	14	47	66	202	329	259	145				1,066	実役停年名簿 T14
1926	9月1日	3	13	50	80	181	340	214	119				1,000	実役停年名簿 T15
1927	9月1日	2	13	55	79	180	371	252	79				1,031	実役停年名簿 S2
1928	9月1日	1	16	54	86	185	334	288	63				1,027	実役停年名簿 S3
1929	9月1日	0	16	54	92	192	326	282	65				1,027	実役停年名簿 S4
1930	9月1日	1	18	47	94	194	309	298	61				1,022	実役停年名簿 S5
1931	9月1日	2	17	47	94	194	325	303	55				1,037	実役停年名簿 S6
1932	9月1日	2	18	47	90	197	329	325	52				1,060	実役停年名簿 S7
1933	9月1日	3	17	44	96	205	347	450	97				1,259	実役停年名簿 S8
1934	9月1日	1	16	44	96	219	402	390	97				1,234	実役停年名簿 S9
1935	9月1日	2	13	48	101	229	428	410	97				1,328	実役停年名簿 S10
1936	9月1日	3	13	54	127	239	437	437	102				1,412	実役停年名簿 S11
		軍医中将	軍医少将	軍医大佐	軍医中佐	軍医少佐	軍医大尉	軍医中尉	軍医少尉					
1944	9月1日			200	343	929	740	1,508	651				4,371	実役停年名簿 S19

注1：表中，記載のない年度は上記資料が所在不明，または，資料に軍医の人数の記載がなかった年度である．

注2：1944年の軍医中将・軍医少将の数字は不明．

出典：陸軍省編『陸軍省年報』および後継誌『陸軍省統計年報』の各年版，同編『陸軍現役将校実役停年名簿』各年版．年度は表中「出典」欄に記載した（『陸軍現役将校実役停年名簿』明治41年版を「実役停年名簿 M41」のように略記した）．『陸軍省年報』・『陸軍省統計年報』と『陸軍現役将校実役停年名簿』の両方が揃っている年度では原則として前者を優先した．一部，秦郁彦編『日本陸海軍総合事典』東京大学出版会，1991年，古川利昭『帝国陸海軍将官同相当名簿―明治建軍から終戦まで』朝日新聞東京本社朝日出版サービス，1992年，等により数字を補った．

第8章　明治期日本における軍医と学歴　*121*

表8-2　学歴別の軍医数の推移（1890〜1912年）

本章での区分	出身母体		1890	1894	1898	1903	1906	1908	1909	1911	1912
帝　大	帝国大学（正課）	東　京	33	42	53	59	92	83	96	101	104
		京都（1899年医科大学開設）					1	15	22	31	37
		京都帝大福岡（1903年設置）						7	13	31	34
	外国医学校			2	1	1	3	2	2	1	1
	前期軍医学校（1877年廃止）		18	15	14	3	1				
官公立医専	東京帝国大学医学部別課（1888年卒業者をもって廃止）		24	24	29	17	15	9	5	3	2
	官公立医学専門学校	仙　台	2	7	31	53	92	104	108	132	137
		千　葉	2	7	42	86	146	157	169	188	188
		金　沢			8	19	36	82	97	103	114	112
		愛　知	1	4	26	61	117	107	107	116	107
		京　都		2	16	33	64	69	77	97	104
		大　阪		1	22	25	51	57	58	58	58
		岡　山	1	5	24	48	96	104	113	118	125
		長　崎		8	36	48	64	64	66	71	66
		鹿児島（1907年県立化）							1	1	2
		その他	5	5	17	17	16	13	13	8	7
		不　明			10	7	9	6	6	3	4
試験及第	医術開業試験及第		127	119	221	189	177	124	107	75	61
旧　医	奉職履歴医		46	34	21	3	2				
	従来開業医		6	5	8	7	6	3	3	3	3
	その他旧医		47	24	17	3	2	1	1	1	1
その他・不明	私立医学校		2	2	11	9	10	5	6	5	8
	その他（陸軍地方幼年学校，海軍医学校など）				1	1	1	1	2	2
	不　明		12	11	31	27	28	17	17	17	22
計			326	325	649	733	1,075	1,045	1,094	1,176	1,185

注1：斜線のセルは当該学校が設置されていないことを示す．空欄はナルを示す．

注2：「出身母体」のうち，「官公立医専」に「東京帝国大学医学部別課」を便宜上含めた．

注3：仙台，千葉，金沢……の官公立医専には，前身の高等中学校医学部，高等学校医学部などを含む．たとえば，「千葉」（医専）の欄の人数には，第一高等中学校医学部，第一高等学校医学部出身者も含まれている．

注4：「その他旧医」は医術開業試験実施（1884年）以前に軍医（軍医副，軍医試補含む）などで陸軍省に出仕していた者．奉職履歴医・従来開業医の可能性もあるが確認できないため「その他旧医」とした．

注5：「私立医学校」はもともと無試験医師免許授与の特権がなく官公立医専と区別されていたが，1905年の東京慈恵医院医学専門学校が無試験免状授与の対象となり位置づけが変わるので，本表では「その他」扱いとした．

注6：複数の項目に該当する者が少数いるが，以下のようにダブルカウントはせずいずれかの項目でカウントした．

1890年：①「東京帝大別科卒」には別科卒業後に医術開業試験に及第した者（「試験及第」）1名を含む．こちらは「試験及第」にはカウントしていない（以下同様）．②「前期医学校」に前期医学校卒業後，「奉職履歴医」の資格を与えられた者2名を含む．

1894年：①「東大別科」に「試験及第」1名含む．②「私立医学校」に軍医試補（「その他旧医」に該当）1名含む．③「前期軍医学校」に前期医学校卒業後，「奉職履歴医」の資格を与えられた者2名を含む．

1898年：①「東大別科」に「試験及第」1名含む．②「前期軍医学校」に前期医学校卒業後，「奉職履歴医」の資格を与えられた者2名を含む．

1903年：①「東大別科」に「試験及第」1名含む．②「前期軍医学校」に前期医学校卒業後，「奉職履歴医」の資格を与えられた者1名を含む．

出典：陸軍省編『陸軍現役将校及同相当官実役停年名簿』各年版より抽出した軍医将校相当官の経歴を，横井寛編『内務省免許全国医師薬舗産婆一覧』英蘭堂，1882，1884年，山口力之助編『帝国医籍宝鑑』南江堂，1898年，日本杏林社編刊『日本杏林要覧』1909年，医事時論社編刊『日本医籍録』各年版，1926年〜，および各帝国大学・医学専門学校の学校一覧，同窓会雑誌などにより調査し作成した「明治期軍医データベース」による．

表8-3　学歴別の軍医の配属状況の

年　配属部署	1890						1894						1898						1903					
	帝大	医専	試験及第	旧医	その他不明	合計	帝大	医専	試験及第	旧医	その他不明	合計	帝大	医専	試験及第	旧医	その他不明	合計	帝大	医専	試験及第	旧医	その他不明	合計
A 中央官衙 陸軍省　A-①中央陸軍省　医務局	1	1	5			7		2	1		3	6	1	3	1		2	7	2	1	1		1	7
陸軍省　A-②中央陸軍省　軍医学校	6		1			7	3					3	5	1				6	6	2				8
陸軍省　A-③中央陸軍省　大学院							2					2	2					2	4					4
陸軍省　A-④中央　外国駐在	1					1	1		1			2	2					2	2	1				3
教育総監部　A-⑤中央　士官学校附		1				2			1			2	1	1				2	3					3
教育総監部　A-⑥中央　幼年学校附			1			1			1			1	2	1				3						
教育総監部　A-⑦中央　戸山学校附						3							2					2	1					1
参謀本部　A-⑧中央　陸軍大学校附														1				1		1				1
A-⑨中央　学校附（その他）	2		1	5		8	2		1	4		7	7					15						15
A-⑩中央　その他			1			2			1			1	4			4		8	5	4				9
B 内地部隊聯隊区等 各師団・聯隊区等　B-①内地部隊　司令部附													2	10	2	2		16						16
各師団・聯隊区等　B-②内地部隊　軍医部	4		1	11		16	3	2	2	9		16	4			20		24	7	19	12	2		40
各師団・聯隊区等　B-③内地部隊　病院	13	3	18	22	1	57	14	7	20	17	4	62	21	24	33	12	6	96	14	64	49	4	3	134
各師団・聯隊区等　B-④内地部隊　隊附	25	29	101	47	12	214	33	60	91	27	9	220	21	169	111	17	23	341	20	266	96	4	25	411
各師団・聯隊区等　B-⑤内地部隊　その他		1	6			7																		9
C 清国および「外地」 C-①外地　清国																			2	3	3		1	9
台湾　C-②外地　台湾　軍医部長（台湾陸軍軍医部長（兼台湾中央衛生会委員），同軍医部員，台湾総督府陸軍軍医部長同軍医部員，台湾守備混成旅団軍医部長）													2	5	2			9	1	1	1			3
台湾　C-③外地　台湾　衛戍病院（衛戍病院長（司令部附を兼職の者を含む），衛戍病院附）													6	23	16	3	3	51	5	27	5	1	3	41
台湾　C-④外地　台湾　その他（台湾歩兵聯隊附，台湾守備歩兵大隊附，同歩兵中隊附，同騎兵中隊附，同工兵中隊附，同砲兵中隊附，同野戦砲兵中隊附，同山砲中隊附，台湾陸軍補給廠，運輸部基隆支部々員，澎湖島要塞砲兵大隊附）													2	27	25	3	5	62		32	14	1	4	51
樺太　C-⑤外地　樺太（樺太守備隊司令部附，樺太守備隊軍医部，樺太衛戍病院長，樺太守備歩兵大隊附）																								
関東州　C-⑥外地　関東　軍医部（陸嶺部軍医部長，軍医部員）																								
関東州　C-⑦外地　関東　衛戍病院（鉄嶺・旅順・遼陽・衛戍病院長，（司令部附を兼職の衛戍病院長を含む），関東陸軍病院）																								
関東州　C-⑧外地　関東　都督府医院（関東都督府医院医員）※関東都督府医院は1908年10月設置																								
関東州　C-⑨外地　関東　満鉄大連病院（満鉄大連医院）※満鉄大連医院は1907年関東陸軍病院から移管																								
関東州　C-⑩外地　関東　その他（関東総督府附，関東軍馬補充所附，旅順要塞砲兵隊附，旅順重砲兵大隊附）																								
韓国・朝鮮　C-⑪外地　朝鮮　司令部附（韓国駐箚軍司令部附）※韓国駐箚軍司令部は1910年10月以降，朝鮮駐箚軍司令部と改称																								
韓国・朝鮮　C-⑫外地　朝鮮　軍医部（軍医部長，軍医部員）																								
韓国・朝鮮　C-⑬外地　朝鮮　衛戍病院（衛戍病院長，衛戍病院附）																								
韓国（朝鮮）駐箚軍・憲兵隊　C-⑭外地　朝鮮　派遣隊（臨時韓国派遣隊司令部附（臨時韓国派遣隊は1909年5月に制定，韓国併合後，臨時韓国（朝鮮）派遣隊），臨時韓国（朝鮮）派遣歩兵聯隊附）																								
韓国（朝鮮）駐箚軍・憲兵隊　C-⑮外地　朝鮮　憲兵隊（韓国（朝鮮）駐箚憲兵隊司令部附，憲兵隊附）※1910年5月韓国駐箚憲兵隊司令部が設置され，韓国併合後，朝鮮駐箚憲兵隊司令部と改称																								
韓国（朝鮮）駐箚軍・憲兵隊　C-⑯外地　朝鮮　その他（永興湾要塞砲兵隊附，鎮海湾重砲兵大隊附，馬山浦鉄道班附，陸軍運輸部仁川支部附，鉄道聯隊附）																								
大韓帝国・朝鮮総督府（1910年10月開庁）　C-⑰外地　朝鮮　官立医院（大韓医院，京畿医院，慈恵病院長，医員）																								
合計	51	35	127	99	14	326	59	71	119	63	13	325	68	272	221	46	42	649	63	431	189	13	37	733

推移（1890～1912年）

1906						1908						1909						1911						1912					
帝大	医専	試験及第	旧医	その他・不明	合計	帝大	医専	試験及第	旧医	その他・不明	合計	帝大	医専	試験及第	旧医	その他・不明	合計	帝大	医専	試験及第	旧医	その他・不明	合計	帝大	医専	試験及第	旧医	その他・不明	合計
2	2	5		2	11	4	6		1		11	6	5	3			14	10	3	2			15	7	3	1			11
7	5	2			14	11	7	2			20	9	9	2	1		21	12	7	2			21	14	5				19
4					4	7					7	8					8	7					7	5					5
2					2	2					2	3					3	2					2	1					1
3	1				4	2	3				5	1	3				4	1	3				4	1	3				4
2	1				3	5	1				6	2	4	1			7	1	5	1			7	1	5		1		7
1	2				3	2			1		3	2		1			3	1					3	1					3
	1				1		1				1				1		1				1		1				1		1
	4	1			5	2	3	1			5	1		4			5		2	5			7	5		1		1	7
2	35	3	1		41	1	15	6			22	4	13	7			24	3	18	7			28	3	15	4		2	24
6	2	3	1		12	1					1	1					1	1					1	1					1
8	33	6	2	2	51	3	37	14		2	56	3	40	12	1		57	5	43	6	2	1	57	3	45	7	2		57
33	103	43	1	6	186	16	118	31	3	4	172	17	161	35		4	217	24	163	26		8	221	26	175	21		9	231
20	433	82	2	25	562	37	494	51		14	596	56	486	32		16	591	63	526	23	2	12	626	74	509	22	2	18	625
			2		2										2		2										1		1
2	6	1			9	5	21	1			28	5	14	1			21	4	15			2	21	5	16			1	22
1		1	1		3	1		1			2	1		1			2						2						2
	14	6			20	1	11	3			15	2	14	2			18	4	15	2			21	4	12	2			18
	22	4			26		14	3			17	1	11	3			15		16	1			17	1	18	1			20
1	7	1		1	10		5				5		5				5		2				2		2				2
	5	1			6		4		1		5		2		1		3	1	2				3	1	2				3
5	26	7	1	1	40	3	14	4		1	22	4	13	2		1	20	9	14			1	24	4	18				22
												1					1	1	2				3	1	2				3
													2	2			4		3	2			5		2	2			4
	2	2	1		5		1				1		1				1		1				1		1				1
							11	1		1	13		9				9	1	18				19	2	17				19
1	1	1			3	1	1	1			3	1	1	1			3	1	1	1			3	1	1	1			3
1	38	8		1	48	2	13	2			17	4	10	1		1	16	3	15				18	4	15				19
													8	1			9		11	1			12		11				11
	3				3		4				4		4	1			5		5	1			6		6				6
	3				3		2				2		3				3		2				2		3				3
							1				1		1				1	6	10	2			18	12	18	1			31
97	752	177	10	39	1,075	107	787	124	4	23	1,045	133	826	107	4	24	1,094	164	909	75	4	24	1,176	176	912	61	4	32	1,185

124　第Ⅲ部　デジタルヒューマニティーズで人文知を拓く

注1：斜線は当該部署が設置されていないことを示す．空欄はナルを示す．
注2：配属部署の区分は，原資料（『陸軍現役将校同相当官実役停年名簿』）での表記と以下のように対応している．なお，同名簿で配
A-①中央陸軍省　医務局：（『陸軍現役将校同相当官実役停年名簿』での表記．以下同じ）医務局長，課長，課員，局附御用掛．
A-②中央陸軍省　軍医学校：軍医学校長，軍医学校教官，御用掛．
A-③中央陸軍省　大学院：東京帝国大学大学院入学，京都帝国大学大学院入学，九州帝国大学大学院入学，医務局大学院入学生．
A-④中央　　外国駐在：軍務局独国駐在，総務局独国駐在．
A-⑤中央　　士官学校附：士官学校附．
A-⑥中央　　幼年学校附：幼年学校附．
A-⑦中央　　戸山学校附：戸山学校附．
A-⑧中央　　陸軍大学校附：陸軍大学校附．
A-⑨中央　　学校附（その他）：野戦砲兵射撃学校附（及び教官．以下同じ），騎兵実施学校附，獣医学校附，砲工学校附，野戦砲兵射撃
A-⑩中央　　その他：砲兵工廠，臨時測図部附，陸軍病院船乗組，臨時電信部附，野戦鉄道提理部附，陸軍技術審査部御用掛，参謀本部
B-①内地部隊　司令部附：師団司令部附，聯隊区司令部附．
B-②内地部隊　軍医部：師団軍医部長，軍医部員，近衛軍医部，屯田兵軍医部．
B-③内地部隊　病院：衛成病院長，衛成病院附，予備病院長，予備病院附，赤十字病院．
B-④内地部隊　隊附：連隊附，中隊附，大隊附，憲兵隊附，気球隊附，電信隊附．
B-⑤内地部隊　その他：衛成監獄附．
C-①外地　清国　清国駐屯軍司令部附，清国駐屯軍病院長，駐屯歩兵附，北清派遣歩兵聯隊，独立守備隊，中清派遣患者収容班長．
C-②外地　台湾　軍医部：台湾陸軍軍医部長，同軍医部員，台湾総督府陸軍軍医部長，同軍医部員，台湾守備混成旅団軍医部．
C-③外地　台湾　衛成病院：衛成病院長，衛成病院附．
C-④外地　台湾　その他：台湾歩兵聯隊附，台湾守備歩兵大隊附，同歩兵中隊附，同騎兵中隊附，同工兵中隊附，同砲兵中隊附，同野
C-⑤外地　樺太　樺太守備隊司令部附，樺太守備隊軍医部，樺太衛成病院長，樺太守備歩兵大隊附．
C-⑥外地　関東　軍医部：陸軍部軍医部長，軍医部員
C-⑦外地　関東　衛成病院：鉄嶺・旅順・遼陽・衛成病院長，関東陸軍病院．
C-⑧外地　関東　都督府医院：関東都督府医院医員．※関東都督府医院は1908年10月設置
C-⑨外地　関東　満鉄大連病院：満鉄大連医院．※満鉄大連医院は1907年関東陸軍病院から移管
C-⑩外地　関東　その他：関東総督府附，関東軍馬補充所附，旅順要塞砲兵隊附，旅順重砲兵大隊附．
C-⑪外地　朝鮮　司令部附：韓国駐箚軍司令部附．※韓国駐箚軍司令部は1910年10月，朝鮮駐箚軍司令部と改称．
C-⑫外地　朝鮮　軍医部：韓国（朝鮮）駐箚軍軍医部長，軍医部員．
C-⑬外地　朝鮮　衛成病院：韓国（朝鮮）衛成病院長，衛成病院附．
C-⑭外地　朝鮮　派遣隊：臨時韓国派遣隊司令部附，臨時韓国（朝鮮）派遣歩兵聯隊附．※臨時韓国派遣隊は1909年5月に制定．韓国
C-⑮外地　朝鮮　憲兵隊：韓国（朝鮮）箚憲兵隊司令部附，憲兵隊附．※1910年5月韓国駐箚憲兵隊司令部が設置され，韓国併合後，
C-⑯外地　朝鮮　その他：永興湾要塞砲兵隊附，鎮海湾重砲兵大隊附，馬山浦鉄道班附，陸軍運輸部仁川支部附，鉄道聯隊附．
C-⑰外地　朝鮮　官立医院：大韓医院，朝鮮総督府医院長，医官，慈恵医院長，医員．
出典：表2に同じ．

第 8 章　明治期日本における軍医と学歴　*125*

属先が空欄になっているため，『職員録』等で配属を確認した場合もある．

学校附，砲兵射的学校教導中隊附，要塞砲兵射撃学校附，乗馬学校附，陸軍経理学校附，教導団．
附．

陸軍運輸部大連支部附，清国政府傭聘，北洋軍医学堂顧問，北洋医学堂教習．

戦砲兵中隊附，同山砲中隊附，台湾陸軍補給廠，運輸部基隆支部々員，澎湖島要塞砲兵大隊附．

併合後，臨時朝鮮派遣隊．
朝鮮駐箚憲兵隊司令部と改称．

第9章
韓国の新聞データにおける性偏向性

鄭　有珍（反町真寿美 訳）

はじめに

　本研究は，言語使用を通して性別指称語とその関連語を分析し，現代社会において性別概念がどのように言語によって表現されているかを探求することに重点を置いている．デジタル人文学は大規模なテキストデータを分析して人間の思考と文化的パターンを把握することに貢献しているが，本研究では計算的分析方法を活用し新聞記事の膨大なコーパスを分析することで，性別概念が社会的文脈でどのように現れているのかを把握しようとするものである．

　デジタル人文学は伝統的な人文学研究方法論を拡張し，大規模データ分析を通じて新たな洞察を提供する点で強みを持つ．本研究はこのような観点から性別指称語の社会的，文化的意味を分析し，性別間の言語的差異を解明すると同時に，言語が社会的役割とアイデンティティをどのように形成し反映するかを明らかにすることを目指している．デジタル人文学のアプローチは，大規模なテキスト分析を可能にすることで，現代社会における性別概念がどのように変化，発展しているかをより明確に理解する手助けとなる．

1　序　論

　人々が日常的な相互作用で使用する単語を分析すると，その単語に対する大衆のイメージと社会全般の姿を把握することができる[1]．本章では「男」と「女」といった性のアイデンティティを表す単語と，それらが文章でともに使用される単語の意味領域を分析し，性別指示名詞の社会的，文化的意味を探求することを目的としている．新聞は社会的な出来事を伝達するメディアであるため，新聞テキストを通じて単語を収集すれば，各性別名詞の社会的文脈をより容易に理解することができる．Finegan は言語の特性を通じて社会的な意味を把握できると主張している[2]．

　社会の構成員は年齢，性別，学歴など多様な基準で区別され，その中でも性別は主要な社会的カテゴリとして位置づけられている．特に「男，女」または「男性，女性」といった性別を表す名詞は，新聞記事で社会集団を説明する際によく使用される．英語では性を「sex」と「gender」に区別し，「gender」は生物学的な性と女性性／男性性といった社会的な性を区分する概念として発展した[3]．「sex」は生物学的な差異を，「gender」は心理的，社会的，文化的差異を反映し，「gender」は生涯を通じて学習された役割と責任によって形成される社会的概念として理解されている．

　既存の研究では，特定の性を描写する単語の分析や男性と女性の間のコミュニケーションおよび話法の違いに注目し[4]，それぞれが好む単語，感嘆詞，語尾，イ

ントネーション，語法などの音韻的，文
法的，語彙的，語用論的特性を研究して
きた[5]．ミン・ヒョンシクは特定の性に対
して使用される「対象語」と特定の性が
発話する「発話語」を区別し，対象語を
中心に多様な言語的層位を分類した[6]．

　また，性別指示語に関する研究も活発
に行われてきた．チョ・ナムミンは「계
집（女性の蔑称）」，「마누라（女房）」，「처
녀（処女）」等の女性指称語と「아주머니
（おばさん）」，「사모님（奥様）」，「아가씨
（お嬢さん）」などの女性呼称語の語彙的
形態と意味変化を考察し，女性の名称語
が男性の名称語よりさらに多様な方式で
細分化されると主張した[7]．この研究は，
女性の名称語の細分化が社会と文化から
女性に向けられる関心と重要性を反映し
ていると分析した．Holmes は女性が作
成した文書と男性が作成した文書を比較
して付加疑問文の使用様相を分析してい
る[8]．また，カン・ボムモは会話の状況で
の男女発話者の語彙的な差異を明らかに
した[9]．このようにさまざまな研究が男女
の言語使用を多角的に探ってきているが，
「男」と「女」といった性別を表す名詞
が具体的にどのような文脈で使用される
かに関する研究は相対的に不足している．

　本研究は性別指示名詞とともに使用さ
れる共起語（co-occurring word）を対象
に，各性別名詞の意味的特性を探求する
ことを目的としている．同一の単語で
あっても文脈，すなわちどのような単語
とともに使用されるかによってその意味
様相が異なる場合がある．例えば，韓国
語使用者は「끊다（切る）」という動詞
に接した時，ほとんどが物理的に何らか
の接続を断つ行為として理解し，そのイ
メージを思い浮かべるだろう．しかし文
脈が提供されれば，動詞「끊다」の正確
な意味をより明確に把握することができ
るようになる．

(1)

　a．ゴムひもを切った．（고무줄을 끊었
　　다.）

　b．健康のためにタバコをやめることに
　　した．（건강을 위해 담배를 끊기로 했
　　다.）

　c．帰京のためにあらかじめ切符を買っ
　　ておいた．（귀경을 위해 기차표를 미리
　　끊었다.）

　例文(1)で分かるように，この単語の具
体的な意味を理解するためには文脈が不
可欠である．動詞「끊다（切る）」はそ
れぞれ「つながっているものを切って
別々にする」，「習慣的に行っていたこと
をやめる」，「発行する」の三つの異なる
意味で使用されるが，文脈情報なしには
このような正確な意味を把握することが
できない．

　言語共同体（linguistic community）が
使う言語は社会の構造と文化を反映し，
それと同時に人々の思考と行動の形成に
も影響を及ぼす．したがって，性別によ
る役割の違いが言語使用を通じて確認で
きるものと期待されるのである．Spender
は言語が人間の本質を構成する世界を制
限すると主張した[10]．もちろん，このよう
な仮説に対する反対の見解も存在する．
また，関連語の分析を通じて性別指示名
詞が記事でどのような文脈やテーマで記
述されるのか，その特性を把握すること
ができる．さらに，性別名詞の関連語か
ら各性別の社会的役割や性別間の社会的
関係を把握することが可能である．

　本研究は，社会現象を反映する新聞記
事を通じて性別名詞がどのような意味で
記述されているかを探求することが目的
である．そのために性アイデンティティ
を表す名詞を選定し，該当名詞が文章内
で一緒に使用される関連語を抽出し，そ
れらを意味領域に分類することによって

性別グループ間の共通点と相違点を分析しようと考える．特に，2000年以降に発刊された新聞記事で性別に基づく社会的役割がどのように記述されているかを明らかにすることを試みる．

本章の構成は以下の通りである．第2節では，研究資料として使われた新聞コーパスの構成と，研究対象語に選定した男女の性別名詞およびその関連語について紹介する．第3節では，関連語の抽出方法を説明し，第4節では新聞コーパスから抽出された関連語を基に性別名詞間の違いと類似性を比較する．そのため，Gephi（ver.0.10）プログラムを使用してネットワークと関連語のリストを提示し，類義関係を持つ性別名詞（「男性，男」，「女性，女」）と対立関係にある性別名詞（「男性，女性」，「男，女」）を中心に，各性別集団の特性を議論する．最後に，第5節では性別名詞と関連した今後の研究の必要性と計画を提示する．

2 研究対象

(1) 新聞コーパス

多くの研究者たちは，特定の単語やカテゴリの使用様相を研究するためにコーパスを活用している．様々な種類の文語資料の中でも新聞は，韓国社会の日常を事実に基づいて正確に反映している．そのため，言語使用を観察して，社会で認識されたり描写されたりする性別の役割と性別に基づく社会的関心を研究するのに新聞記事は有用な資料になる．Bell は新聞やテレビのようなメディアの言語を研究しなければならない理由として，「メディアは人々の態度と言語使用を反映するだけでなく，同時にそれに影響を及ぼす」と指摘している[11]．つまり，新聞はその時代の読者が使用する言語で読者にメッセージを伝える媒体だということ

である[12]．したがって，本研究において性別名詞が日常でどのような意味を持つかを分析するのに，新聞記事は非常に適切な資料として活用可能である．

(2) 対象語と関連語

対象語：「男性」，「男」，「女性」，「女」

人間を指す名詞は対象の属性をきちんと反映しており，その中には特定の性に限定して使われる単語が存在する．例えば，「男／女」，「男性／女性」，「おじさん／おばさん」，「紳士／淑女」，「少年／少女」などがその例である．社会は人間を男性と女性に分ける多様な意味体系を発展させてきた．言語で性を表現する際には，文法的な一致と単語選択の制約がともない，特に単語選択は言語と社会の相互作用に影響を受け，時代や社会的変化に応じて大きな違いを見せる．

Lakoff は特定の性に関連する言語的現象を「男性語」と「女性語」に区分し，性別方言（genderlect）という用語で説明した[13]．性別方言はそれぞれの性別話者が固有に使う音韻的，文法的，語彙的特性を持つ言語を意味し，男性や女性を指す性別対象語と彼らが使う発話語に細分化することができる．本研究では，男性と女性を指す名詞を主な研究対象としている．ミン・ヒョンシクは性別対象語を各性別にのみ使われる語彙として定義し，それを指称語，描写語，関連語に区分した[14]．例えば，女性の指称語は「母」，「処女」，「海女」等があり，女性の描写語は「静粛だ」，「嫁ぐ」のような単語で構成される．

性別を表す名詞の中で最も頻繁に使われ，基本的かつ普遍的な単語は「男」，「女」，「男性」，「女性」である．これらの名詞は人々の集団を区分する最も基本的な分類手段として機能する．標準国語辞典の定義によれば，韓国語では「男性

第Ⅲ部　デジタルヒューマニティーズで人文知を拓く

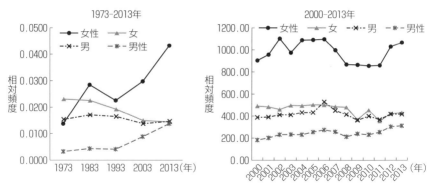

図9-1　性別名詞相対頻度推移

出典：筆者作成．

(남성)」や「女性(여성)」よりは「男(남자)」、「女(여자)」という表現の方が、より多くの社会的、文化的意味を内包している．そして新聞記事でこれらの単語が言及される頻度にも差異が存在する．全体の新聞記事で最も多く言及される性別名詞は「女性」で、その次に「女」＞「男」＞「男性」の順に現れる．こうした順序は、40年間の新聞記事に現れた推移を通じて確認することができる．そしてこうした趨勢は2000年代にも同じ傾向として現れる．

年度別使用様相を調べてみると、2000年以降「女性」は一貫して最も頻繁に使われる性別名詞として現れている．「男」は2006年と2011年にのみ「女」より少し多く言及された程度で、大部分の期間において「女」の方が頻繁に言及されている．これは「男／男性」より「女／女性」が社会的関心の中心にあることを示唆し、名詞の頻繁な言及は、そのテーマが社会的に重要なイシューとして扱われたことを意味する．このような言及が肯定的または否定的な文脈で行われたかどうかは、具体的なテキスト分析を通じて確認する必要がある．

また、「男、女、男性、女性」の他にも年齢や結婚をしているかしていないかによって性別の対立を示す多様な名詞が存在する．例えば、「少年、少女」または「おじさん、おばさん」などの名詞があり、「父親、母親」、「息子、娘」のような家族関係を表す親族名詞でも男女の対立が現れる．本研究ではこのような名詞の頻度、中義性、対立関係などを考慮し、「男性、女性、男、女」を主要な研究対象に選定し、これらが同一の文脈でともに現れる関連語を分析する．

意味領域の理解：関連語による文化的フレーム

対象語は本研究で分析の対象となる単語を意味し、関連語は対象語と文脈内で意味を持って一緒に出現する、つまり共起する単語として定義される[15]．関連語は、反意関係、類義関係、上下関係、部分―全体関係などの一般的な意味関係を越えることがある．例えば、「病院」の関連語としては、病院の全体―部分関係にあたる病院で働く人々（「医師、看護師」）や病院の建物の内部空間（「手術室、診療室」）が挙げられる．これに加えて、連想作用や経験と関連した概念も関連語と見なすことができる．つまり、「ある事

物と他の事物が物理的，認知的に同じ文脈に存在することによって，それを指し示す単語が互いに関連語関係を結ぶこと」であり，これは「同一の文脈で頻繁に一緒に現れる単語が一種の連語（collocation）[16]，つまり共起関係と定義される」ということである．

単語の意味は辞書に記録された状態で固定されるのではなく，社会で使われる文脈によって形成され，それは文化的体系を反映する[17]．例えば，人々が「日曜日」を「火曜日」より二倍多く言及する理由は「週末」についてより頻繁に話すためである．このような文脈において，「夜（night）」という名詞は「土曜日」や「金曜日」とより頻繁に連語（collocation）を形成するのに対し，「日曜日」は「夜」よりも「午後」とより頻繁に結びつけられる．文化とコミュニケーションに長けた話し手は，このような連語形成の可能性と文化的フレームまたは意味領域に対する理解を持っているという[18]．

意味領域は話者が世の中を経験し，それを概念化して認知する過程に基づいてカテゴライズされる[19]．このような意味領域は単語の意味を特定する機能を持つ．例えば，「crane」という単語は［動物］の領域と［建設］の領域でそれぞれ異なる意味を持つ[20]．同一の意味領域に属する単語は語彙的に関連しており，その関係は同じ文脈で頻繁に共に使われる連語，または関連語の類型であるか，系列的関係，すなわち上位語，下位語，部分語，全体語，反意語，類義語などで概念化された意味関係の類型として現れる．

Schmid は British National Corpus（BNC）を活用して男性と女性の口語を比較し，単語と連語の頻度を分析して性別によって偏りのある意味領域を提示した[21]．女性は衣服，色，家，食べ物，身体と健康，人間関係，時間表現と関連した単語を好む一方で，男性は悪口，交通，仕事，計算，スポーツ，社会問題，抽象的概念と関連する単語をより多く使用する．ミン・ヒョンシクは女性関連語を女性の生涯，結婚，出産，遊び，家事，用品などに区分し，外見，性格，行動と関連した単語を女性描写語として提示した[22]．このような関連語は，特定領域や下位分類と関連した単語が文書で共に現れることで，その特性を示すことができる．

本研究では SIL International が提示した，辞書が編纂されていない言語の辞書構築のための語彙知識構成に使われる意味領域リスト[23]に基づき，男性と女性の関連語の意味領域を分析することを目的とする[24]．このリストは現代アメリカ英語コーパス（Corpus of Contemporary American English, COCA）で最も頻繁に出現する2万個の単語を基に，9つの基本領域と172個の細部領域で構成されている．

(2) SIL Internation 意味領域の9個の基本領域

a．［宇宙，創造（Universe/Creation）］，［人（Person）］，［言語，思考（Language & Thought）］，

b．［社会行動（Social Behavior）］，［日常生活（Daily Life）］，［仕事，職業（Work & Occupation）］，

c．［物理的行動（Physical Actions）］，［状態（States）］，［文法（Grammar）］

本研究では性別名詞の関連語を分析し，対象語が属する意味領域がどのように形成され，性別間で共有されたり差を見せたりする具体的な関連語と意味領域の探求を試みる．これにより，性別名詞が言語的文脈でどのように文化的フレームを構成するかについて理解を深めることを目指している．分析に使用する意味領域は SIL International が提案した分類に基づいている．研究の第一段階として，

2000年から2013年までの14年間，新聞記事で性別名詞とともに使用された関連語を抽出した．その後，性別集団間の文化的フレームを比較するために，各対象語に独自に現れる排他的関連語と性別名詞間で共有される相互的関連語を比較分析した．それを通じて新聞記事で性別名詞が使われる文脈とその意味領域が性別に対してどのような文化的フレームを形成しているのかを明らかにしたい．

3　関連語抽出

　関連語とは，同一の文脈でともに現れる単語を意味する．本研究では，性別対立名詞の関連語を抽出するために，対象語や共起語（co-occurring word）情報を活用した．共起語は一つの文章で一緒に出現する単語を意味するが，単純に出現頻度が高い単語を指すわけではない．本研究は出現頻度の代わりに，単語間の相関関係を評価する統計的有意性指標であるt-スコアを使用して共起語のペアを抽出した．t-スコアは共起語の頻度と各単語の個別出現頻度を基盤に二つの単語間の関連性を測定する指標である．

　t-スコアは観測頻度と期待頻度に基づいて計算され，観測頻度は文章で対象語とともに現れる共起語の頻度を意味する．期待頻度は，全体コーパスの大きさ，共起語の全体頻度，そして対象語が出現する文章の語節数に基づいて算出される．t-スコアは高頻度語彙と低頻度語彙間の関連性を区分して共起語を抽出するのに有用であり，単純な頻度よりも共起語の関連性をより正確に評価することができる[25]．したがって，t-スコアが高いということは，該当する対象語と共起語との関係がより高い関連性を持つということを意味し，それは相対的な有意性を反映する．本研究では関連語を対象語と同じ文章で有意にともに出現する共起語と定義し，これを基に関連語を選定した．

4　性別名詞と関連語

　この節では，性別対立を表す基本名詞である「男性」，「女性」，「男」，「女」の関連語を分析し，各対象語の意味とこれらの間で共有される意味特性を考察する．そのために，各対象語と同一の文章に現れる関連語の中で有意性指数（t-スコア）が高い上位100個を抽出し，それらが対象語と共に現れるのか，または独立して現れるのかを観察する．

（1）　**意味が類似した性別名詞の関連語**
　「男性」と「男」は意味素性（semantic feature）分析および意味関係の側面で類義関係を持つ名詞である．二つの単語とも［＋MALE，＋HUMAN］という特性を共有しているが，「男性」は「成人した男」を意味する反面，「男」はより包括的な意味を持つ．しかし「男性」と「男」という対象語に対してそれぞれ100個の関連語を分析した結果，「女性，男女，結婚，年齢，女，着る，性，中年，自分，若い，妻」など11個の単語だけが二つの対象語間の相互関連語として現れた．観察対象となる関連語の数が増加すれば相互関連語の数も増加する可能性があるが，それら有意な関係がある対象語が共有する関連語は全体の約5.82％に過ぎないことが分かった．

（3）「男性」と「男」の相互的関連語の意味領域 I
　a．［人（Person）］＞［人生（Life）］：女性，
　　　男女，結婚，女，性，妻[26]
　b．［日常生活（Daily life）］＞［衣類（Clothing）］：着る（動詞）
　c．［状態（State）］＞［時間（Time）］：年

第9章 韓国の新聞データにおける性偏向性 *133*

表9-1 「男性」と「男」の関連語の比率

対象語（比率）	相互的関連語 (11.73%)	排他的関連語 (88.27%)
頻度	21	158

出典：筆者作成．

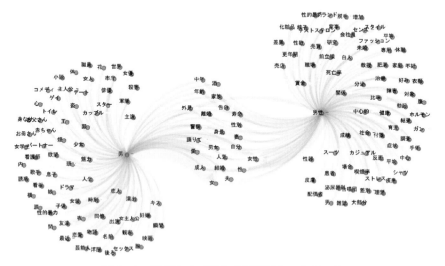

図9-2 「男性」と「男」の関連語ネットワーク

出典：筆者作成．

齢，若い（形容詞），中年

「男性」と「男」それぞれに現れる排他的関連語を分析した結果，新聞記事で「男」は主に［社会行動］＞［スポーツ（Sports）］と関連した主題で頻繁に言及されるのに対して，「男性」は［身体］，［人生］，［衣類］，［装飾］のような生物学的意味だけでなく，［関係］と［法］のような社会的役割や関心事と関連したテーマでより頻繁に登場することが分かった．

(4)「男性」の排他的関連語
a．［人（Person）］＞［身体（Body）］：ホルモン，皮膚，外見，健康，
［人］＞［人生（Life）］：男，性別，成人……

b．［社会活動（Social behavior）］＞［関係（Relationship）］：友達……
［社会活動］＞［社会活動（Social activity)］：社会……
［社会活動］＞［法（Law）］：調査，…

c．［日常生活（Daily life）］＞［衣料（Clothing）］：スーツ，ファッション，衣料，カジュアル，シャツ……
［日常生活］＞［飾り付け（Adornment)］：化粧品，スタイル……

d．［状態（State）］＞［量（Quantity）］：平均，理想，差異……

e．［文法（Grammar)］＞［一般単語（General words)］：の場合
［文法］＞［関連（Connected with, related)］：結果……

表9-2 「女性」と「女」の関連語

対象語 (比率)	相互的関連語 (7.53%)	排他的関連語 (92.47%)
頻 度	14	172
女 性	J／若い，性的暴行，離婚，結婚，性別，男性，性別，男性，愛，夫，妊，男女，V／着る，V／生きる	団体，社会，家族，売買，比率，移住，最初，出産，人権，差別，運動，職場，センター，人材，家庭，ホルモン，連合，活動，労働者，育児，暴力，就職，参加，平等，政策，女，中年，女性部……
女		友達，子供，女性，／きれい，物語，ドラマ，V／出会う，愛，視聴，V／付き合う，V／好き，家，年齢，トイレ，映画，夏，V／生きる，妻，初めて，J／若い，首，芸能人，お母さん，恋愛，V／着る，自分V／別れる，パートナー……

出典：筆者作成.

「男」の場合，上位圏にある関連語の大部分がスポーツに関連しているため，それを除き，対象語別に100個の関連語を抽出した結果は次の通りである.

これは新聞記事で「男／男性」という性別が［人］の意味領域に属する性別や結婚関連の話題，性と関連した社会問題，年齢と関連する事項などを中心に記述されていることを示唆している．特に，対象語として「男性」は「社会，比率，理想，結果，場合，調査，平均」などのような社会的現象に言及する［社会行動］および［状態］に関連する語彙がよく登場する一方で，「男」は「友達，愛，主人公，子供，映画」などの日常的な話題を扱う［人］＞［親族関係（Kinship）］［言語と考え］＞［コミュニケーション（Communication）］で，より頻繁に使用される傾向がある.

「女性」と「女」も成分分析上の類義語で，類似した意味関係を持つが，相互的関連語は「男性」と「男」の場合より少なく現れている．特に，新聞記事において「女」の関連語もやはり主にスポーツに関連した単語が多く見られ，スポーツ関連語を除いた場合，次のような分布

を確認することができる.

スポーツを排除する場合，［人生］の領域に属する単語の数がスポーツを含む場合より増加しただけでなく，［感情］，［日常生活］，［状態］のカテゴリ単語も新たに編入された.

(5)「女性」と「女」の相互的関連語の意味領域
　a．［人］＞［人生］：性的暴行，離婚，結婚，性，男性，性別，男性，妊娠，男女，産む（動詞）
　b．［言語と思考］＞［感情（Emotion）］：愛
　c．［社会行動］＞［関係］：夫
　d．［日常生活］＞［衣類］：着る
　e．［状態］＞［時間］：若い

上記の例からも分かるように，［人生］の領域に属する「離婚」，「結婚」，「妊娠」，「出産」などの相互的関連語は，新聞記事において「女／女性」という性別がどのような関心事として扱われるのかを推測する手がかりを提供する．また，「女性」と「女」それぞれの排他的関連語が属する意味領域は，以下のように現れる.

第9章 韓国の新聞データにおける性偏向性 135

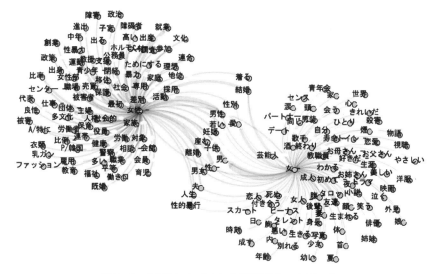

図9-3 「女性」と「女」の関連語ネットワーク
出典：筆者作成．

(6)「女性」の排他的関連語の意味領域
 a．［人］＞［身体］：ホルモン……
   ［人］＞［暮らし］：家族，出産，家庭，ホルモン，妊娠，育児，保育……
 b．［社会行動］＞［社会活動］：団体，社会，センター，活動，連合，参加，支援……
   ［社会行動］＞［社政］：政策……
   ［社会行動］＞［法］：人権，差別，平等……
   ［社会行動］＞［葛藤（4.8Conflict）］：暴力……
 c．［仕事と職業］＞［仕事］：人材，労働者，職場，就職……
 d．［物理的行動］＞［移動］：移住……
 e．［状態］＞［量］：比率……

(7)「女」の排他的関連語の意味領域
 a．［人］＞［身体］：首……
   ［人］＞［感覚］：きれいだ（形容詞）……
   ［人］＞［人生］：女性，生きる，恋愛……
 b．［言語と思考］＞［感情］：好きだ……
   ［言語と思考］＞［疎通］：物語，ドラマ，映画……
 c．［社会行動］＞［関係］：子供，妻，お母さん，友達，付き合う，別れる，ペア……
   ［社会行動］＞［社会活動］：芸能人……
 d．［仕事と職業］：芸能人
   ［仕事と職業］＞［建物に関する仕事］：家，トイレ……
 e．［状態］＞［時間］：年齢，夏，若い……

「女性」の排他的関連語としては「団体」，「社会」，「移住」，「人権」，「就職」，「政策」などといった公的なテーマ，つまり［社会行動］と［仕事と職業］の領域に属する関連語が多数含まれている反面，「女」の関連語は［人］，［知覚］，［感情］，［疎通］，［関係］に属する単語

136 第Ⅲ部　デジタルヒューマニティーズで人文知を拓く

表 9‐3 「男性」と「女性」の関連語

対象語 （比率）	相互的関連語 （20.48%）	排他的関連語 （79.51%）
頻　度	34	132
男　性	性，育児，A／特に，V／現れる，健康，社会，対象，未婚，J／多い，性別，教授，警察，結婚，比率，ホルモン，J／高い，専用，家庭，衣料，J／若さ，助詞，ファッション，中年，性暴力，売買，職場，女，女性，理想，平等，差別，離，V／着る，男，男女	女性，スーツ，V／避ける，成人，化粧品，結果，場合，平均，肌，お腹，患者，反面，ブランド，疾患，中心，テストステロン，V／増える，外見，更年期，ガン，店舗，妻，精子，年齢，不全，寿命，お客様，A／多く……
女　性		男性，団体，韓国，家族，移住，最初，人権，出産，運動，センター，人材，活動，連合，V／ためにする，夫，妊娠，労働者，暴力，就職，富，参加，政策，女性部，連帯，社会的，労働，性暴力，地位，障害者，生活……

出典：筆者作成.

として，主に非格式的なテーマでよく言及される「友達」，「子供」，「きれいだ」「話す」，「付き合う」，「好き」などの語彙が中心となっている．

(2)　対立関係の性別名詞の意味特性

　また，対立関係にある単語間の関連語の分布は，類義関係とは異なる様相を見せる．「男性」と「女性」は有意な関係を持っている「男性―男」または「女性―女」の単語ペアより多い21.2%の相互関連語を持っている．

　「男性」と「女性」の相互関連語分析で，「差別，未婚，結婚，家庭，職場」など主に社会的地位や役割と関連した単語が［行政，体制］，［業務］，［人生］の領域で現れる．しかし注目すべき点は，外見と関連した［身体］，［衣類］，［健康］の領域で「肌，化粧品，衣類，ファッション，健康」等の単語が頻繁に，そして一緒に出現するということである．これは性別によって社会的な役割が強調される男性とは異なり，女性が外見と関連した価値でより多く関連して言及される傾向があることを示唆し，性別による偏向性を浮き彫りにする．

　新聞記事で「女性」は社会的なテーマに関連した［社会行動］，［仕事と職業］，［物理的行動］のカテゴリ単語とともに使用され，男性と対比される女性の意味が強調される．意味領域別関連語の具体的な例は以下の通りである．

(8)「女性」の排他的関連語の意味領域
　a．［人］：男性，家族，出産，夫，妊娠，性暴力，人生……
　b．［社会行動］：団体，人権，センター，活動，連合，暴力，参加，政策，女性部，連帯，社会的……
　c．［仕事と職業］：人材，労働者，就職，労働……

　「男」と「女」の対立関係の場合，相互関連語の比率が過半数を越える全体56.25%を占める．

　「男」と「女」の相互的関連語の分析において，［人］の意味領域に属する「友達，男性，娘，母親，父親，少女，妻，女性，芸能人，パートナー，男女，恋人，成人」などさまざまな単語が含まれている．特に［親族関係］を表す関連語が多数含まれている．また，新聞記事というメディアの特性上，社会問題に関

第9章　韓国の新聞データにおける性偏向性　　*137*

表9-4　「男」と「女」の関連語

対象語 （比率）	相互的関連語 （56.25%）	排他的関連語 （43.75%）
頻　度	72	56
男	友達，男性，娘，お母さん，恋愛，性別，夜，V／会う，J／若い，J／きれいだ，V／付き合う，お父さん，結婚，話し，V／好きだ，外見，首，少女，酒，妻，V／生きる，演技，V／別れる，性暴力，V／なく，頭，V／生まれる，女性，ドラマ，視覚，センス，デート，日，家，芸能人，性，	女，主人公，中年，花，V／描く，王，場面，スター，軍隊，J／かっこいい，V／ハマる，シングル，V／する，出演，姿，V／座る，女，V／見る，女主人公，V／やられる，主演，女装，演出，警察，人気，装い，女学生，V／行く
女	パートナー，世界，トイレ，ひとり，男女，視聴，恋人，V／笑う，笑い，寿命，顔，J／同じ，歌手，愛，映画，V／着る，成人，人生，J／幼い，離婚，J／優しい，夫，愛，J／悪い，小説，内，体，V／死ぬ，恋人，V／知る，子ども，自分，女人，俳優，年齢，身長	男，夏，初，写真，お母さん，子供，P／ビーナス，終わり，V／産む，後輩，妊娠，お腹，心，お姉さん，涙，J／美しい，タレント，胸，姉妹，青年会，生涯，スカート，教職員，男装，赤ちゃん，V／成す，殺害

出典：筆者作成.

連する「性的暴行」といった単語が頻繁に登場し，文化的活動や疎通と関連した「演技，ドラマ，映画，小説，芸能人，歌手，俳優」等の単語も高い割合で「男」と「女」という名詞とともに使われる．「男性，女性，男，女」の4種類の性別対立名詞がすべて共有する関連語としては「性別，結婚，性的暴行，性，夫，離婚」等があり，これらすべて［人生］の領域に属する名詞である．

　対立関係を示す性別名詞の場合，性偏向性が顕著に現れる．「男」と「女」が言及される文脈で，女性関連単語は主に［親族関係］などの家族的役割や文化的活動に結びついている反面，男性関連単語はより多様な社会的役割と関連する傾向がある．このような偏向性は性別による社会的期待や役割分担が言語使用にどのように反映されているかを示し，性別固定観念が新聞記事でも持続的に再生産されていることを示唆する．

　本研究では「男性，男，女性，女」という性別名詞が記事でどのような連語

（collocation）を構成するのか分析した．性別による固定観念や社会的期待は時代と文化によって異なり，主要新聞で記述される性別名詞は男性と女性がそれぞれ異なる性役割の社会化過程を経験していることを示している．例えば，「男」と「女」は主にスポーツ関連記事で頻繁に使われ，スポーツを除けば日常的で非格式的な主題でより頻繁に言及される．一方で，「男性」と「女性」は公的なテーマでより頻繁に言及され，特に「女性」は「差別，対策，連帯，就職，団体」などのように，社会的弱者としての位置を反映する関連語とともに現れる．さらに，「男性／男」の関連語として登場する「女性／女」は，しばしば性的対象として記述される傾向があり，これは性別による偏向的な描写が新聞記事でも依然として存在することを示している．

（3）関連語基盤の性別集団の偏向性

　次に「男性―男」と「女性―女」といった同一性別集団内で現れる意味特性

と性別間の違いの分析を試みる．そのために，同一性別名詞の相互的関連語100個を抽出して分析する．こうした相互関連語分析により，同一性別集団内で共有される意味特性を推測することが可能である．例えば，「男性」と「男」が共有する関連語は，男性という性別が特定の文脈でどのように意味化されるかを示している．これを通じて，男性と女性の集団がそれぞれ異なる社会的期待と制約の中でどのように特定の意味領域を形成し，性別による偏向的な好みや制約が言語的にどのように具現化されるか明らかにしたい．

各性別集団の相互的関連語を抽出するために，「男性」と「男」については，各対象語別にt-スコアを基準に上位300個の関連語を分析に使用した．一方，「女性」と「女」については，相互的関連語100個を確保するために各対象語別に500個余りの関連語を分析した．同じ数の関連語を抽出するために性別間でこのように異なる量の関連語が必要だったという点は，「男性」と「男」に比べて「女性」と「女」が比較的多様な文脈で使用されていたことを示している．

また，男性と女性の集団が共有する共通の関心事としては，外見や結婚に関連した単語が挙げられる．

(9)男女の相互的関連語
　a．結婚：愛，結婚，離婚，再婚，未婚，男女，妻，夫，夫婦
　b．外見：顔，服，外見，体，服装，胸，ズボン，スタイル，化粧，体つき，若い（形容詞）

特に，「魅力，セクシー，欲望，性的暴行」は，Moe が提示した意味領域の中で［人生］の下位領域である［性的関係（Sexual relations)］に分類される．ここで「性的暴行」と「殺害」が男女グ

ループ両方に共通して現れるのは，これらの単語が二つの性別集団で加害者または被害者と記述されるためである．実際の用例を見ると，女性のグループが被害者として登場する場合が圧倒的に多く，社会問題に関連した事件で女性はしばしば社会的弱者として記述された．

また，男性グループの固有の意味特性は，次のように排他的関連語を通して明らかになる．

(10)男性グループの排他的関連語：
　a．人：女性，女性，主人公，恋人，父親，歌手，カップル
　b．感情：好き（動詞），魅力，誘惑，柔らかい（形容詞），同性愛
　c．関係：恋愛，交際
　d．外見：イケメン，身長，丈夫な，頭，バッグ，ファッション，スーツ，洋服，シャツ，パンツ，靴，ネクタイ
　e．公的：死亡する（動詞），警察，自殺，保険料，死亡率，喫煙率

2000年以降に発表された記事で，男性グループを指す単語は身体や衣類などのように外見を表す意味領域で有意にそして頻繁に現れる．特に，性別集団の相互関連語にすでに多くの単語が外見とつながっているにもかかわらず，男性グループに関連する外見に関する単語が依然として目立つ．また，「死亡する，警察，自殺，保険料，死亡率，喫煙率」などの公的領域の単語が男性グループを記述する際に，より頻繁に使用される．

この結果は，性別グループ間の偏向性を明確に示している．男性は公的領域での活動と関連した用語と結びつく一方で，女性は主に被害者的位置で記述される傾向にあり，そのために女性の社会的役割が制限され歪曲される可能性がある．このような性偏向は言語的描写を通じて持続的に再生産され，それは性別に基づく

社会的認識と固定観念を強化することに影響を及ぼしている.

そして,「女性」と「女」で構成された女性グループの意味特徴と排他的関連語は次の通りである.

⑾女性グループの排他的関連語:

a.人:男,男性,芸能人,娘,母親,子供,青少年,女子学生,おばさん,主婦,作家

b.メディア:物語,映画,写真,小説

c.関係:交際,恋愛,婚姻,一人,独身

d.生命創造:産む,出産

e.描写:きれいだ,美しい,堂々としている,繊細だ

f.外見:美貌,美人,整形,スカート,化粧品

g.被害:性的いやがらせ,偏見,強姦,殺人,奴隷,差別,セクハラ

女性グループの排他的関連語を分析した結果,何よりも家庭志向的で社会的弱者としての特徴が目立つ.「娘,母,主婦,婚姻,産む,出産」など,女性グループ特有の関連語は家庭と密接な関連があり,これは女性の役割が家庭内で主に定義されていることを示唆している.また,被害カテゴリに属する単語はすべて否定的な意味を持ち,女性グループだけにより多くの否定的な単語が共起しているという点が目につく.特に「偏見,差別」といった単語は否定的な社会認識を示し,男性グループより女性グループにおいて,より高い統計的相関性を示している.

被害カテゴリに属する関連語は公的領域とも結びつき得るが,男性グループの公的関連語とは明確に異なるニュアンスを持っている.これは女性の社会的地位と関連がある可能性が高い.外見カテゴリの場合,男性グループに比べて相対的に少ない数の単語がともに使われるが,依然として外見と関連単語が女性グループにおいて重要な意味を持っている.また,関係カテゴリに現れる「交際,恋愛,婚姻」などは他者との交流を前提とするが,「一人,独身」は非社交的な意味に解釈できる.このような分析は,女性グループが主に家庭内の役割に制限されるか,社会的弱者として描写され,外見に対する強調と否定的な社会認識が持続的に再生産される性偏向性を表わしている.これは女性の社会的位置が言語的にどのように固定されているかを示す重要な指標である.

5　結　論

本研究は性別を指す名詞と同一文章内でともに出現する関連語を調査し,各性別名詞が主にどのような意味領域で使用されているのかを分析した.「男性,女性,男,女」といった基本的な性別対立名詞を対象に,それらの間の対立的および類義的意味関係に基づき,一つの文章で共起する単語の相関関係をt-スコアを用いて計算し,これを基に関連語を抽出した.

関連語の分析は個別単語の属性のみで語彙の意味関係を説明する際に発生する限界を補完することができ,相互的および排他的関連語は特定の文脈で出現する単語を分析することで,単語の関係的属性をさらに明確に示す.こうしたアプローチは,性別名詞が言語的文脈でどのように使用されるかをより深く理解することに貢献し,特に性別間の偏向した描写が言語的慣行を通じてどのように持続的に再生産されているかを示している.本研究では,Pajekプログラムを活用して多様な対象語と関連語間の関係性を体系的に分析した.

この研究は，性別名詞が社会的文脈でどのように意味化され，性偏向性が言語的表現を通じてどのように現れるかを理解するための重要な基礎資料を提供する．今後の研究では，このような偏向性をより具体的に探求し，言語的表現が社会的認識や固定観念に及ぼす影響を深く分析する必要がある．

新聞はその時代の社会的関心事や主要な事件を反映する重要な媒体であり，性別を指す名詞の社会的，文化的意味を研究する本論文において新聞コーパスは核心資料として活用された．分析の結果，「女性」と「女」が「男性」と「男」よりも多く言及されているという事実は，女性グループが男性グループよりも社会において類推的な存在として認識されていることを示唆している．また，性別指示名詞である「男」と「女」は主にスポーツや非格式的な領域と関連した語彙と共起する傾向があった．一方で「男性」と「女性」は生物学的な意味よりは社会的な地位，役割，または文化的価値と関連する語彙とともに使用されていた．特に，「男―女」のように対立関係を持つ単語ペアは，「男―男性」や「女―女性」のような類義関係にある単語ペアよりも多くの相互関連語を共有していた．

これらの結果は，性別指示名詞が言語的文脈でどのように相互作用し，それらが表現する社会的意味がどのように形成されるかを理解する上で重要な手がかりを提供する．類義関係にある「男―男性」と「女―女性」の相互関連語，そして対立関係を持つ「男性―女性」および「男―女」の相互関連語は以下の表でその意味領域を通じて詳細に確認できる．

本研究を通じて性別グループ間に明確な違いが現れたことが確認できた．男性グループは主に公的領域や容貌に関連した語彙が記事で頻繁に見られる一方で，

女性グループは結婚や親族関係など家庭内の役割に関連した語彙が多く現れた．特に，女性グループの公的領域に関連した単語は，男性グループに比べて否定的なニュアンスを含む場合が多く，これは女性に対する社会的認識や役割が制限的で否定的に描写される可能性を示唆している．また，二つの性別グループは結婚と外見に関連した単語を共通して使用しており，性別に応じた外見や結婚に対する社会的期待が強く存在していることを示している．

新聞記事という資料の特性上，「男」と「女」の関連語は主にスポーツと結びついており，男性は性に関する社会問題と関連した単語が主に登場していた．一方で女性は，団体や連合といった社会活動と関連した言及がより顕著であったが，依然として家庭内の役割に関連した単語が多く現れていた．こうした結果は，性別による言語的表現がどのように社会的偏向性を強化し，性役割分担が言語的に再現されているかを示している．本研究は性別名詞と関連語分析を通じて男性と女性が社会的，文化的役割をどのように規定しているかを探求し，性別による社会的偏向性が言語的にどのように反映されているかを理解するための重要な洞察を提供した．

おわりに

この研究はデジタル人文学的アプローチを用いて性別指示名詞の使用パターンを分析し，それらを通じて社会的偏向性を探求する重要な基礎資料を提供した．デジタル人文学の方法論を活用して大規模テキストデータを分析することにより，性別による言語的表現がどのように社会的認識と文化的フレームを形成しているのかを具体的に明らかにした．しかし，

このような分析が意味のある結果を導き
出すためには，デジタルツールと方法論
が伝統的な人文学的探求と結びつく必要
があることを強調しなければならない。
人文学的な洞察と批判的思考が後押しと
なるとき，デジタル人文学は言語と社会
的固定観念の再生産過程を深く理解し，
これを通じて社会的偏向性を解体するこ
とに貢献できる．これは，デジタル人文
学が伝統的な人文学を基盤に文化的，社
会的現象を分析，解釈するのに必須のア
プローチであることを示している．

注

1 ）Hunston, Susan, *Corpora in applied lin-
guistics,* Cambridge University Press, 2002；
Krishnamurthy, Roger, "Ethnic, racial and
tribal: The language of racism?" in C. R.
Caldas-Coulthard and M. Coulthard (eds.),
*Texts and practices: Readings in critical
discourse analysis,* Routledge, 1996, pp. 129-
49; Stubbs, Michael, *Words and phrases:
Corpus studies of lexical semantics,* Black-
well, 2002.

2 ）Finegan, Edward, *Language: Its Structure
and Use.* Fifth Edition, Wadsworth, 2007.

3 ）Marecek, Jeanne, Crawford, Mary, and
Popp, Danielle, "On the Construction of
Gender, Sex, and Sexualities," in A. H. Eagly,
A. E. Beall and R. J. Sternberg (eds.), *The
Psychology of Gender,* Guilford Press, 2004,
pp. 192-216.

4 ）Baker, Paul, "Will Ms ever be as frequent
as Mr?" *Gender and Language,* 4(1), 2010,
pp. 125-149.

5 ）Coates, Jennifer, *Women, Men and Lan-
guage,* Longman, 1993; Lakoff, Robin, *Lan-
guage and Women's Place,* Harper Colophon
Books, 1975; Tannen, Deborah, *You Just
Don't Understand: Women and Men in Con-
versation,* Ballantine Books, 1990; Trudgill,
Peter, *On dialect,* New York University
Press, 1983.; カン・ボムモ「男性と女性の発
話の語彙的違い——コーパス基盤の男女判別
研究」『韓国語学』58，2013年，pp. 1-30；ミ
ン・ヒョンシク「国語の女性語研究」『アジア

女性研究』34，韓国社会言語学会，1995年，
pp. 7-64.

6 ）ミン・ヒョンシク「国語の性別語研究史」
『社会言語学』42，韓国社会言語学会，1996年，
pp. 3-29.

7 ）チョ・ナムミン「女性語の変化に関する研
究」『韓民族文化研究』33，2010年，pp. 143-
181.

8 ）Holmes, Janet, *Women, Men and Polite-
ness,* Longman, 1995.

9 ）カン・ボムモ，前掲「男性と女性の発話の
語彙の違い」．

10）Spender, Dale, *Man made language,* Rout-
ledfe and Kegan Paul, 1980.

11）Bell, AlIan, *The Language of News Media,*
Blackwell, 1991.

12）Garrett, Peter and Allan Bell, "Media and
Discourse: A Critical Overview," in Allan
Bell and Peter Garrett (eds.), *Approaches to
Media Discourse,* Blackwell, 1998, pp. 1-20.

13）Lakoff, op. cit..

14）ミン・ヒョンシク，前掲「国語の女性語研
究」．

15）研究目的に応じて，文脈の範囲は対象語の
前後の数語，一文，一段落など自由に設定で
きる．新聞記事の場合，記事全体が文脈範囲
として設定されることもある．

16）カン・ボムモ「共起名詞に基づく意味／概
念関連性のネットワーク構成」『韓国語の美
学』32，2010年，pp. 1-29.

17）Stubbs, op. cit., 13.

18）Stubbs, op. cit., 17.

19）Ungerer, Friedrich and Schmid, Hans-
Jörg, *An Introduction to Cognitive Linguis-
tics,* Addison-Wesley Pub, 1996.

20）Gliozzo, Alfio and Carlo Strapparava, *Se-
mantic Domains in Computational Linguis-
tics,* Springer, 2009.

21）Schmid, Hans-Jörg, "Do women and men
really live in different cultures? Evidence
from the BNC," in Lewandowska-To-
maszczyk, Barbara and Patrick James Melia
(eds.), *Lodz Studies in Language and Cor-
pus Linguistics by the Lune,* Peter Lang,
2003, pp. 185-221.

22）ミン・ヒョンシク，前掲「国語の女性語研
究」．

23）Moe, Ron, Semantic domains, 2013〈http://
semdom.org.〉，2015年7月18日アクセス．

142　第Ⅲ部　デジタルヒューマニティーズで人文知を拓く

24）意味領域ホームページ〈https://semdom. org〉を参照.

25）カン・ボムモ『言語，コンピュータ，コーパス言語学——コンピュータを用いた国語分析の基礎と応用』高麗大学出版部，2003年；Church, Kenneth. W., William Gale, Patrick Hanks and Donald Hindle, "Using statistics in lexical analysis," in Uri Zernik（ed.）, *Lexical Acquisition: Exploiting On-line Resources to Build a Lexicon,* Lawrence Erlbaum, 1991, pp. 115-164.

26）本研究では，サブカテゴリを示すために「＞」記号を使用する．この記号は，上位領域である［人］のサブ領域の一つとして［人生］を示すことを意味する．

27）Moe, op. cit..

第10章

デジタルヒューマニティーズの方法論から見る
中国ウェブ小説プラットフォームのジャンル地形分析

柳　澔賢（反町真寿美 訳）

はじめに

(1) 研究の目的と構成

武侠は中国で長い伝統を持つ叙事ジャンルであり，その原型は司馬遷史記の「遊侠列傳」にまで遡る．そこでは，「侠」の精神と価値を「武」の形で追求し貫いてゆく数多くの人物像と彼らが醸し出す躍動的な物語が，中国のさまざまな叙事スタイルに豊富な内容の泉を提供してきた．

より近い時期では清末民初時代と呼ばれる1900年代初頭に登場した近代的な形態の武侠小説と，その後，1950年代から香港と台湾を中心に活動した傑出した作家たちの作品は，それぞれ「旧武侠」と「新武侠」（あるいは「香港・台湾新武侠」）と呼ばれ，一世を風靡した．彼らの作品は，小説の原作として，あるいはそれを基に脚色された映画やドラマなどの映像コンテンツの形で，中国大陸や香港，台湾はもちろん，韓国を含む他の国にまで広く享有され，深い文化的な印象と影響力を残した．

一方，1990年代以後，金庸を筆頭にした「新武侠」作家たちの時代が次第に過ぎ去った頃，インターネットの発達と普及がもたらしたニューメディア環境の展開は，文化コンテンツの生態系全般に根本的な変化を生じさせることになる．プラットフォームを中心とした叙事コンテンツの生産―消費方式の変化，生産者と消費者間の関係の変化，大規模資本の流入にともなう産業化，需要と供給の爆発的増加とそれによる市場拡大，IP産業の活性化，市場成長にともなう多層的な競争構図の形成など，数多くの変化の流れが押し寄せることとなった．そして，その中でジャンルとしての武侠もニューメディア環境に進出すると同時に，以前とは異なる発展の様相を見せる．

これに対し本研究の目的は，中国の武侠がニューメディア叙事コンテンツの生態系の超拡張という文脈の中での変化の様相を考察し，それにともなう文化的なポジションや意味の変容を分析することにある．これまでの中国武侠に関する研究は，武侠小説作家や関連映像コンテンツに対する個別の研究，グローバルな伝播と受容の研究，武侠IPやゲームの研究，武侠ウェブ小説の研究など，さまざまな方向へと展開され，相当な成果が蓄積されている．ただ，武侠というジャンル自体が中国の大衆文化の地形において持つ文化的な意味変化の様相を，ニューメディア産業の全体的な傾向と関連付けて考察した研究は決して多くはない．したがって，本章ではまず，武侠の系譜を概括しながら，ニューメディア環境と叙事コンテンツの生態系の変化にともない武侠の文化的な意味がどのように変容しているのかを考察する．続いて，データクローリングとデータマイニングを活用して，その変化の様相を追跡し分析する．具体的には，主なウェブ小説プラット

フォームに蓄積された約20年分のウェブ小説連載情報と受容者の情動的指標を収集して分析することとする．これにより，従来論じられてきた武俠ジャンルに関するさまざまな議論をより具体的なデータを通じて検証し，これまで十分に議論されてこなかった点を新たに掘り起こし，関連研究の地平を拡張することを目指す．

(2) 関連先行研究

本研究のテーマに関連する韓国と中国の論文をいくつか紹介することが，本研究の意義を確立するうえで役立つと思われる．

中国ウェブ小説関連研究

①「中国网络武俠小説的発展历程，热点与趋势」黄露（2021）

インターネット武俠小説の外延と内包を考察し，ウェブ小説プラットフォームである「起点中文网」を研究対象とし，インターネット武俠小説の発展を萌芽期，発展期，拡張期に分けて分析した．また，武俠小説が女性武俠，玄幻，奇幻，東方ファンタジー武俠などに開拓される様相を探求した．

②「中国ウェブ小説の成長に対する小考」ユ・ジョンウォン（2018）

中国ウェブ小説の IP 脚色に注目し，ウェブ小説の成長過程とその可能性を模索した．ウェブ小説プラットフォームが「積極的な読み」，「書くこととしての読み」を可能にする空間であることに着目し，メディア間で脚色や変奏が生じる様相を考察した．

③「中国 TV 仙俠ロマンスファンタジーと『国風』ブランドナショナリズム：『三生三世十里桃花』類の作品を中心に」イ・ムギョン（2023）

中国メディア文化産業の地形における仙俠ロマンスファンタジー物のトランスメディア現象を中国固有の「国風」イデオロギー的観点からアプローチした．文字媒体であるウェブ小説を映像媒体にトランスメディアする過程で，ブランドナショナリズム観点からの視聴覚的な拡張とイデオロギー的な意味づけが容易である点を指摘した．

中国ウェブ小説の俠文化関連研究

①「中国俠文化研究2021年年度報告」张梦楠（2021）

2021年，中国における俠文化研究を概括した．注目に値する研究傾向として，インターネット武俠小説関連研究の増加及び俠文化と英雄叙事が融合する傾向を挙げた．

②「中国インターネット武俠議論に対する批判的考察——反例としての韓国インターネット武俠」チェ・ジェヨン（2022）

最近の中国におけるインターネット武俠に関する議論の中で，いくつかの重要なテーマを論じ，それを韓国の実際のインターネット武俠テキストと比較検討した．中国のインターネット武俠ジャンルが，「俠義」の価値を真剣に論じるよりも，物語の背景や一要素として抽象化したり，その他のジャンルとのクロスオーバーや融合を図ったりする現象が見られることを指摘した．また，同時に中国共産党の影響により，武俠ジャンルにおいて社会主義的な「英雄」叙事が現れる現象にも言及した．

③「義／俠の変遷史——最近の中国インターネット『仙俠小説』における義／俠の概念」チェ・ジェヨン（2014）

仙俠ジャンルを武俠と奇幻を融合させた一種のサブジャンルと位置づけた後，インターネット仙俠小説に現れる義と俠の概念の変遷様相を確認し，それが最近の中国社会において持つ意味を分析した．

ウェブコンテンツを対象としたデジタル人文学研究

①「网络文学研究中的数字人文視野——以晋江文学城积分榜単及"清穿文"为例」高寒凝（2020）

高寒凝は，長期間にわたり中国最大の女性向けウェブ小説プラットフォームとして位置づけられていた晋江文学城を研究対象とし，デジタル人文学の観点から，インターネット文学研究におけるツールとデータベースの不足を指摘した．それに対する解決策として，標的研究ツールを開発し，学問にやさしいインターネット文学データベースを構築することを提案した．

②「テキストマイニングによる韓中ウェブ小説プラットフォームの比較分析」イ・ヒジン他（2023）

韓中ウェブ小説プラットフォームサイト10個のベストセラー作品を研究対象とし，有料販売ランキング中の作品タイトル，作家，ジャンル，作品説明データを収集した．形態素分析とWord2vec分析を行った結果，韓中ともにファンタジージャンルに関連する語彙が多数登場し，韓国ではロマンス，中国では武侠関連語彙が高頻度で現れることが確認された．

③「ウェブ小説プラットフォームの指標分析を通じたヒット作品の特徴研究——ムンピアを中心に」ハ・チョルスン（2021）

ムンピアのヒット作品の1位から100位までの有料購入数，お気に入りに登録した読者数，コメント数，推薦数，連載回数を調査し，ヒット作品の特徴を分析した．これを通じて，プラットフォームが読者に対してさまざまな指標に基づくランキングを提供し，作家に対してはヒットに関するデータと連載インセンティブを提供することが，産業の安定と発展に貢献するであろうという提案がなされている．

1 ニューメディアコンテンツ生態系における武侠のポジションと意味の変化

(1) 中国武侠叙事コンテンツの系譜

本格的な議論に入る前に，中国の武侠叙事コンテンツの系譜を簡単に見ておく必要がある．中国では，武侠の世代を「旧武侠」―「香港・台湾新武侠」―「大陸新武侠」と三つに大別することが広く受け入れられているが，この分類には「大陸」新武侠が包含しきれない作家や作品，新しい環境などが存在するため一定の限界がある．また，「旧武侠」以降のすべての「新武侠」時代を「金庸時代」と「ポスト金庸時代」に分類する方法も存在するが，この方法も近年のウェブ小説やIP産業の拡張傾向において新たに出現した事例を包括するには難しさがある．そこで本論文では，これらの基準を総合し，中国武侠のジャンル史的な時期区分を「旧武侠」―「台湾・香港新武侠，金庸時代」―「大陸新武侠／ポスト金庸／インターネット・ニューメディアIP化時代」の三つに大別し，簡潔に把握することとする．最後の第三の時期については前述したので，残りの二つの時期についてのみ取り上げる（図10-1）．

旧派武侠の代表的作家として，中国近代武侠小説の先駆者と評価される「平江不肖生」がいる．何よりも彼の作品「江湖奇侠伝」はシリーズ映画「火烧红莲寺」に脚色され，1928年から1931年にかけて18本のシリーズ作品が誕生し，中国の武侠／新怪映画のブームを巻き起こすこととなった．

その後，中華人民共和国の樹立以後，1949年から1966年のいわゆる「17年時

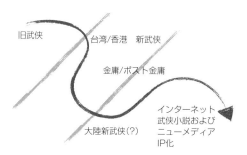

図10-1　中国学術界の武侠小説史の区分方式
資料：大陸武侠小説史の一般的な枠（楊冬梅，2021）
出典：筆者作成．

期」と1966年から1976年の「10年動乱」または「文化大革命時期」は，政治的，社会的な激動と，それが文化芸術界に与えた甚大な影響により，いわゆる「暗黒期」と呼ばれている．ただし，同時期の香港や台湾では，「香港・台湾新武侠」作家として分類される一群の作家たちが活発に活動し，傑出した作家と作品が登場する．そして，彼らが確立した武侠ジャンルの内的な体系が，後の武侠ジャンルの発展に多大な影響を及ぼす．この時期に活躍した代表的な作家たちとその作品を年代別に簡単に整理すると以下の通りである．

1) 1950年代〜：梁羽生，金庸
　―梁羽生『龙虎斗京华』『白发魔女传』など
　―金庸『射雕英雄传』他多数
2) 1960年代〜：高龙
　―高龙『武林外史』『绝对双骄』など
3) 1970, 1980, 1990年代〜：温瑞安，黄易
　―温瑞安『神州奇侠』など
　―黄易『寻秦记』『大唐双龙传』など

この中で「黄易」とその作品は特筆すべきものである．これは黄易が中国のウェブ小説の叙事とジャンル全般の発展に重要な貢献をしたと評価されているためである．その貢献の産物とは，いわゆる「穿越」コードであり，これは主人公が時間や空間，または世界を超越することを意味する．この「穿越」コードは，ウェブ小説の世界観に読者を引き込み，没入させるための叙事的な装置として，今日では非常に一般的に使用されている．まさにこの点において，黄易は「香港・台湾新武侠」時代と「インターネット・ニューメディアIP化」時代の武侠をつなぐ架け橋の役割を果たしていると言えるのである．

(2) レガシーメディア生態系における中国武侠の文化的意味

上記のような系譜をたどりながら発展してきた中国武侠の叙事は，レガシーメディアと結びつきながら，中国国内およびグローバルな大衆との接点を拡大していった．その過程が進行する長い間，中国で「武侠」ジャンルは，伝統文化と民族スポーツが結合した形態として，「中国的コンテンツ」の核心的コードの座を占めていたことは明らかである．また，外部の視点から見ても，「武術」や「カンフー」などは「中国」を連想し，イメージするのに非常に容易なコードであった．つまり，これらのジャンルに共通する武侠コードは，中国的な超人や英雄像に関連する叙事の典型を形成しているとも考えられる．中国以外の国々の学者たちは，武侠コードとそのさまざまな変奏を「中国的」と読み取り，それをいわゆる「(新／汎)主流」映画など，国家的イメージと結びつくジャンルとして規定している．

一方，中国内部でも「武侠」は「国術」という名称と結びついている．ウェブ小説のプラットフォームでも，武侠に関連したカテゴリー名称の一つとしてそ

のまま使われている。その実例として起点中文網プラットフォームの「武俠」ジャンルカテゴリーには国术无双というサブカテゴリーが存在し「武俠」と同類に扱われている。

(3) ニューメディア環境への進出と変化する武俠の位置

こうして「武俠」はニューメディア環境へと進出することになる。1990年代以降，インターネットBBS（Bulletin Board System, 電子掲示板形式）環境でウェブ小説が登場し，何よりも2003年に起点中文網が「VIP制度」という有料会員制ビジネスモデル（Business Model: BM）を業界に成功裏に定着させることで，ウェブ小説産業の生態系が爆発的に成長することになる。拡大するウェブ小説市場の需要は，既存の「伝統的」ジャンル小説の遺産でまず満たされることとなったが，このような文脈の中で「武俠」もやはり既存のジャンル小説出版市場での地位を自然に引き継ぎ，初期のウェブ小説市場において重要なジャンルとしての地位を確立するに至った。そして，中国がウェブ小説を文化的ソフトパワーの源泉と規定し，その発展を本格的に推進する中で，海外に中国のウェブ小説を広めようとする動きも活発化したが，その流れの中でも武俠は中国的コンテンツの代表格あるいは先鋒としての位置を占めていた。そうした状況を垣間見ることができる事例の一つにWuxiaworld（武俠世界[1]）のケースがある。Wuxiaworldは2014年12月に，企業ではなく熱心な個人ファンによって設立された中国ウェブ小説の海外普及，輸出プラットフォームである。その名からも分かるように，「武俠」というキーワードが中国的なジャンル性，具体的には中国的な幻想性／超人像の源流として象徴的な代表性を持っていたこと

がうかがえる。こうした流れはWuxia-Worldプラットフォームの自己紹介からも読み取ることができる。

Wuxiaworld.com, owned by Wuxiaworld Limited, was founded in December of 2014 by RWX, a passionate fan of Wuxia novels. It quickly rose to prominence as the largest Chinese-to-English novel translation platform in the world. Ranked by Alexa as one of the top 2000 websites, and with millions of page views per day, Wuxiaworld has become a brand name in Chinese-to-English novel translation excellence.

Many of Wuxiaworld's translators originally cut their teeth on Wuxia classics such as novels by Louis Cha and Gulong, and have since moved on to more modern Xianxia, Qihuan, and Xuanhuan novels, such as Coiling Dragon (盘龙), I Shall Seal the Heavens (我 欲 封 天), Martial God Asura (修罗武神), and more. Wuxiaworld has continued to grow, translating and publishing renowned Korean webnovels including The Second Coming of Gluttony, and Overgeared.[2]

上記のサイト紹介からも分かるように，Wuxiaworldの多くの翻訳者は，まず代表的な武俠作品から翻訳し，英語ユーザーに提供した。その後次第にプラットフォームが成長するにつれて，仙俠や奇幻（ファンタジー），玄幻（東方ファンタジー），さらには韓国の有名なウェブ小説へと翻訳の対象を広げていったのである。これは，武俠ジャンルがウェブ小説のジャンルの中で最も中国的なジャンルとして認識されていたことを示す，非常に典型的な事例であると言える。

また，議論を進めるために，武俠とは

表 10-1 2012-2021年中国ウェブ文学産業規模現況：『2021年中国国网络文学发展报告』

	2012年	2021年
売上規模	24.5億 RMB	267.2億 RMB
作品数	800万	3,200万
作家数	419万	2,278万
ユーザー数	2.3億	4.9億
IP 売上	1億 RMB 一下	40億 RMB 以上
海外売上	4億 RMB（2018年）	29.05億 RMB

出典：筆者作成.

別に中国ウェブ小説産業全体の動向についても少し触れておく必要がある．最近の報告によれば，中国のウェブ小説市場は2012年から2021年の間に大幅な量的成長を遂げた（表10-1）．その一方で，ウェブ小説市場が急激に拡大する中で，より多様な叙事コンテンツに対するニーズが増加し，さらに「幻想性」や「ファンタジー性」に対するニーズも高まっている．

まず，基盤産業がウェブ小説産業の範囲で IP 産業として広く捉えられ，コンテンツ産業の生態系が超拡張を遂げることとなった．これにはテンセント（Tencent）のスローガンである「泛娱乐」（Pan-Entertainment）と「IP 化」の提唱，及びこれに対する関連業界の相次ぐフォローが推進力となった．この過程で既存のウェブコンテンツ生態系を形成していたバリューチェーンの間に「超連結」及び「超拡張」が起こり，源泉叙事（ストーリー）としての IP の発掘が戦略的に重要視されるようになった（図10-2）．これにより，ウェブ小説はニューメディア産業全体の生態系において，重要な源泉 IP プールとして機能するようになったのだ．このため，ウェブ小説プラットフォームの収益構造において，ウェブ小説に対する直接的な購読収入に比べて IP 化とトランスメディア・ストーリー

テリング戦略による収入の割合がさらに増加するという比率の変化が進行している．まさにこのような文脈において，特定の源泉叙事，あるいは源泉ストーリーワールドの IP 拡張性がその叙事コンテンツの核心的な価値として規定されていると言っても過言ではない．

それでは再び「武侠」に視線を戻し，市場規模の拡大とともに産業構造的変化を経験している文化コンテンツ産業の動向の中で，「武侠」は現在どのようなポジションにあるのかを考察してみよう．我々は前述した全体コンテンツ生態系の変化の中で，「武侠」ジャンルのポジションが相対的に縮小傾向にある点に注目する必要がある．

こうした傾向は，男性向けと女性向けを問わず，最も代表的な中国ウェブ小説プラットフォームについて調査し，各ジャンルに属する作品数を比較することで，その割合を確認することができる．

図10-3 は，中国最大の男性向けウェブ小説プラットフォームである起点中文網が公開する各ジャンル別の作品数をチャート化したものである．これを見てみると，「武侠」のポジションがどれほど縮小しているかを明確に確認することができる．現在，起点中文網の場合，各ジャンル別にすべての作品のタイトルと連載時期などの情報が完全には公開されてはいないため，歴史的データを収集することが不可能である．したがって「武侠」が時間の経過とともにどのようなポジション変化を遂げてきたのかを追跡するのは困難である．つまり，公開されているデータの範囲内で現在のジャンルの地形を確認せざるを得ない状況なのだ．そしてこの「現在のジャンル地形」の中

図10-2 戦略としてのIP拡張性の例：閲文集団のアジェンダ
出典：閲文集団公式サイト〈https://www.yuewen.com〉，2024年8月14日アクセス．

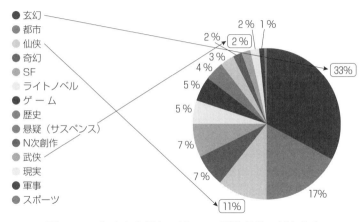

図10-3 起点中文網内のジャンル別作品数の割合分布
出典：筆者作成．

で，武侠ジャンル作品の割合が全プラットフォームのわずか2％に過ぎないということと，比較的新しい隣接ジャンルである「玄幻」と「仙侠」がそれぞれ33％と11％を占めているという事実は注目に値する．

　数値的な面から見た「武侠」ジャンルのポジションが上記の通りだとすれば，文化的な意味においてはどのような変化が生じているのであろうか．以前は中国的コンテンツの代表とも呼ばれていた武侠は，果たして今もその位置を占めているのだろうか．この点については，相対的に急激に作品数が増加した仙侠と比較しながら「武侠」がどのように位置づけられているかを検討することが有効であろう．

　図10-4の閲文集団（ユエウェングループ）の起点中文網の武侠公募展ポスターページを確認すると，武侠公募展は「侠義」の精神を核心的なコンセプトキーワードとして掲げていることが分かる．

図10-4　2019年　閲文集団の起点中文網中国武侠ウェブ文学公募展ポスター

出典：〈https://acts.book.qq.com/2019/6600575/index.html〉，2024年8月14日アクセス．

特に興味深い点は，このような「侠義」精神を表す代表的な形象として，霍元甲や葉問などの歴史的な実在の人物だけでなく，金庸の小説に登場する多くの架空のキャラクターもともに召還されているということである．

　　"侠这个字，往大处说，上忧国，下忧民．为国是，为苍生，倾家当，舍性命，是为 大侠也！往小处言，见义勇为，道铲不平，谓之小侠也．"

　「侠という字は，大きく言えば上は国を心配し，下は民を心配するということである（中略）．これを大侠という！ 小さく言えば，正義のために勇敢に行動し，不公平なことを撲滅することを小侠という」[3)]

結局，図10-5の公募展は「武侠」を「侠」という精神で凝縮しており，「侠」の精神は，何よりも個人的なレベルから普遍的なレベルに至るまでのさまざまな層の「正義」や「正しさ」といったキーワードに結びついていることが見て取れる．これを「武侠」に対する相当な文化的意味づけと解釈することもできるが，同じ閲文集団で実施された「仙侠公募展」において「仙侠」をどのように認識しているかを「武侠」の場合と比較してみると，興味深い対照を発見することができる．

2019年と2020年に行われた仙侠公募展の内容を見ると，仙侠というカテゴリーには口承や記録テキストに関わらず中国の民話，説話，伝説，英雄譚などが含まれており，歴代の小説まで参照の対象となっている．このように，中国の新たな民族的文化の媒体として規定されているのだが，こうした変化を見ると，規模や意味定義の側面でも「中国的コンテンツ」の代表的な地位に変化が生じたのではないかと考えられる．特に文化の対外輸出の面では，仙侠がかなり注目されており，また武侠と比較する場合に「中国文化」や「中華民族」といった「大きなキーワード」とより頻繁に結びついている．その状況に鑑みると，こうした主張には妥当性があると言うことができるのだ．

　　"中国神话源远流长，博大精深，从古拙质朴的口头神话到繁杂成熟且富有想象力的文本神话，对整个中华民族的发展有着

第10章　デジタルヒューマニティーズの方法論から見る中国ウェブ小説プラットフォームのジャンル地形分析　　151

図10-5　2020年　閲文集団の起点中文網仙侠神話公募展ポスター
出典：〈https://acts.qidian.com/2020/6536637/index.html〉，2024年8月14日アクセス．

极为深远的影响，也逐渐展现出自己独特的魅力"

「中国神話は歴史が長く，根が深く，広く奥深いものである．古代の素朴な口承神話から，複雑で成熟し，想像力豊かなテキスト神話に至るまで，中華民族全体の発展に極めて深遠な影響を及ぼし，また次第にその独自の魅力を放っている．」[4]

結局「武侠」は相対的に広く深い文化的な源泉を持ち，優れた拡張性と潜在能力を持つ「仙侠」ジャンルに中国的コンテンツの代表選手という地位を譲り，以前に比べて縮小した文化的意味を持つようになったと解釈できる．

もちろん「武侠」は単に縮小したわけではない．前述の通り，数量的に2％というプラットフォーム内の作品数データは，もう少し精緻に解釈する必要がある．既存の武侠要素やジャンル要素は，さまざまなキーワードに分解され，他のジャンルのキーワードと融合と分散を繰り返しながら，ジャンルの拡張や分化，創出につながっていると考えられる．それと同時に，上記の統計で2％を占める「武侠」は，より確固たるマニア層によって構成された「正統武侠」としての規模であると見るのが妥当であろう．もちろん，

この問題は今後さらに研究を進め，データを収集しながら検証する必要がある．こうした筆者の見解にはある程度，「正統武侠」が世界観的に新しい世界を創造したり，新しい物語を提供したりするにはあまりにも停滞しているのではないかという個人的な読者としての感覚も反映されている．例えば，武侠IPはいわゆる「正統」，「クラシック」作品を中心に繰り返しリメイクされており，これによって，コアなマニア層を中心としたレッドオーシャン状態をうかがわせる事例を確認することができるのである．

2　データクローリング＆マイニングによって見る武侠のポジション変化

(1)　データクローリング＆マイニングのターゲット：女性向けウェブ小説プラットフォーム晋江文学城

これまで議論してきた武侠のポジション変化を，より具体的なデータによって確認するために，本節ではデータクローリングを通じ主要プラットフォームで公開された大量の創作データを収集し，それを分析した結果を扱う．第1節(3)で触れたように，起点中文網をはじめとする

男性向けウェブ小説プラットフォームの大部分は，連載データをすべて公開しておらず，歴史的なデータを完璧に収集することは事実上不可能であった．しかし，本章で取り扱う中国の代表的な女性向けウェブ小説プラットフォームである晋江文学城は，プラットフォームがオープンした2003年から現在に至るまでのすべての連載作品（途中で何らかの理由で削除された作品は除く）のメタデータを公開している．したがって，このデータを収集および分析の対象とし，女性向けウェブ小説プラットフォーム内での武侠ジャンルのポジションを分析することを試みる．

本章では，晋江文学城に連載された小説の中から，創作形態を基準に派生小説（衍生）を排除したオリジナル小説（原創）を中心に調査を行った．一方，研究対象とするジャンルの範囲において「愛情」ジャンルを除外し，武侠を含む6つのジャンルに絞った．つまり，晋江文学城プラットフォームが設立された2003年から2023年現在までにジャンル別に発表された作品数を調査し，「愛情」ジャンルを除外し，作品数が多い順に5つのジャンルを選び，武侠ジャンルの比較対象とした．これはジャンル間の地形変化を判断するためにより適したアプローチをするためである．プラットフォーム内で圧倒的に作品数が多い「愛情」ジャンルは，女性向けウェブ小説の全般的なテーマであり，その他のジャンルと排他的ではない可能性がある点，またその独特な比重によって他のジャンルのダイナミクスが隠れてしまう可能性を考慮して除外した．また，晋江文学城が女性向けウェブ小説プラットフォームという点を勘案すれば，大部分の作品が「愛情」キーワードを前面に掲げずとも「愛情」コードと関連しており，その他に前面に出された特定のコードによって作品の

ジャンルが規定されていると推測できる．このように「愛情」を除く上位6ジャンルの作品データを収集した結果，武侠2万9924作品，劇情12万118作品，仙侠8万5803作品，懸疑3万917作品，伝奇2万6802作品，科幻2万6325作品が集計された．

(2) データ分析1：ジャンル別生産量及び武侠の割合の推移

これまでに確認してきた武侠ジャンルのポジショニング変化の様相を基に，武侠ジャンル内で具体的にどのような変化が現れたのかを分析する．具体的な変化の経路を明らかにするために，6つのジャンルの年度別発表作品数を集計し，その推移をグラフで示した（図10-6）．また，年度別の発表作品における武侠ジャンルが占める割合を視覚的に確認するため，その変化の推移もグラフで提示した．その結果，特に注目すべき推移が見られる年度を基準に，晋江文学城が創立された2003年から2023年現在に至るまでの期間を三つの段階に分けて検討することができた．

6つのジャンルを年度別に見ると，武侠ジャンル作品が占める割合（赤い点線）は2003年のプラットフォーム初期の高い割合からはじまり，最近の時期に向かうにつれて全体的に右下がりの傾向を示している．特に2007年から2008年の間に最も大きな下げ幅を見せ，減少しはじめている．

一方，2008年以降，武侠ジャンル作品の絶対量は2017年まで一定の水準を維持していたが，2018年から仙侠ジャンル作品の急増とともにわずかに右上がりの傾向を見せはじめる．武侠ジャンル作品の絶対量が一時的に増加したため，6つのジャンル全体の中で武侠ジャンル作品が占める割合も2018年に一時的に増加して

第10章　デジタルヒューマニティーズの方法論から見る中国ウェブ小説プラットフォームのジャンル地形分析　　153

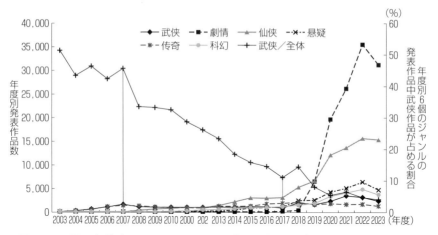

図10-6　晋江文学城2003-2023ジャンル別作品生産量及び武俠作品の割合の推移
出典：筆者作成．

いる．

　これらを概括すると，6つのジャンルの作品中，武俠ジャンルの割合が40％以上を維持し，武俠ジャンルの作品が仙俠，伝奇，科幻ジャンルの作品よりも多く発表されていた2007年以前が一つの時期として挙げられる．2007年以降，2018年の一時的な上昇傾向が見られる直前まで，武俠ジャンルの割合が持続的かつ急激に減少した2017年までが一つの時期であり，現在まで武俠ジャンルのポジションを考察する2023年までが，さらに一つの時期として位置づけられる．

　ここで，他の数値と比較して特に顕著なのは，2003年初期（「愛情」ジャンルを除く）には6つの上位ジャンルの中で年間創作作品数の約50％を占めていた「武俠」ジャンルの割合が2023年に至ってはわずか4％に過ぎなくなったという点である．全期間の累積創作作品で見ても，全作品数の9.3％に過ぎない．これと比較して目立った上昇傾向を見せているのは「仙俠」と「劇情」ジャンルだが，「仙俠」は着実な比重の上昇を経験し，2018年と2019年の間に武俠の割合を上回り，

「劇情」もやはり2017年から爆発的な生産量を見せ，2019年には早くも「武俠」の比率を追い越した．このことから，2017年と2019年の間にウェブ小説ジャンルの地形に何か重大な変化が起こったと推測できる（表10-2，表10-3）．

(3) データ分析2：武俠ジャンルの内的基調変化追跡

　前記のような大きな傾向の中で，武俠ジャンルにおける主要な変化の傾向をより深く把握するために，武俠ジャンルの人気作家とその作品を分析対象とした．各作家の人気指標の尺度として，時期別に「作品所蔵（作品收藏）[5]」ランキングの1位から50位までの作品を分析対象とした．注意すべき点は，読者が作品を閲覧したり所蔵したりする際に，最新の発表作品のみが選択対象になるわけではなく，サイトに発表されているすべての作品がその対象になるという点だ．そのため，時期別の武俠ジャンルの作品所蔵ランキングデータを抽出する際には，時期が重複しないように排他的に分けるのではなく，「累積時期」として区分した．

154　第Ⅲ部　デジタルヒューマニティーズで人文知を拓く

表 10-2　晋江文学城プラットフォーム内の各ジャンル別–年度別生産量の推移

年度	科幻	劇情	武侠	仙侠	传奇	悬疑	合計
2003	19		164	2	125	9	319
2004	87	1	320		289	40	737
2005	132		683	8	590	60	1,473
2006	172		1,137	28	1,199	148	2,684
2007	246	7	1,653	50	1,448	216	3,620
2008	213	6	1,153	428	1,404	230	3,434
2009	217	7	1,115	670	1,116	226	3,351
2010	268	11	1,087	823	948	201	3,338
2011	347	16	1,056	1,102	920	240	3,681
2012	521	35	963	1,056	887	219	3,681
2013	642	40	1,137	1,457	1,290	305	4,871
2014	755	39	1,084	2,233	1,312	457	5,880
2015	978	74	1,190	3,047	1,333	899	7,521
2016	1,014	108	1,169	3,004	1,747	978	8,020
2017	1,223	190	945	3,122	1,902	1,161	8,543
2018	1,488	430	1,982	5,287	2,125	2,440	13,752
2019	1,921	6,580	1,682	6,670	1,629	2,599	21,081
2020	3,376	19,677	2,352	12,147	1,823	4,282	43,657
2021	4,109	26,214	3,514	13,664	1,670	5,106	54,277
2022	4,880	35,503	3,157	15,644	1,725	6,380	67,289
2023	3,717	31,180	2,381	15,361	1,320	4,721	58,680
合　計	26,325	120,118	29,924	85,803	26,802	30,917	319,889

出典：筆者作成.

　これは，武侠ジャンルの全盛期に発表された作品が，数多くの新進作家が輩出された現在の時点においてどのような位置にあるのかを比較分析するためでもある。
　1）「武侠」ジャンルの全盛期と言える2003年から2007年の晋江文学城プラットフォーム初期の頃に武侠50位圏内にいた作家たちは，今ではその多くが姿を消している．しかし，この時期の人気作家の中には，今なお文学，文化界で影響力を行使している者もいる．彼らを追跡す

ることによって，全盛期時代の「武侠」がウェブ小説作家たちにどのような意味で作用したのかを探ることができる．
　武侠ジャンルの全盛期であった2003年から2007年の期間において，武侠ジャンル作品の所蔵ランキングの上位を占めていた作品は，2003年から2017年，そして2003年から2023年の期間には武侠ジャンル作品所蔵ランキングの上位圏から姿を消している．その一方で，2003年から2023年武侠ジャンル作品所蔵ランキング

第10章　デジタルヒューマニティーズの方法論から見る中国ウェブ小説プラットフォームのジャンル地形分析　*155*

表10-3　晋江文学城プラットフォーム内の全作品数に対する武侠ジャンル作品数の割合の推移

年度	科幻	劇情	武侠	仙侠	传奇	悬疑	合計	武侠比重
2003	19		164	2	125	9	319	0.51410658
2004	87	1	320		289	40	737	0.43419267
2005	132		683	8	590	60	1,473	0.46367957
2006	172		1,137	28	1,199	148	2,684	0.42362146
2007	246	7	1,653	50	1,448	216	3,620	0.45662983
2008	213	6	1,153	428	1,404	230	3,434	0.33576005
2009	217	7	1,115	670	1,116	226	3,351	0.3327365
2010	268	11	1,087	823	948	201	3,338	0.3256441
2011	347	16	1,056	1,102	920	240	3,681	0.28687857
2012	521	35	963	1,056	887	219	3,681	0.26161369
2013	642	40	1,137	1,457	1,290	305	4,871	0.2334223
2014	755	39	1,084	2,233	1,312	457	5,880	0.18435374
2015	978	74	1,190	3,047	1,333	899	7,521	0.15822364
2016	1,014	108	1,169	3,004	1,747	978	8,020	0.1457606
2017	1,223	190	945	3,122	1,902	1,161	8,543	0.11061688
2018	1,488	430	1,982	5,287	2,125	2,440	13,752	0.14412449
2019	1,921	6,580	1,682	6,670	1,629	2,599	21,081	0.07978749
2020	3,376	19,677	2,352	12,147	1,823	4,282	43,657	0.05387452
2021	4,109	26,214	3,514	13,664	1,670	5,106	54,277	0.06474197
2022	4,880	35,503	3,157	15,644	1,725	6,380	67,289	0.04691703
2023	3,717	31,180	2,381	15,361	1,320	4,721	58,680	0.04057601
合　計	26,325	120,118	29,924	85,803	26,802	30,917	319,889	0.09354495

出典：筆者作成.

上位作品の作家たちの約半数が，2003年から2017年時期の同ランキング上位圏作品の作家たちと重複していることが分かる．しかし，武侠ジャンルの全盛期をリードしていた作家たちが晋江文学城における武侠ジャンル作品の所蔵ランキングから姿を消したからといって，彼らの文学界での活動が終了したわけではない．彼らの中でかなりの作家たちが小説創作から離れたのは事実だが，一部は武侠やその他のジャンルの小説を今なお連載し

ており，また一部はその他の単行本や漫画，映画，ドラマなどのメディアへと活動を拡大し，文化界の要職を兼務している場合もあったのだ．

これは「武侠」ジャンルの全盛期において，「武侠」が文化界のさまざまなプラットフォームへの入り口や登竜門のような役割を果たしていたと解釈できる．具体的な事例を検討するため，武侠ジャンルの全盛期であった2003年から2007年の期間に大衆的な人気を博した武侠作家

156 第Ⅲ部 デジタルヒューマニティーズで人文知を拓く

表10-4 有名作家の「デビュージャンル」としての武侠

時　期	武侠作品所蔵ランキング上位50位作品の作家数（重複除外）	武侠作品所蔵ランキング上位50位作家中晋江文学城の初連載作が武侠作品であった作家		
		数	割合	作家名
2003-2007	43	24	55%	雏微，伊吕，逆风而行，炼之蜻蜓，夜苍茫，梦秋，夜幽梦，马晓样，沉渊，施定柔，夏寻花，hunter*hunt，吾无故，穿心莲，扶兰，冷兰ceo，第九重天，丝舞，飞鸟樱桃，高人gaoren，钻石星辰一瞬间，盛颜，白驹，goodnight小青
2003-2017	35	9	26%	八千岁，南风歌，点清镜，板栗子，乌龙煮雪，紫玉轻霜，雏微，玄宏，半*******园
2003-2023	41	8	20%	木沐梓，八千岁，南风歌，乌龙煮雪，板栗子，岳千月，点清镜，不落不落

出典：筆者作成．

たちが，現在に至るまでどのような形の活動を続けているのか追跡し，現在の晋江文学城作品での作品連載の有無や，文学及び文化界での活動の有無を調査した．特に後者に関しては，作家の創作活動がさまざまなメディアを往来しながら行われているかどうかに重点を置いて確認した．

2003年から2007年までの期間に，武侠ジャンルの累積作品所蔵ランキング50位内に入った作品の作家のうち，現在まで活発に活動している作家は全体の約11％（総45名中5名）であり，「东海龙女」，「晴川」，「伊吕」，「阿耐」，「施定柔」がその該当作家である．時が経つにつれて，創作活動から離脱した作家が多いため，この時期の作家の中で影響力を持っている者の絶対数は少ない．しかし，比較的初期に活動した人気作家であるため，文化界における彼らの位置はやや強固なものであるように見える．例えば，「東海龍女」は現在，映像メディアの脚本作業と小説以外の文学の出版作業[6]も活発に行っており，宜昌市の映像家協会の副主席と女性作家協会の主席，西陵区文联副主席と新文芸協会（新文艺协会）の主席

を兼任している．また，2022年第35回中国金鶏百花映画祭（中国金鸡百花电影节终评评委）の審査員にも任命されたことがある．「伊吕（十四阙)）」は現在，「東西動漫社（东西动漫社)）という漫画雑誌社の編集長を務めており，「阿耐」は「欢乐颂」などの有名ドラマ脚本を執筆して受賞歴もある．

また，2003年から2017年までの累積作品の所蔵ランキング50位内に入っている作品の作家のうち，現在まで活発に活動している人物は全体の約34％（計35名中11名）であり，「Priest」，「绿野千鹤」，「语笑阑珊」，「酥油饼」，「石头与水」，「Twentine」，「板栗子」，「那只狐狸」，「颜凉雨」，「九鹭非香」，「耳雅」がそれに該当する．

そして2003年から2023年までの武侠累積作品所蔵ランキング50位圏内作品の作家の中で，現在まで活発に活動を行っている者は全体の約36％（計41名中15名）で，「Priest」，「绿野千鹤」，「语笑阑珊」，「酥油饼」，「石头与水」，「Twentine」，「板栗子」，「奈枝堀」，「颜凉雨」，「九鹭非香」，「耳雅」，「时镜」，「关心则乱」，「木沐梓」，「太阳菌」である．

2）次に，時期別の武侠ジャンル50位圏内に入る作家たちが，ウェブ小説生態系内での武侠ジャンルポジショニング変化にどのように適応してきたのかを検討した．これは，上位作家のデビュー作品を追跡し，そのデビュー作のジャンルが武侠である割合を追跡したものである．これを追跡した理由は，特定ジャンルに関するユーザーの需要がある場合，生産者の立場ではそのジャンルへの創作のアクセス性が高まるためである．これは作品を創作しやすかったという意味ではなく，高い市場性によって他のジャンルよりも優先的に考慮される可能性が高かったということだ．これにより，武侠ジャンルの作品所蔵ランキングで上位を占めた作家たちの創作活動において，武侠というジャンルが時期ごとにどのような意味を生み出したのかを検討することができるであろう．

まず作家たちの晋江文学城での初連載作品のジャンルを確認し，時期別に武侠ジャンル作品所蔵ランキング50位圏作家の中で「武侠」を初連載作のジャンルとして選択した作家の割合を算出した．この武侠ジャンル作品所蔵ランキング上位の作家たちの初連載作品ジャンルは，特定ジャンルに対する時期別の作家たちの親密度や好みを代弁していると考えられる．また，これによりその時期における読者が好むジャンルや嗜好を推測することもでき，結果的に武侠ジャンルの大衆性を測定する一つの指標となるだろう．

表10-4から，武侠ジャンル作品の所蔵ランキング50位内の作家中，晋江文学城での初連載作品として武侠ジャンルを選んだ作家の絶対数と割合の両方が減少していることが確認できる．特に2003年から2007年の時期には過半数を占めていた割合が，2003年から2017年及び2003年から2023年の期間において大幅に減少し

ていることが確認できる．このような数値から，作家が作品活動をはじめる際に選択するジャンルとして，武侠がもはや優位性を保てなくなっていることが分かる．この傾向の要因は，非常に複雑かつ多様であり得るが，特に武侠ジャンルの市場性が問題となった可能性が高い．武侠はジャンルの公式が比較的確立しており世界観が明確であるため，トランスメディアによる拡張が他のジャンルに比べて難しい．また，武侠ジャンルのクリエイターや消費者の立場からすると，武侠を創作し消費するためにはジャンルの世界観を熟知する必要があるため，多少ハードルが高いと感じる可能性がある．こうした制約のために，武侠ジャンルに対する作家のアクセスや親密度が減少したと考えられる．

3）次に，各作家が連載したすべての作品の中で最も人気のある作品を確認し，その中で最も影響力のある各作家の最高人気作が「武侠」作品である場合を追跡してみた．それを行うために，ある作家のすべての連載作品中「作品所蔵数（被収蔵数）[7]」が最も高い作品をその作家の「最高人気作」と仮定した．武侠ジャンル作品所蔵ランキング50位圏内の作家たちの「最高人気作」のジャンルが武侠であるかどうかを時期別に確認した結果，**表10-5**のような結果が導き出された．

これにより，武侠ジャンル作品所蔵ランキング50位圏内の作家の中で，最も人気のある作品が武侠ジャンルであるケースが次第に減少していることが確認できる．すなわち，第2期，第3期を経て，武侠ジャンルで人気を得る作家であっても，彼らの代表的な人気作品は実際には武侠ではなく他のジャンルであることがますます増えてきているということである[8]．

表 10-5 有名作家の「最も人気のある作品」としての武侠

時　期	武侠作品所蔵数　上位50位作品の作家数	武侠作品所蔵数上位50位作品の作家中　最高人気作（連載した作品中作品所蔵数が一番高い作品）が武侠作品である作家		
		数	割合	作家名
2003-2007	43	29	67%	hunter*hunt, 幻海飞燕, 夜半二点, 沉渊, 夜苍茫, 东*******女, 逆风而行, 月斜影清, 雏微, 凌凌君, 暴走游魂, 黯*******灵, 晴川, ty101664, 吾无故, 穿心莲, 扶兰, 冷兰 ceo, 第九重天, 樱冢苍, 丝舞, 墨*******辰, 飞鸟樱桃, 高人 gaoren, 钻石星辰一瞬间, 盛颜, goodnight小青, 慕梓, 收藏季节
2003-2017	35	12	34%	半*******园, 绯瑟, 夜雪猫猫, 雏微, 莫笑吾, 那只狐狸, 执念啊, 眉如黛, 八千岁, 紫微流年, 酥油饼, 南风歌
2003-2023	41	11	26%	指尖的咏叹调, 酥油饼, 八千岁, 紫微流年, 南风歌, 逢初雪, 盈兮, 飒露白, 执念啊, 风醒落, 那只狐狸

出典：筆者作成.

おわりに

中国の武侠は近代以降，重要な大衆娯楽ジャンルであり，長い間伝統武術と結びついて一種の「中国的」コンテンツの代表者として認識されてきた．しかし，ニューメディアの発達，ウェブ小説の爆発的な発展と，それに続くコンテンツ産業生態系の超拡張傾向の中で，武侠叙事は生存環境の変化を経験している．すなわち IP 拡張価値の重要性の増加，「幻想性」のトレンドなどストーリーワールドの拡張性，柔軟性と新鮮な素材を求めるコンテンツ市場のニーズが拡大する中で，武侠ジャンルを構成するさまざまなキーワードは断片化され，他ジャンル要素と結びつくことによって「武侠＋＠」や新しいジャンルへと分化していったのである．仙侠に代表されるこうした新規ジャンルの市場規模は，武侠の市場規模をはるかに上回っている．その一方で，ジャンル内の規律が比較的厳格に作用する「正統武侠」の場合，マニア層を中心に享受されている．こうした傾向は，仙侠が中国の「伝統」の民話，伝説，神話，英雄譚，各時代の文学を網羅する広範囲な参照体系を吸収し，さらに加速化しているのとは対照的である．それにも関わらず武侠 IP は依然として金庸などの作家たちのクラシックな原作を中心に絶えずリメイクされており，海外の読者たちは依然として武侠を「中国」という空間を想像するための媒介として認識している．

このようにニューメディア環境の中で武侠ジャンルの文化的ポジションが変化している状況について，本研究ではデータクローリングとマイニングを通じて実証的に研究を行った．その結果，①武侠の規模的ポジションの縮小，②武侠の文化的影響力の縮小，③生産者側での武侠の接近性または魅力低下，といった現象を明らかにすることができた．このような動向を注視する一方で，今後はグローバルニューメディア産業の拡張と

いう新たな文脈の中で，武侠が既存の意味を超えて，どのような方向に発展の傾向を形成する可能性があるのかについて継続的に注目する必要がある．また，本研究は武侠というジャンルに焦点を当てたため，中国全体のウェブ小説ジャンル地形の変化傾向をすべて網羅することはできなかった．この点についてもデータの範囲と深度を拡張してアプローチすることで，より多くの問題意識と洞察を得ることが期待できる．

注

1）〈https://www.wuxiaworld.com/〉，2024年8月14日アクセス．

2）〈https://www.wuxiaworld.com/about〉，2024年8月1日アクセス．

3）〈https://acts.book.qq.com/2019/6600575/index.html〉，2024年1月22日アクセス．

4）〈HTTP://ACTS.QIDIAN.COM/2020/6536637/INDEX.HTML〉，2024.年1月22日アクセス．〈HTTP://ACTS.QIDIAN.COM/2019/856081363/INDEX.HTML〉，2024.年1月22日アクセス．

5）晋江文学城で人気度を列挙する基準は「作品所蔵」と「作品点数」があるが，整列基準の一番目の欄に位置したのが「作品所蔵」である．

6）2021年，西陵地域の歴史文化に関するエッセイ（『西陵記憶』3巻）．

7）「作品の所蔵（作品收藏)」と同じ算出基準である．

8）これは，晋江文学城の読者が武侠作品を見る際に，武侠そのものへの関心が次第に減少し，単に筆力が優れているか，好みに合う作家の作品を選ぶ傾向があることを示す指標でもある．具体例としては，「Priest」，「緑野千鶴」，「语笑阑珊」などの作家の武侠作品は，武侠ジャンルのランキングで人気作品となっているが，彼らは武侠よりも他のジャンルの作品でさらに大きな反響を得て，強固なファン層を持っている作家たちである．

第11章
スペイン首相の演説文の定量的文体分析

鄭　恵允（根来由紀 訳）

はじめに

　現在，韓国では文系，具体的には外国語文学専攻の現実はあまり明るくない．入学希望者の減少，理系の優遇，文理系の交差志願制度，医学部の定員拡大などにより，いわゆる「文系忌避」現象はさらに加速している．このような対外的な問題により，人文科学の持続可能性と社会的役割が非常に脅かされている．ただ，このような現象は韓国に限ったことではないと思われる．

　さらに，最近 ChatGPT や DeepL，Papago などの人工知能と機械学習を基盤とする通訳・翻訳ツールの急激な発展により，外国語文学専攻の存在理由について懐疑的な見方が広がっている．それに伴い様々な大学でこれらの学科が統廃合の主な対象として検討されており，関連学界では警鐘を鳴らしている．

　この状況において，外国語文学の教育者・研究者としてこのような危機感に対する打開策として，デジタルツールを活用して人文科学の知識を伝達，配布，発展させ，「危機をチャンスに転換」してみようという提案をするのが本研究の目的である．

　具体的な目標は「デジタル文体分析-stylometry-」という名称のもと，様々なテキスト分析方法を通し，スペインの元・現首相３人のスピーチ原稿の文体的特徴を把握することとする．

1　デジタル文体分析とは？

　文体（style）の辞書的な定義は「文の個人的な性癖やカテゴリーを意味する文章の体系」（韓国民族大百科事典）である．

　文学においては，文体とは作者が文章を書く方法，または物語を伝える方法である．文調，語彙，文法，使用言語，描写技法など，文体を構成する重要な要素が多い．

　他方，デジタル文体分析（stylometry）とは文体（style）の定量的分析を指す．主に統計的方法を用いてテキストを分析し，著者を識別し，テキストの文体とそのテキストに関するメタデータとの関係を扱う．

　多くの場合，テキストの中で使用された高頻度語（MFWs）に注目するが，ジップの法則（Zipf's law）によれば，高頻度語の上位に位置する単語は冠詞，助詞，前置詞，接続詞などの機能語に該当する[1]．通常，文書で使用される単語トークンの50％から65％を占めると言われている機能語は著者が無意識のうちに使用するため，その文体を反映するのに適している[2]．

　「stylometry」という用語を初めて使用したのは，ポーランドの哲学者ヴィンツェンティ・ルトスワフスキ（Wincenty Lutosławski, 1863-1954）である．ルトスワフスキはプラトンの様々な作品を用いて文章構造，語彙，語句などに対する定

量的な測定と統計分析を試み，作品の中で使用された様々な対話のスタイルを比較し，どの作品が本物のプラトンのものなのか，さらに傾向分析を通して作品間の著作順序を把握しようとした．このように，文体は単純な文章の構造を超えて著者の無意識的な表現方法を含んでいるため，テキストの真正性を把握する上で重要な役割を果たすものだ．

2 デジタル文体分析の現状

現在，デジタル文体分析の最も代表的な研究は，モステラーとウォーレス（Mosteller and Wallace）による『ザ・フェデラリスト（Federalist Papers）』（1964）に関する研究である．

『ザ・フェデラリスト』とは，1787年10月から1788年8月の間に複数のニューヨーク市の新聞に米国憲法の批准を支持及び促進する目的で筆名「Publius」によって寄稿され，連続して掲載された論評文85編の集大成を指す．アレクサンダー・ハミルトン（Alexander Hamilton），ジェームズ・マディソン（James Madison），ジョン・ジェイ（John Jay）の3名が実際の著者と推定されており，85編のうち73編の著者については大きな異論はなかったが，それ以外の12編の論評についてはハミルトンとマディソンのどちらなのかという長年の論争があった．

これに対しモステラーとウォーレスはベイジアン（Basey）アプローチという統計的方法を通して著者判別問題を解決した．彼らはハミルトンとマディソンが作成した様々な著作の比較的文脈における自由な単語（noncontextual words）の使用様相を観察したが，主に前置詞（'by'，'to'，'upon'），接続詞（'while'，'whilst'），冠詞（'an'）などの機能語と，'commonly'，'consequently'，'particularly' のような一部の副詞などがこれに該当する[3]．そして，これらの単語の相対的な頻度を比較分析し，論争の対象となった12本のエッセイの著者をマディソンだと結論付けたのだ[4]．

もう一つの研究として，イギリスの女流作家であるジェーン・オースティン（Jane Austen）の6つの小説作品のテキストを統計及び様々な計算技術で分析し，作家の文体的特徴を把握したジョン・バロウズ（Johns Burrows）の研究がある[5]．

特定の単語の頻度を調査することで言語使用に対するパターンや好みを把握し，ひいては潜在的なテーマを把握する計算法——本章でも使用する分析法であるDelta と Zeta——を考案した．これをもとに，作家の6つの作品間の相対的な類似性を把握することができ，その結果を主成分分析法で視覚的に表すことも行った．

最後に紹介するデジタル文体分析に関する先行研究は，デジタル文体分析の専門家であるジャックス・サヴォイ（Jacques Savoy）は，1789年から2020年までの米国の歴代大統領の就任演説文（inaugural speeches）と年次国政演説文（their annual State of the Union（SOTU）addresses）の文体的特徴と類似性を把握する研究を行った．高頻度語の相対的な頻度の推移，平均文の長さ，長い単語の使用比率，品詞別語彙の相対的な頻度分析を通じて，個々の大統領の特徴的な演説文スタイルと全体演説文スタイルの通時的変化を発見した．

例えば，いわゆる「合衆国建国の父（Founding Fathers）」と呼ばれる初期の大統領とクリントン（Clinton），ブッシュ（Bush）父子，オバマ（Obama），トランプ（Trump）などの演説文を比較すると，文はますます短くなり，6文字以上の長い単語の使用を控えるなど，大衆が理解

しやすいようにより簡潔で簡単な文章構造と語彙を利用した直接的な話法を好む傾向と，話し手と聞き手間の結合性を強化するために1人称代名詞（we）の使用が顕著な特徴がある．

3　方法論

(1)　分析対象

スペイン政府の公式ウェブサイト「La Moncloa」（www.lamoncloa.gob.es）では2000年代以降の首相による公式演説文の原文を提供している．ここではスペイン民選第5代首相であるホセ・ルイス・ロドリゲス・サパテロ（José Luis Rodríguez Zapatero），第6代首相であるマリアーノ・ラホイ・ブレイ（Mariano Rajoy Brey），そして現職の第7代首相であるペドロ・サンチェス・ペレス＝カステホン（Pedro Sánchez Pérez-Castejón）の公式演説文が確認できる．在任期間はそれぞれ7年8ヶ月9日（2004年4月17日〜2011年12月21日），6年5ヶ月15日，（2024年7月末現在）約6年2ヶ月に相当する．

著者の性別，年齢，性向，出身地など個人的な成長背景も文体に影響を与える可能性があるため（REFERENCE），3人の首相の背景を簡単に見てみると，いずれも男性で，サパテロ元首相とサンチェス首相はスペイン社会労働党（PSOE, Partido Socialista Obrero Español）所属であるのに対し，ラホイ元首相は国民党（PP, Partido Popular）所属である．3人の首相の生年月日はそれぞれ1960年，1955年，1972年生まれで，演説時の年齢はサパテロ元首相は44〜51歳，ラホイ元首相は56〜63歳，サンチェス首相は46〜52歳の時期にあたる．そして出身に関してサパテロ元首相は，スペイン中北部に位置するカスティーリャ・イ・レオン州に位置する都市であるバジャドリード（Valladolid）で生まれ育ち，ラホイ元首相はそれより西に位置するガリシア州都サンティアゴ・デ・コンポステーラ（Santiago de Compostela）で生まれ，幼少期を過ごした後レオン（Leon）に移り住んだ．サンチェス首相は首都マドリード（Madrid）で生まれ育った．

現在（2024年4月30日）現在，同サイトにはサパテロ元首相の1246本，ラホイ元首相の1197本，サンチェス首相の1078本の演説文が掲載されている．ここでは様々な種類の演説文を公開しており，タイプ別の検索機能こそないが，テキストのタイトルと形式，内容で様々なタイプの公共演説文を確認することができる．同サイトが公開している首相の演説文の種類は，Discurso del presidente del Gobierno（公式演説文），Comparecencia（出席発言），Entrevista（インタビュー），Conferencia de rueda（記者会見文），Respuestas（回答），Declaración（宣言文），Palabras/Saludos（挨拶），Intervención（発言）など様々である．

本章では，各首相が単独で発した演説原稿のみを収録している Discurso del presidente del Gobierno（公式演説文）と Intervención（発言）のみを分析の対象とした．これらに対し，他の演説文は複数の演説主体が存在する場合や，インタビューや記者会見文，出頭文のように対談形式の場合があるため，首相の発話スタイルを完全に把握することが難しいと判断し分析から除外した．また，Palabras/Saludos（挨拶）は首相の単独演説文だが，テキストの長さが不規則であり，数も少ないため本分析から除外した．

その結果，サパテロ元首相の演説文497本，ラホイ元首相の演説文272本，サンチェス首相の演説文241本のみを分析対象とした．それぞれ103万7106トーク

表 11-1 スペイン首相の演説文タイプ別分析対象件数

	Zapatero	Rajoy	Sánchez
Discurso	463件	185件	21件
Intervención	34件	87件	241件
	497件(1,037,106)	272件(602,587)	262件(781,586)

出典：筆者作成.

ン，602万3587トークン，78万1586トークンに相当し，まとめると合計242万余りの単語トークンで構成された計1031本のスペイン首相の演説文を分析した．表11-1はタイプ別のスピーチ文の数を示している．

(2) 分析方法

初めに演説文のテキストに対する概括的な語彙使用の様相を知るために，タイプ－トークン比率，語彙密度，長単語の比率，平均文の長さを測定した．

まず，タイプ－トークン比率（TTR, Type-Token Ratio）は，単語タイプの数とトークン数の比率を示す指標である．TTRは特定のテキスト内で使用された固有の単語の数（タイプ，type）を全体の単語数（トークン，token）で割って計算する．この比率は，テキストの語彙の豊かさを表すのに有用である．この比率が高ければ高いほど多様な語彙を使用し，様々なテーマや視点を扱ったことを意味する一方，この比率が低ければ限定的で反復的な語彙を使用したことを示す．

語彙密度（LD, Lexical Density）は，名詞，動詞，形容詞，副詞などの内容語（content words）の比率とテキストの長さの比率を示す．語彙密度が高ければより多くの情報を含んでいるテキストを，語彙密度が低ければよりシンプルで情報が少ないテキストを意味する．後者は主に口語表現に見ることができる．

次に，長い単語の比率（BW, Big Words）

を測定したが，ここでの長い単語とは，アルファベット6文字以上で構成された単語を指す．この比率が高ければ高いほどテキストはより高い複雑性を持ち，理解するのが難しいかもしれない．逆にBWの比率が低い場合，テキストはより単純な言語で構成されており，理解しやすくなる．

最後に，平均文の長さ（MSL, Mean Sentence Length）とは，テキストの平均文の長さを測定する指標のことだ．平均文の長さが長いとより複雑で難解なテキストであり，多くの場合，詳細な説明や複雑な推論が含まれている．一方で平均文の長さが短い場合，一般的に理解しやすいテキストであり，直截的でシンプルなコミュニケーションでよく使用される[6]．本研究はこのような概括的な語彙分析方法を通して演説文のテキストの複雑性，語彙の多様性，情報密度などを理解しようと試みるものである．

その後は演説文間の文体的類似性を把握するために，Burrowの2つの計算法，DeltaとZetaと呼ばれる方法を使用した．

Delta法は主に作家固有のスタイルを識別するために使用される．この方法は，各テキストが平均的なテキストとどの程度異なるかを比較してスタイルを決定する．そのため，冠詞，代名詞，接続詞などのよく使われる機能語に焦点を当て，作家の固有スタイルを把握し，作家間の文体の違いを比較することができる[7]．

次に，Zeta法は主にプロットや主な
内容の分析に用いられる．この方法は，
分析テキストから主要な内容を分析する
のに有用である．一般的にすべてのテキ
ストに出現する単語を削除し，代わりに
より特徴的な語彙に焦点を当ててテキス
トを分析する．この方法は中程度の頻度
の単語を維持しながら主な内容を把握す
るのに役立つものだ．

この2つの方法により，著者の文体と
テキストの主な内容をより明確に分析す
ることができる[8]．まとめると，Delta法
は作家固有のライティングスタイルを識
別するのに有効であり，Zeta法はテキ
ストのプロットや主な内容を把握するの
に有効である．

文体類似性分析のために使用したツー
ルは，Rという統計プログラミング言語
に組み込まれたデジタル文体分析パッ
ケージである「stylo」である．この
パッケージを通して文体類似性分析を簡
単に行うことができる．styloパッケー
ジには様々な組み込み関数——stylo
（ ），oppose（ ），classify（ ），rolling.delta
（ ），rolling.classify（ ）——が内蔵され
ており，様々な形の分析を行うことがで
きる（訳者注：各関数末尾の半角括弧には
実際は引数が入る）．

stylo の基本的な分析メカニズムにつ
いて説明すると，stylo（ ）機能を使用
して個々のテキストごとに最も頻度の高
い単語（Most-Frequent Words）のクラ
スター分析（Cluster Analysis, テキスト
データを類似したグループに分けて分析す
ること）と主成分分析（PCA, 次元を縮小
した後にデータ間の距離を測定すること）
を通すことで，テキスト間の距離（Dis-
tance Metric）を複雑な行列計算によっ
て把握することができる．また，このよ
うに計算されたテキスト間の距離を様々
な視覚化方法で表すことができる．さら

に oppose（ ）機能を利用して，特定の
作家が比較群の作家に比べて好む語彙と
好まない語彙のリストを算出し，これを
視覚化することができる[9]．

4 分析結果

(1) 概括的語彙分析

表11-2は，各演説文の一般的な言語
的及び文体的特徴を把握するための概括
的な語彙分析結果と統計的有意性を確認
するための一元配置分散分析（one-way
ANOVA）の有意確率（p値，p value）
を示している．

3人の首相による演説文の中で使用さ
れた単語のタイプ／トークン比率
（TTR）の数値を比較すると，ラホイ元
首相の演説文が0.432で最も高い数値を
示し，最も多様な語彙とテーマを扱う傾
向があるということができる．しかし，
有意確率が0.08であるため統計的有意性
は大きくなく，実際に首相間の差も非常
に小さいことが分かった．

演説文の中の語彙密度（LD）を比較
すると，やはりラホイ元首相の演説文が
0.380で最も高い数値を示しており，こ
れは他の首相の演説文より多くの情報性
を持つといえる．しかしこちらも有意確
率は0.08で統計的有意性が大きくなく，
首相間の差も非常に小さいことが分かっ
た．

長い単語（BW）の比率を測定した結
果も有意確率が非常に大きく出ているた
め，3人の首相の演説文の間に実質的な
違いはないといえる．

最後に，平均文の長さについて各演説
文中の文章を構成する平均単語トークン
の数で測定したところ，サパテロ元首相
の文章が平均32.4個のトークンで構成さ
れていることから最も複雑な文章構造と
詳細な説明を含む傾向があることが推測

表11-2 首相演説文に対する概括的語彙分析結果

	Zapatero	Rajoy	Sánchez	F	p値
Type-Token Ratio	0.421	0.432	0.428	2.472	0.08
Lexical Density	0.379	0.380	0.377	2.585	0.08
% of Big Word	0.401	0.400	0.402	0.37	0.69
Mean Sentence Length	32.4	27.3	25.7	177.9	0.000

出典：筆者作成．

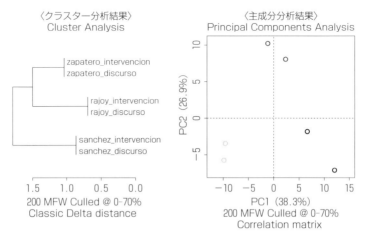

図11-1 首相演説文に対するDelta分析結果Ⅰ

出典：筆者作成．

できる．ラホイ元首相は平均27.4語を，サンチェス首相は25.8語を使用することが示され，3人の首相の平均文の長さは統計的にも有意差があること（$p<0.05$）を示した．これはSavoyの研究で言及された米国大統領の演説文における平均文の長さの減少傾向と同様の傾向を示している．このような語彙に対する概括的な文体特徴の分析結果は，その後の詳細で比較的な研究のための基礎資料となる．

(2) **文体的類似性分析Ⅰ：Delta分析**
前項で述べたスペイン政府の概括的な語彙分析の結果を基に，文体的類似性分析のための最初の方法であるDelta分析を行った．この方法は，三首相の演説文間の類似点と相違点を識別することに重点を置いている．具体的には，高頻度語（MFW）を基にクラスター分析（Cluster Analysis）と主成分分析（PCA, Principal Component Analysis）を実行した．

図11-1は全発話文コーパスで最も頻出する200個の単語（MFW）の単語リストを作成し，特に分割せずに（no sampling），全テキストの70%以上（Culling）にのみ出現する単語を基に文書間の距離的類似性を視覚的に表した結果である．

通常使用される高頻度語（MFW）の数は100～500個だが，様々な数値でテストして適切なデータの特徴を最も表す数

値を見つけなければならない[11]. 参考までに, MFW の数値をそれぞれ300, 400, 500に設定しても図11-1と大きな違いはなかった.

クラスター分析は, 類似性の高い文書同士が段階的にクラスターを形成し, コーパスを構成する文書間の相対的な類似性を測定する. クラスター分析結果のX軸はノード（node）またはクラスター（cluster）間の接続点（branch）からの相対的な距離を示し, 結合点が0に近いほど2つの文書間の類似性が高いということである.

図11-1の左側を説明すると, まず首相別演説文のタイプ間で最も近いクラスターを形成していることがわかる. これは首相たちは演説文のタイプが異なっていても固有の文体的特徴を維持していると解釈することができる. 特にラホイ元首相の2つのタイプの演説文は結合点が最も0に近いことから, 相互類似性が最も高いと思われる. また, 首相間では, ラホイ元首相とサパテロ元首相の演説文がサンチェス首相の演説文よりも比較的類似性が高いことがわかる.

これらの発見は, 図の右側にある相関行列（Correlation Matrix）を使用した主成分分析（PCA）の結果でより視覚的に確認することができる. 主成分分析では複雑な高次元データを簡素化しながらも核心的なパターンを維持し, データの主要な属性を明らかにして各データポイント間の相関関係をより簡単に把握することができる[12].

特に, 主成分分析の結果画面では第1主成分（PC1）と第2主成分（PC2）がそれぞれ全体の変動性の38.3%と26.9%であると表示されており, これは演説文全体の主要な変動性の約65%を占めていることになる. すなわち, 残りの主成分を含まずともこの2つの主成分だけで演説

文の主要構造やパターンの相当部分を理解できることを意味する.

しかし, 首相の個々の演説文を2つの詳細タイプに分けた合計6つの演説文コーパスに対する主成分分析の結果について, これといった解析は得られなかった. このように, データ構成が複雑で多様であればあるほど表面的な分析だけでは重要なパターンや関係を把握することは容易ではないため, 精密な分析を通してデータの微差と隠れている構造を探求してみたい.

図11-2では, 図11-1と同様に高頻度語（MFW）を200に設定し, カリング（culling）数値を70%に設定したが, それぞれ異なる長さの演説文6つのファイルを4万語に分割（normal sampling）し, クラスター分析と主成分分析を行った結果を示している.

驚くべきことに, 依然として首相間のクラスター区分は明確である. これは, 3人の首相の演説文体には明らかな差異があることを証明している. しかしサンチェス首相の演説文の断片（緑色で表示）は他の2人の演説文とは異なるクラスターに属していることから, サンチェス首相の演説文の文体は他の2人の首相の演説文体に対し類似性が低いことがわかる.

一方, 図11-2の右にある主成分分析結果によると, PC1とPC2の合計が全体の変動性の約35.3%となっており, 図11-1に比べて低い数値である. しかし, 表11-3にあるように, 第1主成分（PC1）と第2主成分（PC2）を構成する単語を見てみると, ある程度の説明はできる.

主成分1（PC1）に寄与する単語としては「los（男性複数形定冠詞／目的代名詞）」, 「del（～の）」, 「ello（中性代名詞), 「las（女性複数形定冠詞／目的代名詞)」のような機能語や, 「período（期間)」,

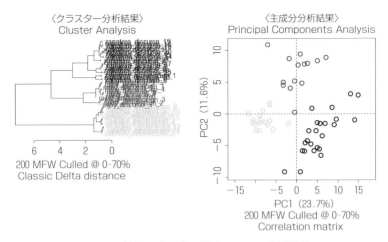

図11-2 首相の演説文に対する Delta 分析結果 II
出典：筆者作成.

表11-3 首相演説文に対する主成分分析に影響を与える単語

主成分1(PC1)に寄与する単語とローディング値	los	periodo	asimismo	del	mayor	ello	las	vigor	condiciones	funcionamiento
	0.04983782	0.04812288	0.04608371	0.04565225	0.04453354	0.04441388	0.04435874	0.04391427	0.04370727	0.04325753
主成分2(PC2)に寄与する単語とローディング値	sociedad	singular	progreso	pueblos	investigación	desarrollo	gran	dignidad	agradecimiento	tierra
	0.05251380	0.05152041	0.05117638	0.05093660	0.05080163	0.05042849	0.05003728	0.04993739	0.04971779	0.04941067

出典：筆者作成.

「vigor（力）」，「condiciones（条件）」，「funcionamiento（機能）」など，公式の文書や報告書などで使われそうな用語であり主に形式的で構造的な表現に関係しているのに対し，主成分2（PC2）に寄与する言葉としては，「sociedad（社会）」，「progreso（進歩）」，「pueblos（村）」，「investigación（研究，調査）」，「desarrollo（発展）」，「tierra（土地）」などの社会的な問題を扱う言葉や，「singular（特別な）」，「gran（偉大な）」，「dignidad（尊厳）」，「agradecimiento（感謝）」のように人文的，倫理的価値に関連する主題がある．このような2つの主成分が，三首相の演説文の文体上の差異を区別していることが分かる．

(3) 文体的類似性分析 II : Zeta 分析

それでは，三番目の分析結果である文体的類似性分析結果 II，Zeta 分析の結果を見てみよう．Zeta 分析は，ある演説家を他の二人の演説家と比較した時に顕著な固有の文体を調べるための方法であり，代表的には Craig's Zeta 法と Eder's Zeta 法を使用して分析を行うことができる．

図11-3 は，サパテロ元首相の演説文に対する Eder's Zeta 法の分析結果を示している．

図11-3 下側のグラフ上の丸印は，他

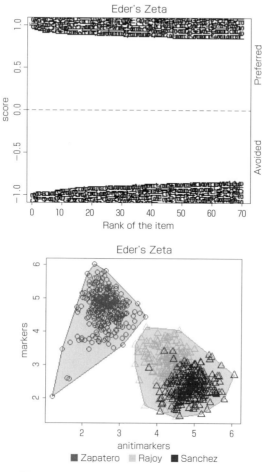

図11-3 サパテロ元首相の優先語彙の分布
出典：筆者作成．

の2人の首相と比較して，サパテロ元首相が多く使用した語彙を示している．各記号で示される点の外側の境界をつなげて作った多角形によって各首相の好む語彙が重なる程度を把握することができる．サパテロ元首相の多角形（図内左）はラホイ元首相の多角形（図内右）と一部重なる箇所があるものの，両首相のテキストは明確に区別できる．これは彼ら固有の語彙と文体を表している．

図11-3 上側のグラフに示されるよう に，上位70語の語彙を基に具体的な優先語彙を見ると，サパテロ元首相が（他の2人の首相と比較して）より好む語彙は以下の通りである——「Iraq（イラク）」，「Kofi/Annan（国連事務総長）」，「Obama（オバマ）」，「norteamericano（北米の）」，「Kyoto（京都）」，「Copenhaguen（コペンハーゲン）」，「kosovo（コソボ）」，「leones（a）（レオン地方の）」，「discapacitados（障害者）」，「sindicato（労働組合）」など．これは，在任中の様々な国内およ

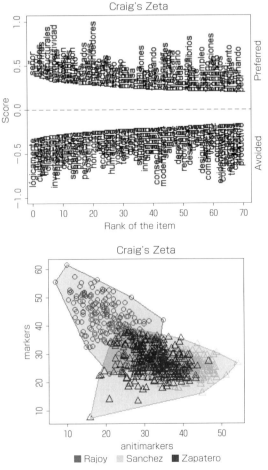

図11-4 ラホイ元首相の優先語彙の分布
出典：筆者作成．

び国際的な問題について言及していることを表している．例えばスペインのイラク撤退，気候変動対応，京都議定書(1997)，コペンハーゲン国連気候変動会議（COP15, 2009）や，自身の出身地（レオン）に言及することで地域的支援を強化すること，オバマ米大統領との気候変動及び国際経済回復，テロ対応などでの協力，コソボ独立に対する他の EU 諸国との立場の差などである．

特筆すべきは「poetas（詩人たち）」という語彙が上位に位置していることで，これはしばしば社会的変化と革新を促す声を代弁する詩人の作品や思想を引用して自身のメッセージを強化していることを示している．

次に図11-4は，ラホイ元首相の演説文に対する Craig's Zeta 分析の結果を示している．

図11-4下側のグラフ左上の丸印は，

他の２人の首相に比べてラホイ元首相が多用した語彙を示している．ラホイ元首相が他の２人の首相に比べてより優先する語彙を分析した結果，図11-4の上側のグラフに見られるように，上位70語に含まれる語彙には「reformas（改革）」，「structural(es)（構造的）」，「recesión（不況）」，「euro（ユーロ）」，「deficit（赤字）」，「competitividad（競争力）」，「emprendedores（起業家）」，「rescate（救助）」，「fiscal（財政，税の）」，「credito（信用，融資）」，「empleo（雇用）」などがある．これらの単語は，ラホイ元首相が在任中に国家債務，失業率，家計ローン増加などの経済危機状況とこれを克服するための構造改革などの時事的な問題に集中したことを表している．また，'usted'，'señor(a)' など 'you' のように丁寧な人称代名詞を頻繁に使用し，公的でフォーマルな口調を好む傾向が看取できる．

　一方でラホイ元首相が他の２人の首相に比べて多用しない語彙（上位50語に含まれる単語）としては，「女性（mujeres）」，「ciudadanía（市民権）」，「igualdad（平等）」，「pobreza（貧困）」，「diálogo（対話）」，「cohesión（結束）」などが挙げられる．この結果からはラホイ元首相が社会的平等や市民の結束よりも経済的な問題に関心があったことを示唆している．

　さらに，前述の通りサパテロ元首相の語彙と重複する部分があるため，両首相の政策やコミュニケーションスタイルに共通点がある可能性があることもわかる．

　最後に図11-5は，サンチェス首相の演説文に対する Craig's Zeta 分析結果である．

　図11-5下側のグラフ左上の丸印は，他の２人の首相に比べてサンチェス首相が顕著に多く使用した語彙を示している．Sánchez 首相が他の２人に比べて優先して使用する語彙は上側のグラフに見られ

るように，上位70語の中には，「pandemia/covid（コロナウイルス）」，「emergencia（緊急事態）」，「desafío(s)（挑戦）」，「resiliencia（回復力）」，「transición（転換）」，「transformación（変化）」，「digital（デジタル）」，「digitalización（デジタル化）」，「climático/a（気候の）」，「verde（緑の）」，「ecológica（生態学）」，「ESG（環境・社会・ガバナンス）」，「Putin（プーチン）」，「ucrania（ウクライナ）」，「desigualdad（不平等）」などがある．これらの言葉はサンチェス首相がコロナ禍の克服や，デジタル大転換，気候変動，ロシア・ウクライナ戦争などの時事問題へ関心を持っていることを反映している．また，サンチェス首相は「vosotras（you- 複数女性形）」，「trabajadoras（女性労働者）」，「ministra（女性大臣）」などの性別を区別する表現を頻繁に使用しており，女性の役割を強調していることが分かる．

　特筆すべき点としては，よく使う副詞には「solamente（ただ）」，「técnicamente（技術的に）」，「evidentemente（明らかに）」，「precisamente（正確に，まさに）」などがあり，これらの語彙からは彼の演説が明確かつ具体的で，正確な表現を重視していることが示唆されている．

　Craig's Zeta グラフによると，サンチェス首相の優先語彙の多角形は他の２人の多角形と接点がなく明確に区別されている．つまり，サンチェス首相は特に他の二首相と優先語彙の使用態様が明らかに異なっているのである．この分析から，サンチェス首相がどのように彼の政治的・社会的関心を反映しているのか，そして彼のスピーチが他の首相とどのように異なるのかを明確に把握することができる．これは，各政治家の固有スタイルと語彙の使用を理解する上で非常に有用だ．

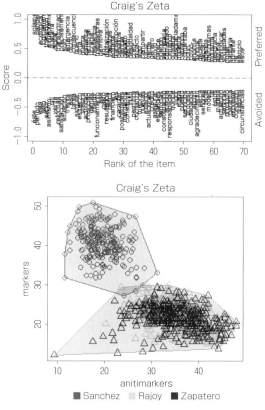

図 11-5 サンチェス首相の優先語彙の分布
出典：筆者作成.

5 議論と結論

本研究は，スペインの3人の首相（サパテロ，ラホイ，サンチェス）の演説文を対象に，文体的な類似性と差異を分析するために様々な語彙的及び統計的分析技法を用いた．

まず，概括的な語彙分析によって三首相の演説文で使用された単語の多様性，情報密度，文の複雑さを評価した．具体的にはタイプ-トークン比率（TTR），語彙密度（LD），長語比率（BW），平均文の長さ（MSL）を通し，各首相の演説文がどのような文体的特徴を持つかを分析した．その結果，ラホイ元首相の演説文が比較的高い語彙の多様性と情報密度を示したが，統計的な有意差は大きくなかった．一方でサパテロ元首相の演説文は最も長い平均文章を示し，より複雑な文章構造を使用していることが分かった．

その後，Delta 分析と Zeta 分析を通して，三首相の演説文の文体的な類似点と相違点をさらに深く探求した．Delta 分析の結果，3人の首相の演説文は高頻度語（MFW）を基準にクラスター化され，各演説文が固有の文体的特徴を維持していることを確認した．特に，ラホイ

元首相とサパテロ元首相の演説文がサンチェス首相の演説文よりも相互的な類似性が高いことが分かった.

主成分分析（PCA）においても，主要主成分（PC1，PC2）がデータ全体の変動性の相当部分を占め，文体的な違いを明らかにした．まず Zeta 分析では各演説文で顕著な固有語彙の使用パターンを確認した．サパテロ元首相は国際問題や社会的な変化を強調する単語を主に使用したのに対し，ラホイ元首相は経済問題や構造改革に焦点を当てた語彙を好んだ．サンチェス首相は，コロナ・パンデミック，デジタル転換，気候変動などの現代的な問題に関連する語彙を多く使用し，他の2人と明確に区別される文体特性を示した.

本研究の意義は，スペインの文化，歴史，政治，言語に関する専門知識とデジタル技術を組み合わせ，各首相の演説文体の一貫性と変化を分析しようとした点にある．これによって各首相がどのように政策を効果的に伝達したのか，多様な聴衆とどのようにコミュニケーションをとったのかについての洞察を試みた．文体の類似性方法論を通して，複数の公共演説者による演説文の文体的な相互比較が可能であり，さらに演説スタイルの一貫性と差異を分析することができた．また，具体的な使用語彙の考察をすることで，各首相の政策の優先順位と，それを国民に伝達する首相の固有な方法——口調や話法——を確認することができた.

おわりに

デジタル人文学の研究者・教授として，デジタル人文学の研究をする理由を常に考え，後学をこの世界に招待するために本研究者が考えるデジタル人文科学の必要性と定義とは何かについて，いくつか

の引用を紹介し本章を締めくくりたいと思う.

以下の引用は，北米でデジタル人文学が胎動する頃の2011年，複数のデジタル人文学者による「デジタル人文学とは何か」という質問に対する回答の一部を抜粋したものである[13].

- 「人文学の作業を行うためにコンピューターツールを使用すること」（John Unsworth）
- 「デジタル技術を適用して人文学の知識を学習し構築して，共有する内省的で理論的な情報に基づいた協力的な実践コミュニティ」（Kathryn E. Piquette）
- 「人文学が行うさまざまなデジタル作業を包括する総合的用語」（Kathie Gossett）
- 「転換の瞬間を表す名前……最終的には単に「人文学」と呼ばれるようになる一時的な別称」（Mark Marino）

上記の定義のうち，筆者自身は Mark Marino の定義に最も同意している．Mark Marino はデジタル人文学を「転換の瞬間を示す名前」と定義し，肯定的に単に「人文学」と呼ばれるようになる一時的な別名であると表現している．これは，デジタル人文学が最終的に伝統的な人文学研究の一部として自然に統合されることを示唆している.

このように，デジタル人文学は様々な定義と視点があるが，核心はデジタル技術と人文学の融合を通して，より豊かで深い研究を可能にするということだ．これは，私たちの研究や教育方法を革新し，新たな洞察を得る上で重要な役割を果たすことになる．拙論を読むデジタル人文学者とデジタル人文学の後続世代も，このようなデジタル人文学の本質を理解し，今後の研究と学習に積極的に活用してくれることを願って本章を終える.

注

1）Aiden, E.（キム・ジェジュン訳）『ビッグデータ人文学——進撃の序章』四季，2015年．

2）Burrows, J. F. "'Delta': A Measure of Stylistic Difference and a Guide to Likely Authorship," *Literary and Linguistic Computing*, 17(3), 2002, pp. 267-287.; Savoy, J., *Machine Learning Methods for Stylometry*, Springer, 2020.

3）Mosteller, F. and D. L. Wallace, "Deciding Authorship," in J. L. Tanur (ed.), *Statistics: a Guide to the Unknown*, Holden-Day Inc., 1972.

4）Mosteller, F. and D. L. Wallace, "Inference in an authorship problem: A comparative study of discrimination methods applied to the authorship of the disputed Federalist Papers," *Journal of the American Statistical Association*, 58(302), 1963, pp. 275-309; Mosteller, F. and D. L. Wallace, *Inference and disputed authorship: The Federalist*, Addison-Wesley, Reading, Mass, 1964.

5）Burrows, J. F., *Computation into criticism: A study of Jane Austen's novels and an experiment in method*, Clarendon Press, 1987.

6）Savoy, op. cit..

7）González, J. E., M. F. Camacho, and M. Barbosa, "Detecting Modernismo's Fingerprint: A Digital Humanities Approach to the Turn of the Century Spanish American Novel," *Review: Literature and Arts of the Americas*, 51(2), 2018, pp. 195-204. 再引用（Burrows 2002）

8）González et al., op. cit.. 2018 再引用（Burrows 2002）

9）Eder, M., J. Rybicki, and M. Kestemont, "Stylometry with R: a package for computational text analysis," *The R Journal*, 8(1), 2016; Eder M., J. Rybicki, M. Kestemont and S. Pielstroem, *Package 'stylo'* 2019〈https://cran.r-project.org/web/packages/stylo/stylo.pdf〉, 2024年4月30日アクセス．

10）Savoy, op. cit..

11）チャン・ソンヒョン「ミルトン，ワーズワース，キッツの叙事詩——デジタル定量文体分析」『18世紀英文学』21(1)，韓国18世紀英文学会，2024年，pp. 35-76.

12）チャン・ソンヒョン，前掲「ミルトン，ワーズワース，キッツの叙事詩——デジタル定量文体分析」．

13）Gold, M. K. (ed.), *Debates in the Digital Humanities*, U of Minnesota Press, 2012.

第IV部

情報知でデジタルヒューマニティーズを支える

第12章
AI による韓国語発話の社会的要因の検出

宋　相憲（根来由紀 訳）

はじめに

　AI をめぐる最近の言説は，単に技術的な問題にとどまらず社会的，文化的，政治的な問題まで包括している．このような文脈において，本章は AI アルゴリズムが言語データに含まれる社会言語学的要因を判別できるレベルまで到達したかどうかを確認する．具体的には，計算社会言語学研究の国際的な傾向をもとに，韓国語話者の年齢，性別，地域を対象として韓国語言語モデルの社会言語学的特徴を扱う．すなわち，本章の研究問題は次のようなものである．ディープラーニングアルゴリズムが入力されたテキストから社会的変因の特徴を学習し，判別できるのか．

　上記のような研究問題に対する自分なりの工夫として，本章は実装と分析のためにトランスフォーマー（transformer）ベースの韓国語言語モデルを使用する．後述するが，これは大規模な韓国語コーパスを通して事前学習（pre-training）を行った結果である．韓国語言語モデルにも様々な種類があるが，本章ではその中で最も代表的な KLUE-RoBERTa-base モデルを使用する．このモデルに基づき，話者のメタ情報（例えば地域，性別，年齢など）を含むドメイン適応用データを用いて微調整を行う転移学習方式を採用する．

　本章は，言語モデルに対するこれまで

と異なる方向の検証を可能にする点に意義がある．これまで，言語モデルに対する検証は言語的および非言語的な次元で多様かつ深く行われてきた．しかし，言語モデルの言語能力に対する検証は文法的制約のような特定の言語現象に限定されてきたという点で完全な検証とは言えない．言語モデルが人間のように自然な言語能力を備えるためには，より複雑な言語現象に対し理解する能力が必要であり，ここでいう「複雑な言語現象」には実際に言語が使用されている社会的な文脈まで含まれるべきである．もし言語モデルが入力された発話を分析し，その発話を出力した話者が地域，年齢，性別を基準にどのグループに属するかを予測することができれば，韓国語を社会言語学的側面から理解する能力を備えていると言えるだろう．このような側面から，本章は韓国語言語モデルの実際の言語能力を別の角度から，あるいはより広い側面から見る試みといえる．

1　背　景

　言語は社会的な文脈で使用されている．人々は言語を通じて自分のアイデンティティを表現し，社会集団に属していることを示す．

　このような属性を最も代表的に示しているのが地域の方言である．特定の方言を使用することは，その地域や集団に属していることを表す最も簡単な方法だ．

ソウルで長く暮らした慶尚道の人でも，東部の人に会うとすぐに慶尚道の方言に変わる．全羅道や済州島などの他の地域も同様だろう．地域の方言を使用することは，自分の出身地を示し，その地域の人々との絆を強化する簡単な手段なのだ．

このように，言語使用は様々な社会的要因と影響を及ぼし合っている．このような関係に注目し，言語が社会とどのように相互作用しているのかを研究する学問を，しばしば社会言語学と呼ぶ．

社会言語学の最も重要な仮定があるとすれば，言語使用を本質的に社会的行動であると仮定することである．そして，他の分野と同様に，社会言語学という学問体系にも骨格をなす核心概念がある．社会言語学の核心概念を挙げよと言われれば，筆者は「言語変異」と「言語権力」と答えるだろう．

(1) 言語変異

まず，「言語変異」とは同じ言語でも地域，社会階層，性別などによって異なって使われる可能性があることを意味する．すなわち，性別，階層，年齢，地域などの社会的要因に依存する言語的変異の一つを意味するものだ[1]．例えば，私たちはさまざまな社会的状況によって異なる話し方をする．友人と話す時と職場の上司と話す時とでは使用する言語が異なり，このような違いは社会的規範や期待によって自然に形成される．つまり，言語は単にコミュニケーションの道具であるだけでなく，社会的アイデンティティと階層関係を表す重要な媒体として機能している．

言語に関連する社会的変異にも様々な詳細項目が存在する．社会言語学で最も多く研究されているテーマの一つは，性別による言語使用の違いである．このような研究は，性別によって異なる認知力と行動を持ち，言語的な違いがあるだろうという仮定に起因する．また近年では，男女の生物学的区分による違いだけでなく，性的アイデンティティによる言語使用の分布の違いについても様々な研究が報告されている．

次に，同じ言語でも地域によって異なる形で使われることを指す地域的変異がある．国土がさほど大きくない韓国の中でも，地域によって言葉が多様に分化している．同様に，日本でも地域色が強く現れる方言がいくつも存在する．英語圏でも，大陸圏によってイギリス英語，アメリカ英語，オーストラリア英語，カナダ英語などの区分があり，さらにはアメリカの中でも東部，西部，南部などの地域によって英語の使用に違いがある．このような地域ごとの方言は，その地域の人々のアイデンティティと大きな関連性を持つ．

年齢によって現れる言語の違いも社会言語学の主要な研究テーマである．例えば青少年はしばしば大人が理解できない新造語やスラングなどを使用する．そして就職する時期になると，言語使用に一定の変化を経験する．Holmes は，30代と50代が社会生活で最も活発に活動するため，社会規範の圧力で標準言語タイプを使用する傾向が強いという点を明らかにした[2]．このような年齢による言語変異もまた，各世代を大別する特性となると同時に，場合によっては世代間のコミュニケーションにおいて重要な役割を果たしている．

以上の項目以外にも社会的移動，社会的アイデンティティ，社会的連帯など様々な要因によって言語変異は継続的に発生する．このように，年齢，地域，性別，階層などの社会的変因によって異なる言語変異型を使用域と呼ぶ．

使用域は二つの重要な特性を持ってい

る．第一に共有性と差別性である．例え
ば，青少年は青少年なりの言語パターン
を共有するが，同時に青少年が主に使用
する言語と高齢者層が主に使用する言語
の間に違いがあるはずである．

第二に，使用域は広範な社会文化的脈
絡でテキストを解釈する基準点の役割を
果たす．例えば，韓国語の話者は聞き手
の年齢や会話の状況に応じて特定の言語
使用方法を選択する．これによって使用
域は言語使用において，会話の裏側に込
められたメッセージの内容を明らかにし，
文脈的意図を発現させるシステムとして
機能するのだ．

(2) 言語権力

次に，もう一つの重要な概念として
「言語と権力」の関係を考えることがで
きるだろう．

言語は権力関係を表し維持する道具と
して使われることがある．代表的には政
治演説で使用される言語表現が人々の思
考と行動にどのような影響を与えるかを
思い浮かべることができる．政治家は特
定の語彙と文体を使用して自分の権威を
強調し，聴衆の感情を刺激することが多
い．

最近では，いわゆるヘイト表現や言語
使用に含まれる偏向性などの研究も社会
言語学の重要な関心事となっている．ヘ
イト表現とは，特定の属性を理由に個人
や集団を攻撃する言語行動を指す．この
ような属性には，性別，障害，宗教，年
齢，出身地域，人種などが含まれ，社会
的平等と統合を阻害する非常に深刻な問
題として浮上している．

同様に，社会的あるいは政治的偏向性
の問題も社会言語学の重要なテーマとし
て浮上している．社会言語学は基本的に
言衆（訳者注：共同生活をしながら同じ言
語を書く人たちの意）が日常生活で生産

する言語データを分析の対象とする．そ
して，そうして言衆が作り出すデータの
中には，性別，人種，年齢などに対する
様々なバイアスが多数内在している．言
衆の言語使用が特定の視点や特定の集団
に偏っている時，あるいは特定の人口集
団に対するデータが全く除外されている
時にその偏向性が生産される．例えば，
ニュースデータは特定の政治的傾向を反
映する可能性があり，ソーシャルメディ
アデータは特定の年齢層や地域の意見を
過大評価する可能性がある．このような
偏向性は，文字通りデータの中に「潜
在」しているため，通常は直接捕捉され
ない．

問題は，最近のいわゆる AI 技術がこ
のような偏向性を露出させるだけでなく，
時には増幅させるのに非常に有利な環境
を提供していることである．これらの問
題は，AI 技術が発展するにつれて私た
ちの社会が直面する重要な課題になるだ
ろう．まとめると，AI 時代に社会言語
学はまた別の重要性を持つようになった
のである．

(3) 社会言語学と AI

社会言語学と AI がどのような関連性
を持っているのかもう少し確認してみよ
う．AI はもはや実験室で使用されるプ
ロトタイプの環境ではなく，すでに私た
ちの日常生活に深く入り込んでいる．そ
のため，AI システムが言語を処理し生
成する方式は，社会的脈絡と言語の変異
を十分に理解しなければならない．つま
り，社会言語学的な知識は AI が言語
データを分析し理解するうえで重要な役
割を果たすことができるのだ．

例えば外国人と会話をする場合，韓国
の文化と社会に対する理解と背景知識を
ある程度備えている外国人と会話をする
方が，そうでない外国人と会話をするよ

りもはるかに容易である．すなわち，効率的なコミュニケーションにおいてその社会的文脈に対する理解は大きく貢献するのだ．

AI も同じような文脈で理解できる．例えば，AI チャットボットが多様なユーザーと効果的にコミュニケーションするためにはユーザーの社会的背景や言語の変異などを考慮する必要がある．AI がユーザーとの会話の中でそのユーザーの方言やスラングまで理解して使用することができれば，その会話はより自然で効果的なものになるだろう．

前述の偏見やヘイト表現についても同様だ．先に述べたように，AI にも人間が持っているような様々な偏見が内在している可能性がある．なぜなら AI の学習成果物はその学習データの性格にそのまま従属するからだ．

AI バイアスとは，人間のバイアスによって元の学習データまたは AI アルゴリズムが歪められ，有害な結果をもたらす現象を指す．AI が学習するデータに含まれる社会的偏見を学習過程でそのまま受容すれば，そのシステムは特定のユーザーグループに不利な結果をもたらす可能性がある．

例えば，ソウル標準語だけを学習したAI が慶尚道や全羅道の方言を正しく理解できない場合，その地域のユーザーはサービスに対し疎外感を感じる可能性がある．これは，AI システムが公平に機能していないことを意味する．しかし，反対に AI が与えられた談話から政治的偏向を検出することができれば，これは非常に有用な分析ツールになる．

つまり，偏向性と倫理性のような社会言語学的側面からも AI を理解する必要があるのだ．社会言語学的知識をどのように AI システムと結びつけて活用するかによって，より発展的な成果が期待で

きるかが決まるからだ．

改めて強調するならば，言語は単なるコミュニケーションツールであるだけでなく，社会的関係と権力構造を反映し形成する媒体である．言語 AI が実際に言語が使用されている社会像を反映し，大多数の言語使用者と能動的にコミュニケーションするためには，AI に多様な社会的背景と階層を反映するデータを学習させる必要がある．すなわち，AI が特定のグループに偏ることなく，すべてのユーザーに平等にサービスを提供できるようにしなければならないという当然のことである．

もし AI の学習データが特定の性別や人種に対して偏った表現を含んでいる場合，これは社会的不平等を強化する可能性がある．言い換えると，特定の社会的集団に否定的な表現を含むデータを学習した AI はその偏見を再現し，差別的な結果をもたらす可能性があるのだ．したがって，AI システムは公正で差別のないデータに基づいて学習する必要があり，そのためには様々な社会的背景を反映したAI の設計が必須である．社会言語学の知識は，このような表現が様々な文脈でどのように現れるかを含む一種の学習進行表の役割を果たすだろう．

(4) 計算社会言語学

本章の理論的背景は，計算社会言語学（Computational Sociolinguistics）として要約することができる．これは社会言語学と計算言語学の二つの応用言語学分野を再融合させた言語学分野である[3]．社会言語学の研究対象に計算言語学の分析方法論を適用したもので，その本格的な歴史は10年ほどにしかならない．その短い歴史にもかかわらず，計算社会言語学の分野では，特に米国を中心に興味深い研究事例が数多く生み出されている．計算

社会言語学の出現の背景には様々な要因があるだろうが、社会の変化するスピードと幅がデジタル社会で非常に増加したことが大きいだろう。伝統的な社会言語学的研究方法論ではその速度と範囲を十分に捉えることが難しくなったため、言語データに対する電算処理方法論の力を借りるようになったのである。

計算社会言語学は、膨大なデジタルデータを活用して、言語と社会的アイデンティティの関係、特定の言語を使用する共同体や社会を研究する分野である。したがって筆者は、言語学の諸分野の中で最もデジタル人文学的な性格を強く持つ詳細領域がこの計算社会言語学であると考えている。

近年の計算社会言語学は、前述したように言語モデルを含む自然言語処理研究とともに発展してきた。代表例として、Stoop と van den Bosch の研究では言語モデルに基づく単語予測システムを通して言語ユーザーの社会経済的地位を測定した。[4] データは X（旧 Twitter）のようなSNS を活用し、社会的に同質的な属性を持つ特定のユーザーグループは類似の言語パターンを共有することを実証した。彼らの研究は、社会言語学と AI 研究の協力が可視的な成果を生み出すことができることを立証している。

ほとんどの一般的な社会言語学研究と同様に、計算社会言語学でも話者の年齢、性別、地域の3つの要素が重要な変数として明示されている。特に英米圏ではこれら3つの言語変異を基盤とした先行研究がすでに蓄積されている。[5]

しかし、韓国国内では韓国語を対象とした計算社会言語学的研究はまだ目立ったものがない。韓国語の AI 言語モデルに関する研究は大きく進展しているにもかかわらず、その言語モデルの社会言語学的属性を調べた研究は管見の限り多く

ない。

本研究はこのような現状の中行われた一種の事前研究だ。韓国語言語モデルの社会言語学的属性検出機能を調査し、今後社会言語学研究を AI ベースで進めることができるか、その可能性を探るものである。

データに基づき、社会的環境が使用域にどのような影響を与えるかを把握しようとする努力は継続的になされている。韓国語でも、使用域の区分による特定の文法カテゴリーの発現はデータに基づいて広く研究されてきた。また、バイリンガルの使用域を分析したデータベースの比較研究も多数存在する。具体的にコーパスを活用した社会言語学研究は、韓国語を対象にしてもかなりの数を占めている。つまり韓国語の社会言語学研究において、定量的な分析と検証はすでに長い間、幅広く行われてきたのである。

しかし、厳密な意味でこれらの研究をコンピュータ社会言語学と規定するのは難しい。データを確認しただけで、プログラミングを通じた数理的な予測まで行われたわけではないからだ。

もちろん、韓国語社会言語学に電算的方法論を用いた事例がなかったわけではない。一部の研究では、サポートベクターマシン（Support Vector Machine）のような頻度ベースの機械学習アプローチを適用した事例がある。[6] これらの事例も、韓国語の言語表現から様々な社会言語学的現象を自動的に抽出することができたという点ではそれなりの強みを持つ。

しかし、研究で活用したデータの数がやや限定的で、より最新の例示技法を適用していないという限界がある。少なくとも筆者が知っている範囲では、これまでディープラーニング技術が社会言語学研究に本格的に導入された事例で目立ったものはなかった。まして韓国語の社会

言語学研究ではそのような類似事例すら見当たらない．本研究は，トランスフォーマー系列の最近のディープラーニングアルゴリズムを明示的かつ全面的に使用するという点で，先行研究と差別性を示している．

2　分析の内容と方法

先述したように，社会言語学は人間の言語を社会的行動の一種とみなしている．言い換えると，社会言語学における言語能力とは与えられた社会環境内で言語を使用するコミュニケーション能力と等しい．この時，コミュニケーションに関する様々な社会的変異現象が存在するが，年齢，性別，階級，地域，会話参加者間の関係，会話の目的などがそれにあたる．

本章では，深層学習アーキテクチャを構成し，与えられた言語表現から異常な変因を自動的に検出できる仮想的な AI 環境を構成する．人間の場合，私たちは会話の相手が隠れていても上記の変因をある程度予測することができる．私たちに伝達される文字データ（例えばカカオトークのメッセージやメール）だけを見ても，私たちは書き手がおよそ老年層なのか若年層なのかを予測することができる．あるいは，他人の会話を観察してみると，その二人の地域情報（例えば慶尚道か全羅道か）を簡単に推測することができる．AI が人の言語能力，より具体的にいえば言語の社会的文脈を理解する能力を実際にモデル化した場合，このような能力を人間と同様に駆使できるはずなのだ．

2024年現在利用可能なディープラーニングアーキテクチャは，韓国語の代表的な事前学習モデルに転移学習（transfer learning）を適用した分析と，GPT などの大規模言語モデルに基本的なプロンプトエンジニアリングを適用した分析が存在する．本章では，このうち前者を使用する．大規模なデコーダーモデルを活用したチャットボットを使った実験は，よく知られているフューショット（few-shot）学習に基づき，プロンプトを通して言語モデルの社会言語学的判別能力を推論的に確認する方式であり，もちろんこの方式も昨今有用とされているが，予備実験の性格を持つ本章では適用しないことにする．

事前学習（pre-training）は大規模なコーパスデータを通して言語モデルが自己指導学習を行う過程だと定義されている．

これとは対照的に，ファインチューニング（fine-tuning）とは，事前学習を経た言語モデルが特定の課題の実行のために特定のデータセットに対する学習を行う過程をいう．技術的に説明すると，性別，年齢などの社会的関係が単語トークンの逐次分布から検出可能かどうかを計算する課題である．

本研究で適用されたディープラーニングベースのアルゴリズムは，逐次入力を処理するように設計された．このような情報に分類のためのラベルとして社会的変因（年齢，性別など）が付加される．つまり，言語表現が連鎖的なトークンの分布パターンを読み取り，これを与えられた社会的変因の固定値とマッピングさせる訓練アルゴリズムである．

2024年現在，BERT（Bidirectional Encoder Representations from Transformers）系列のエンコーダベースのトランスフォーマーモデルは，転移学習と組み合わせることですでに性能を発揮していると評価されている．このような一般的な傾向にもかかわらず，社会的変因を探索する能力において限界がある場合，現在のエンコーダーモデルは人間の言語使用を表面的にしか模倣していないと見る

ことができるだろう.

(1) 言語モデル一般

トランスフォーマー（transformer）は，もともと機械翻訳のような課題を遂行するために考案されたシーケンスツーシーケンス（sequence to sequence）モデルのことである．ここでは，シーケンスとは何らかの情報が直線状に列挙された構造を意味する．代表的には自然言語の文章がシーケンス形式のデータに該当する．テキストで構成した場合，左から右へ（アラビア語などの言語では右から左へ）情報が順番に追加される構造だからだ．このような線形関係を確率的モデルとして実装したのが，いわゆる言語モデルである．

言語モデルとは，文字，形態素単語などの言語を構成する構成要素に確率を付与し，これに基づいて次の構成要素を予測し生成するシステムを指し，すなわち与えられた文脈で次に出てくる単語を予測できる環境だと言える．このモデルは与えられたテキストからパターンを学習して作文することや意味を把握するために使用されており，例えば「今日の天気が」という表現が与えられた時に「晴れです」と自然に続く文章を作成することができる．このような能力は，膨大な量のテキストデータから単語間の関係を学習することで可能になる．

基本的に言語モデルは，人々が使用する言語を数学的に表現することを目的としている．したがって，単語と単語の組み合わせが現れる確率を計算して次に来る単語を予測し，文章を完成させる役割を果たす．要するに言語モデルとは，コンピュータが人間の言語を理解し生成できるように確率と統計を活用して動作することを意味している．

それは2つの主要な段階に分割でき，

一段階目はトレーニング段階だ．トレーニング段階では，膨大な量のテキストデータを使用してモデルを学習させる．このデータには様々な文章構造や語彙が含まれており，モデルが単語間の関係やパターンを学習することができる．

第二段階は予測段階である．トレーニングが完了した後，モデルは新しい文が与えられた時にすでに学習した確率分布に基づいて次の単語を予測して文を完成させることができる．

このような言語モデルは日常生活ですでに多様に活用されており，例えば翻訳ソフトウェア，文書要約，スペルチェッカーなどには言語モデルが内蔵されている．より具体的に言うと，スマートフォンの自動文章完成機能はユーザーがメッセージを入力する際，次に来る可能性の高い単語を計算し，より速く，より便利に会話を続けられるようにするものだ．つまり，ユーザーの入力パターンと文脈を分析して最も適した単語を予測して推薦するのだ．

言語モデルの大きな変化は2017年のトランスフォーマーモデルの登場と共にあると言っても過言ではない．

トランスフォーマーモデルの核心は，"Attention is All You Need" という論文で紹介されたアテンション（attention）メカニズムである．このメカニズムは，文中すべての単語を同時に考慮し，各単語が文脈の中でどれほど重要であるかを計算する．言い換えると，アテンションは文章内の単語のうち，どの単語が重要かを判断してその単語により注意を払うようにする．このようなプロセスによってモデルは比較的重要な情報を選び取り効果的に処理することができ，結果としてより良い予測を行うことができるようになる．このようなメカニズムにより，トランスフォーマーはその後 BERT や

GPTなど，さらに発展した言語モデルの基礎となった．

一方で言語モデルは大きくエンコーダー（encoder）とデコーダー（decoder）に分けることができる．エンコーダーはアナログ信号をデジタル信号に変換する装置であり，デコーダーは反対にデジタル信号をアナログ信号に変換する装置である．例えば，ある歌手の歌を録音して音源に変換する場合，元々アナログだった情報がデジタル情報に変換されるため，それはエンコード作業である．逆にその音源をプレーヤーで再生するとスピーカーから音が流れるようになるが，これはデジタル情報をアナログの音に変えたデコード作業である．

言語モデルも同様だ．自然言語データを入力として受け入れ，それを言語モデルが理解できるように変換する役割はエンコーダーモデル（BERTなど）が行う．他方，エンコーダーで受け入れた入力に対する反応を算出し，これを人間が理解できる自然言語データに再変換する役割はデコーダーモデル（GPTなど）が行うものだ．

(2) 分析アルゴリズム

自然言語処理のためのディープラーニングアルゴリズムの最新動向は，エンコードモデルの転移学習とデコードモデルのプロンプト学習に大別することができる．転移学習の方法は，人間が以前の学習で得た知識を新しい学習に適用することに似ている．したがって，転移学習は通常2段階のトレーニング手順を使用して言語モデルの性能を向上させることを目的としている．まず，BERTのような事前学習モデルが必要となる．このモデルは人間による注釈のない大規模な言語データに対して学習を行うことで構築される．次に，特定の目的に応じて構築された小規模コーパスを使用して事前学習モデルに対し追加学習を行う．このプロセスを微調整（fine tuning）と呼ぶ．そのため，事前学習モデルの堅牢さと同時に，微調整がどれほど体系的に行われたかにも影響を受ける．

これとは対照的に，デコードモデルの方法は第一段階の事前学習モデルの性能に大きく依存し，手作業で構築される二次データはしばしば省略される．ただし，プロンプト方式では言語モデルが与えられたタスクを実行する方法を学習するために，質問と回答のペアで構成された，いわゆるインストラクションデータを必要とする．最近の研究によると，およそ1000件から4000件のインストラクションデータで十分だとされている．つまり別途の微調整はあまり必要ないということだ．もちろん近年の研究は，ChatGPTの多大な人気によってデコードモデル中心で行われている．しかし各方法はそれぞれ一長一短であり，AI言語モデル全般を見る必要があるが，本章ではまず転移学習に焦点を当てたい．

転移学習（Transfer Learning）は，時にドメイン適応（Domain Adaptation）とも呼ばれ，大規模な一般言語データを事前学習した後にドメイン特定データに対して言語モデルを追加的に学習する一連の手順のことである．簡単に言えば，既構築された一つのモデルが新しいドメイン環境に適応する過程をいう．例えるなら運動選手が新しい運動種目に適応する過程のようなもので，既存の他の運動を通して基本的な体力と運動能力を備えた人であればサッカーのような具体的な運動種目に簡単に適応できるのと同じことだ．

事前学習モデルで使用する一般的な言語データはインターネットメディアやデジタル書籍などから収集されるのに対し，

ドメイン適用に使用されるデータはモデルに特定のタスクを実行する方法を指示するため人間が追加した注釈が含まれている．再びサッカーに例えると，事前学習は運動分野を問わず共通の体力鍛錬過程であるランニングに似ており，ドメイン適応過程はドリブルやシュートの練習に近いと言える．

転移学習は，言語モデルの性能を短期間で引き上げることができる代表的な学習方法として知られている．特に社会的変因検出のような分類体系（classification system）構築に非常に効果的な方法だ．さらに，ディープラーニングモデルに対する訓練を必ずしも最初から行う必要がないという点も大きなメリットである．

本章では，代表的な韓国語トランスフォーマー系エンコーディングモデルと言える KLUE-RobERTa-base モデルを使用する．KLUE-RobERTa-base モデルは，オンラインコメントを学習データに含めるため，口語テキストの属性を一部反映するという点で，対話体で構成されたドメイン適応データと一部一致する強みがある．

具体的な訓練手順を説明すると以下の通りだ．活性化関数にはクロスエントロピー損失（cross-entropy loss）を，逆伝播（backpropagation）段階ではソフトマックス（SoftMax）値を使用した．モデルとデータの各ペアに対して最大30回のエポック（epoch）を実施し，評価で検証損失（validation loss）が最も小さく，F1 が最も高いチェックポイントを選定した．

ディープラーニング学習用のスクリプトは，PyTorch と HuggingFace のトランスフォーマーパッケージを使用して Python で作成した．機械的には 2 つの RTX-3090 GPU を搭載したローカルマシンを使用した．

(3)　分析資料

分析の対象となる資料は，韓国語母語話者間の会話を転写した韓国語口語テキストである．一般的に，文語は特定の環境と目的に応じて記述することを特徴とするため，作者はある種の社会的仮面をつけて書くことになる．つまり，文語では話者の自然な社会的特性が明らかになりにくい．したがって，分析の対象は口語，特に会話状況の韓国語文章に限定するのが妥当だと考えた．

ソースデータは，話者に関するメタ情報（年齢，性別，地域など）を含む韓国語口語コーパスを使用した．このデータは 2020年バージョンと2021年バージョンがあり，国立国語院の韓国語日常会話コーパスで構成されている．この二つのデータセットは参加者の多様な会話を転写されている．収集されたコーパスはバランスを考慮した階層セットの数に応じて性別や年齢層など利用可能な人口統計学的特徴に基づいて分類され，再度整理された．

収集されたデータの一般的な属性は以下の通りである．このデータは，言語表現を多様に収集するために，複数のテーマをあらかじめ設定した状態で，できるだけ参加者の自然な会話を誘導する方法で構成された．このように正式に話題を与えて要求された会話であるため，現代韓国語の口語的属性を完全に反映していない可能性がある．しかし，過去の同様の研究でラジオやテレビ番組における参加者の発話を転写したものをデータとして使用したが，本研究のデータは，少なくとも先行研究のデータに比べてより日常的な韓国語の口語対話体を反映していると判断している．さらに，参加者が無作為に選択され，その後録音された会話

の質がフィルタリングされたという点で最小限の代表性を持っていると判断する.

このデータが本研究に有用であるもう一つの理由は，最初のデータセット内に話者の社会的変因がメタ情報として含まれていることである．すべての会話参加者の発話情報を提供する過程で，それぞれの年齢や性別，職業，出身地，居住地，教育レベルなどの情報を明らかにしなければならなかったため，バイナリ分類器（binary classifier）の実装に非常に適したデータ構成となっている.

最初のデータは当然，会話が録音された音声ファイルであり，その後標準的な文字起こし規定に従って人間が会話内容を手動で記録した．配布版データはjson（JavaScript Object Notification）で構成されているが，国立国語院の標準形式に従うものとする.

本研究では，配布されたデータ形式からディープラーニング学習に必要な情報だけを別に抽出し，別の json ファイルを構成した．構成された json ファイルは抽出された文章が form 情報として含まれ，その文章を算出した話者の社会的変因項目が label 情報として添付される．以下に例示するように，データペアはform と label で構成され，form には文が文字列で提示される．バイナリ分類のための情報は label に含まれるが，ここで 0 と 1 はそれぞれ True と False に対応する.

```
{
"form": "옛날에는 눈 오는 날이 좋았어요",
"label": 0
}
```

⑷　分析手順

本章におけるファインチューニングのパイプラインは一般的な流れに沿って次のように構成されている.

まず，データセットをトレーニング用とテスト用に分ける．ここでは最も広く使用されている区画方式により，それぞれ80％と20％に分けた．第二に，言語モデル（KLUE-RoBERTa-base）のトークナイザーでデータセットを前処理する．トークナイザーは自然言語の文章をコンピュータ言語モデルが理解しやすいように分節する過程を指す．自然言語に対して人が処理する過程の形態素分析と似ているが，完全に同じではない．なぜなら機械的な処理効用が優先されるからだ．第三に，前処理が完了したデータセットを通して言語モデルのファインチューニングを行う．ファインチューニングは一度で終わるのではなく，複数回行われる．第四に，トレーニング損失（trainingloss）と検証損失（validation loss）など，ファインチューニングの結果を算出し，複数の段階を経て最適な性能を記録したモデルを自動的に抽出する.

本章では，最も一般的な AI 課題である二項分類（binary classification）を実行する．学習方式は，与えられた文に対してメタ情報（年齢，性別，地域）を正解として活用する指導学習（supervisedlearning）を使用する．分類課題は，言語モデルが複数の選択肢の中から正しい選択肢を選ぶようにする課題であり，二項分類の課題は二つの選択肢が与えられる．すなわち男性／女性，高齢者／非高齢者，忠清／非忠清などの形で計算する方式である.

前述したように，使用されるデータセットにはそれぞれのメタ情報が個々の発話ごとにマッピング（mapping）されている．つまり，韓国語話者のメタ情報に基づいてある種の選択肢を与え，それぞれの発話データに適した選択肢を選ぶようにする過程を無数に繰り返すように

行ったのが本章の学習過程である．使用したメタ情報は年齢，性別，地域の3種類であり，年齢は高齢者／非高齢者に，性別は男性／女性に区分した．地域の場合，特定の地域／その他の地域（その特定の地域を除いた残りの地域）に二分されるものとする．

それぞれをより具体的に見ていくと次の通りである．まず，年齢に関する社会言語学的研究では，発話者の年齢層によって発話様相が異なる現象に注目している．本章の実験では，年齢情報は「高齢者」と，高齢者を除いた残りの年齢層に該当する「非高齢者」に区分した．ここで「高齢者」に該当する対象は，当該発話を発話した日付を基準とし70歳以上を指す．一方「非高齢者」に該当する対象は，その発話を行った日付を基準に60歳未満とする．ここでは60代を区別するため60代を全て除外した．これは現在の韓国社会の60代が持つ特殊性を考慮したものである．社会的認識や医学的観点から見ても，韓国社会の現在の60代は老年とみなすには反例が多い．政治的にも60代は70代より40〜50代に近いという意見も存在する．したがって，社会的変因に対する判断を客観的に行うために60代は分析から除外した．

第二に，性別による言語使用様相の違いは先述の通り社会言語学において重要な研究対象となっている．例えば，Tannenは男性と女性はそれぞれ言語を報告（report）と社会的関係形成（rapport）の手段として使うという差異を明らかにした．[7]この場合，社会言語学では性別を生物学的な性として規定するのか，社会的な性として規定するのかという議論が発生する．しかし本章の性別区分は非常に単純であり，メタ情報に含まれる男性（Male）と女性（Female）の区分に従って学習を進めた．

結果として，話者の性別に対応するメタ情報データセットでファインチューニングを行った言語モデルは，特定の発話が男性／女性のどちらの選択肢に該当するかを分類できるはずだ．この時，理想的には男性と女性のデータ分布がほぼ同率であることが望ましいが，実際のデータの規模においては女性のデータが男性のデータの3倍程度あった．これは学習データ構築の過程で参加する人員のほとんどが女性という特性に基づいている．したがって，データの整合性は本章で主張することはできない．

最後に，地域による言語変異は方言学（dialectology）という分野が独立して存在するほど，社会言語学の主要研究分野である．もちろん，韓国語の方言区分も非常に難解な議論の対象になる可能性がある．本章では，一般的な韓国語の方言区分法を準用し，江原，忠清，全羅，慶尚，済州の5つの地域に区分した．ただし，各地域の方言の数的規模が異なるため，学習結果の信頼性がやや希薄になることには留意したい．当然のことながら，上記五地域のうち，慶尚南道の人口が最も多いため，無作為抽出を行った結果，慶尚南道のデータ数が最も多かった．一方，済州島の資料は全体の3%に過ぎない．したがって，本章の結果を絶対的な数値とすることは不可能だ．

3 結 果

本章で学習された結果を総評すると，次の通りである．

第一に，データの過適合が発生した．これは構築されたモデルの算術的信頼度に多少の欠陥があることを意味する．過適合（overfitting）とは，モデルが学習データに過度に特化し，学習データ以外のデータで評価する際に性能が低下する

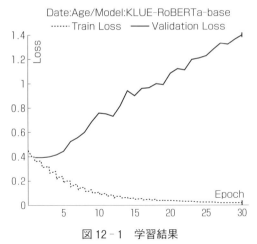

図12-1　学習結果

出典：筆者作成．

ことをいう．図12-1は韓国語言語モデルのファインチューニングの結果だが，モデルが過適合の問題に直面していることを示している．訓練損失（train loss）はエポック（epoch）が行われるにつれて段々減少する一方で，検証損失（validation loss）は増加する様相を見せているからだ．下記の学習グラフを参照してみると，青い線（train loss）は一定に下方に収束しているのに対し，赤い線（validation loss）は継続的に上昇している．つまり，損失率が小さくなっていないことを示しているのだ．

第二に，このような過適合にもかかわらず，先ほど提示された予測課題の実行結果では，モデルが与えられた発話がどのような年齢，性別，地域に該当するかを予測していることを確認することができた．このような側面はディープラーニングの結果に対するもう一つの視覚化ツールであるヒートマップ（heatmap）によって確認される．ヒートマップは発話に対する予測結果と同時にモデルが予測を実行する際にどのような単語に焦点を当てているかを視覚化したものである．

この時，焦点を置くことを技術的な用語で説明すると，アテンション（attention）が置かれるということだが，ヒートマップ上では色が明るいほどアテンションの強度が大きい．

図12-2は非老年層が算出した文章に対する判断であり，実際の言語モデルはその情報を高い確率で当てはめている．そしてその判断において，語尾の「〜구요（〜ですし，〜で）」が重要な基準になっていることが確認できる．

図12-3は地域方言に対する判定で，同様に「시방은（今は，訳者注：忠清道地方の方言）」という情報に言語モデルが特に注目していることがヒートマップからわかる．ちなみに，図12-2及び図12-3の下段に示した言語表現の連鎖は，自然言語の文章をコンピュータが処理しやすい形に変換（トークナイザー）した結果であることを改めて明らかにしておきたい．

(1)　研究の限界

過適合が発生する理由はいくつか考えられる．まず，使用されたデータセットが韓国語の社会的変因を十分に把握するには不十分な場合だ．会話の文字起こしから導き出されたデータが韓国語の日常会話における豊かさを適切に捉えられない可能性がある．例えば，与えられたデータは会話を多様化するために設定されたトピックを使用しているが，それによって多少不均衡な言語分布が発生し得る．第二に，参加者の構成が人口統計学的にやや不均衡である点も研究の限界として挙げられる．話者募集をランダムに行ったため，資料の不均衡な分布が内在し，このような潜在的な問題が結果に現

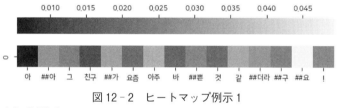

図12-2 ヒートマップ例示1

出典：筆者作成.

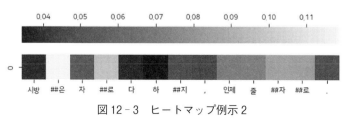

図12-3 ヒートマップ例示2

出典：筆者作成.

れた可能性があるのだ．今後はより多様でバランスのとれたデータを入手し，実験を拡大強化する必要があるだろう．

(2) 研究の示唆点

これまで言語モデルに関する研究は，モデルが自然言語に存在する文法的制約を処理できるかどうかに焦点を当ててきた．言語モデルが自然言語処理で優れた性能を示して以来，言語学者は言語モデルに対する言語学的検証を繰り返し試みてきた．特に検証においては，言語モデルが自然言語に存在する統語的制約を扱えるかどうかに焦点を当ててきた．

韓国語モデルの場合も韓国語に存在する様々な統語的制約に焦点を当てた一連の研究がある．このような方向の研究はすべて，言語モデルが言語の内的構造を理解する能力を持っているかどうかを実験しようとしたという点で共通点を持っている．しかし，より自然な言語モデルの開発のためには，自然言語を話す話者の属性（年齢，性別，地域などのメタ情報）の学習も行う必要がある．なぜなら言語は社会的な現象だからだ．[8] 言語を理解し使用するためには，単に文単位の内的構造だけでなく，言語が使用される状況への理解，ひいては言語が使用されるコミュニティや社会の構造への理解が必要である．

したがって，言語モデルの言語能力を総合的に評価するためには，言語データから明らかになる社会的特性を処理できるかどうかの検討が総合的に求められるだろう．このような問題意識のもと，本章では韓国語話者の年齢，性別，地域などのメタ情報の学習を通して，韓国語特化型言語モデルの社会言語学的特性を考察した．

おわりに

本章では韓国語文章トークンに対する逐次的なパターンを把握し，性別，年齢，地域などの使用域を予測できる検出アルゴリズムを構成した．ディープラーニングアルゴリズムの重要な軸である転移学習を使用し，事前学習モデルとしてKLUE-RoBERTa-baseを活用した．その結果，モデルの性能で過適合を発見した．

このことから，現在の言語モデルと分類アルゴリズムが社会言語学的変因を反映するのには限界があることを確認できた．

しかし，そのような総量的な結果にもかかわらず，個々の文に対する予測は比較的よく機能しており，ヒートマップモデルを通して成功した予測を確認することができた．このような結果は，今後韓国語言語モデルを基にした社会言語学的分析にさらなる研究の余地があることを意味する．

提示された実験で示されたいくつかの限界にもかかわらず，本章は言語モデルを通して言語表現の裏側にある社会的要因の存在を明らかにする先導的な研究として，一定の意義を持つ．言語の社会的要因が，機械が感知できる方式とレベルで発話に影響を与えるかどうかは，依然として重要な研究テーマに該当する．このような点で，本章は言語行動内の社会的要素を AI 技法で発見する基本的なプロセスを提示した．

さらに，本章の主な意義は韓国語ベースの計算社会言語学研究の先例として機能することができるという点にある．特に，本章は韓国語データを使用して韓国語言語モデルを検証したという点で明確な価値を持っている．英語圏に集中している計算社会言語学研究に新たな方向性を提供するからだ．このような本章の結果が，今後ディープラーニング技法を活用して社会言語学的研究を遂行しようとするデジタル人文学研究者に目に見える形で貢献できることを期待する．

注

1) Hymes, D., *Foundations in Sociolinguistics: An Ethnographic Approach*, Psychology Press, 2001; Cheshire, J., "Style and Sociolinguistic Variation," *Language*, 83(2), 2007, pp. 432-435.; Biber, D., and S. Conrad, *Register, Genre, and Style*, Cambridge University Press, 2019.

2) Holmes, J., *An Introduction to Sociolinguistics*, Longman, 1992.

3) Nguyen, D., A. S. Doğruöz, C. P. Rosé, and F. De Jong, "Computational sociolinguistics: A survey," *Computational Linguistics*, 42(3), 2016, pp. 537-593.

4) Stoop, W. M. C. A., and A. P. J. van den Bosch, "Using idiolects and sociolects to improve word prediction," Proceedings of the 14th Conference of the European Chapter of the Association for Computational Linguistics, 2014, pp. 318-327.

5) Nguyen et al., op. cit..

6) チェ・ジミョン「機械学習を利用した歴史テキストの著者判別――1920年代の開闢雑誌の論説テキスト」『言語と情報』22(1), 韓国言語情報学会, 2018年, pp. 91-122；イ・ミンウ「意味変化の定量的推定――コーパスを用いた意味変化の研究」『韓国語意味学』73, 韓国語意味学会, 2021年, pp. 59-81.

7) Tannen, D., *You just don't understand: Women and men in conversation*, Ballantine Books.

8) Bucholtz, M. and K. Hall, "Identity and interaction: A sociocultural linguistic approach," *Discourse Studies*, 7(4-5), 2005, pp. 585-614.

第13章
デジタルヒューマニティーズのための時間情報基盤

関野　樹

はじめに

　時間は，さまざまな物事に付随する情報の一つである．まわりを見渡せば，新聞の日付，イベントの開催日時，書籍の刊行日など，時間を伴った情報はいくらでも見つけることができる．これらの日時などの時間情報は，コンピュータを使った各種処理においてさまざまな役割を果たす．例えば，情報を検索する際に時間範囲を条件とすることは，多くの情報システムで一般的である．時間情報は情報を整理する際の軸ともなり，年表やグラフなどによる情報の可視化や検索結果の並べ替えなどに利用されている．さらに，情報同士を繋げるための接点としても時間情報は用いられる．これにより，複数の情報間の同時性や前後関係が明らかになり，因果関係などを類推するための手がかりとなる．

　人文学研究においても，時間情報が果たす役割は同様である．歴史や考古のように時間と直結する学問分野はもちろんのこと，それら以外の人文諸分野においても，研究対象に含まれる時間情報（例えば，文学作品の本文など）や研究対象のメタデータに記述された時間情報（例えば，絵画の制作年代など）が重要な役割を果たす．近年盛んなデジタルヒューマニティーズでも，これらの時間情報をコンピュータで機械的に処理することにより，大量かつ多様な情報を使った検索，可視化，解析などが可能となり，人手ではなし得なかった新たな知の発見につながることが期待される．しかしながら，実際に人文学研究の時間情報をコンピュータで扱おうとすると，暦の違いや表記の多様さに起因する困難を伴うことが少なくない．

　筆者が中心となって運営している Hu-Time プロジェクトは，こうした人文学研究の時間情報をデジタルヒューマニティーズで扱うため，基盤となるデータやソフトウェアの開発と提供を進めている[1]．本章では，このプロジェクトの活動の中から，日本の人文学研究の資料をコンピュータで処理するための論理や技術の構築とそれらに基づいたソフトウェアの実装に関する取り組みを紹介する．

1　時間情報をコンピュータで扱うために

⑴　コンピュータへの日付の入力

　人文学研究の資料が多種多様である一方で，実際にコンピュータが処理できるデータは数値に限られている．文字であれ日付であれ，コンピュータで扱う情報は何らかの過程を経て数値に置き換えなければならない．このため，多くのコンピュータシステムは，数値に置き換えやすい形に整えられた情報しか受け入れない．日付では，年，月，日の値を定められた場所（テキストボックスなど）に入力するか，国際標準である ISO 8601 形式[2]

などに定式化された文字列（表記例：0794-11-22）として入力することが一般的である．デジタルヒューマニティーズにおいても，すべての時間情報は，このようなコンピュータが受け入れ可能な形に置き換える必要がある．

人文学研究で扱われる時間情報をコンピュータに入力する際にまず問題になるのが暦である．一般に，コンピュータで扱われる日付は，西暦（グレゴリオ暦）に則ったものである．これは，コンピュータが欧米で開発されたからという理由だけでなく，年月日の決め方（暦法）や表記が単純で扱いやすいことも一因である．一方，日本の歴史資料であれば，その中で記述される日付の多くは和暦に則ったものである．年号を含む日付の表現や明治5年以前の月の満ち欠けに基づく月日の決め方など，和暦は西暦とは異なる点が多く，単純な置き換えが難しい．このため，日本の人文学研究で扱われる時間情報をコンピュータで扱うには，和暦の日付を西暦の日付に変換する仕組みが別途必要となる．

従来，和暦と西暦の間の日付の変換は，日付の対照表を用いた人手で行われてきた．現在はこれらの変換を行うさまざまウェブページ上のアプリケーションが提供されており，和暦の日付を構成する年号[31]，年，月，日を画面上のそれぞれのテキストボックスに入力したり，プルダウンメニューから選択したりすることにより，機械的に和暦と西暦間で日付の変換が行われる．しかしながら，日付を構成する各要素をその都度入力するこのような方法では，1回の操作で1つの日付しか処理することができず，デジタルヒューマニティーズで求められるような大量のデータを処理することが難しい．仮に，データファイルを読み込むことで大量の日付データを処理する仕組みを実

装したとしても，多様な日付の表現から年号，年，月，日を抽出してデータを作る作業は結局人手に頼っており，知識と労力を要する．和暦による時間情報を効率的にコンピュータで扱うためには，暦の変換だけでなく，日付を表現した文字列（日付文字列）を解釈し，年号，年，月，日を自動的に抽出する仕組みも併せて必要である．

（2）和暦の日付表記

ここで，日付文字列を解釈する仕組みを実装するにあたって，和暦の日付表記の特徴を整理しておく．和暦の日付表記でまず問題になるのが漢字である．和暦の日付では，年号はもちろんのこと，年，月，日を表す数字も漢字で表現される．さらに，年号で使われる漢字には旧字や異体字（例：「慶応」と「慶應」など）が用いられる．漢数字も，10以上の数は複数の表現方法が存在し，「二十二」「廿二」「二二」は同じ22を表している．

歴史資料では，年や日の表記に干支が用いられることも多い．例えば，「延暦十三年」と「延暦甲戌年」は同じ暦年を表す．同様に，「延暦十三年十月二十二日」は「延暦十三年十月辛酉」と同じ暦日を表す．また，一部の年，月，日には特定の名称が与えられている．1年を表す「元年」，1月を表す「正月」，1月1日を表す「元旦」は現代でも用いられる．歴史資料では，月初めの暦日（1日）は「朔日」，月の最後の暦日は「晦日」とも記述される．

日付文字列を解釈するには，こうした多様な日付の表記に対応しながら年号，年，月，日を抽出し，数値などの汎用的な形に置き換えた上で，次の処理である暦の変換機能に渡さなければならない．

（3） 和暦の暦法

次に，和暦と西暦の間の日付の変換機能を実装するにあたって，和暦と西暦の違いを整理しておく．西暦（グレゴリオ暦およびユリウス暦）は，太陽年（太陽が天球上を移動する周期：約365.24219日）[4] に基づいて作られた太陽暦である[5]．暦年の長さは365日間であり，定期的に閏日を挿入することによって，暦年の長さの平均を実際の太陽の動き（太陽年）に近づけている．なお，ユリウス暦の閏日の挿入方法（置閏法）を改良し，暦年の長さ（平均値）をより太陽年に近づけた暦法がグレゴリオ暦である．暦月の長さは月ごとに決まっており，閏日が追加される2月を除いて，年ごとに暦月の長さが変わることはない．和暦も明治6年1月1日に太陽暦に改暦しており[6]，それ以降の月と日は西暦と一致する．

一方，明治5年以前の和暦は，太陽年と朔望月（月の満ち欠けの周期：平均でおよそ29.5日）[7] に基づいて作られた太陰太陽暦である[8]．暦月は月の朔望と一致するように作られており，朔（新月）の瞬間を含む日がその暦月の始まりとなる．暦月の長さは朔のタイミングにより29日間（小の月）または30日間（大の月）となり，固定されていない．したがって，同じ月であってもその長さが年によって異なる（例：明治5年1月は29日間，明治4年1月は30日間である）．また，12朔望月はおおよそ354日間で，上述の太陽年とズレが生じる．このズレを解消するため，3年に1回程度の割合で閏月が挿入される．ただし，閏月が挿入されるタイミングは太陽の運行に基づいて決まるため一定していない（最後の閏月は明治3年閏10月，その前は慶応4年閏4月）．

比較的単純な暦法である西暦の日付では，暦日間の前後関係の比較や日数を求めるなどの処理が簡単な計算で実現でき

る．一方，和暦の日付でこれらの処理を行うには，月や太陽の位置に関する複雑な計算が必要である．さらに過去には政治的な理由などで暦月の始まりが人為的に変えられたことが幾度もあり，計算だけで日付を扱うことができない．また，和暦の暦年も人為的に決められた年号と年の組み合わせで表現されるため，年号の順序や改元のタイミングを計算で求めることはできない．このため，和暦をコンピュータで扱うには，年号や暦月に関する情報を保持しておき，日付を処理する際にこれらを参照する仕組みが必要になる．

2　和暦と西暦の相互変換の実装

HuTime プロジェクトでは，上述の和暦の特徴に対応しつつ，和暦の日付文字列の解釈とその結果に基づく和暦と西暦の間の日付の変換機能がサーバ内部のプログラム（ライブラリ）として開発された．その上で，それらを外部から利用するための Web Application Programing Interface（Web API）が開発，公開された．

（1） 和暦の日付文字列の解釈

日付文字列を解釈して年号，年，月，日を抽出する機能は，パターンマッチングの技術を応用して実装された[9]．正規表現に代表される文字列のパターンマッチングは，与えられた文字列をあらかじめ用意されたパターンと比較し，その文字列がパターンにどのようにマッチするかを検出する手法である[10]．パターンは，文字列に含まれるべき文字，および特定のグループに属する文字や文字列を表す指定子などにより構成される．日付文字列を解釈する機能では，この指定子で日付文字列を構成する年号，年，月，日の各

要素を表すことにより，それらがどのように記述され，どのような順番で日付文字列内に現れるのかをパターンとして記述する．さらに，それらの指定子にマッチした文字列を取り出すことで，各要素を日付文字列から抽出する．

例えば，上述のように年は算用数字，漢数字，干支などで表現される．ここで，それぞれの表現に"y"，"yK"，"yE"の識別子を割り当てる．この識別子を使って，年が表現された文字列のパターンを作成できる．具体的には，識別子"yK"を使ったパターン"yK 年"は"十三年"や"一三年"にはマッチするが，"13年"（漢数字ではない）や"十三"（"年"が無い）にはマッチしない．そして，この識別子"yK"にマッチした"十三"や"一三"が年を表す文字列として抽出される．

さらに，これら"y"，"yK"，"yE"のいずれかにマッチする識別子を"ya"と定義する．また，いずれかの文字列（空文字列も含む）にマッチする識別子を"＊"と定義する．すると，この両者を使ったパターン"ya＊"は，年を表すさまざまな表現にマッチする．前述の"十三年"や"一三年"および"13年"や"十三"だけでなく，"13ねん"や"甲戌の歳"にもマッチする．その上で，この"ya"にマッチした部分を，年を表す文字列として抽出できる．

同様に，年号，月，日を表す識別子を定義することができる．例えば，"ya"のようにいずれかの表現にマッチする年号，月，日の識別子は，それぞれ"ga"，"Ma"，"da"である．その他の識別子の詳細は HuTime プロジェクトのウェブサイト上で公開されている[11]．

これらの識別子を使って，任意の日付文字列のパターンを作成することもできるが，既定のパターンとして"ga＊ya＊Ma＊da＊"が定められており，パターン

が指定されていない場合はこの既定のパターンを使って日付文字列が解釈される．この既定のパターンは，年号，年，月，日の順番で記述されたほとんどの日付文字列にマッチする．つまり，"延暦13年10月22日"にも"延暦甲戌歳拾月廿弐日"にもマッチし，日付文字列を構成する各要素を抽出できる．

（2） 暦の変換

日付文字列を解釈することによって抽出された年号，年，月，日の値を使って，和暦の日付を西暦の日付に変換する．ただし，和暦では年号のつけ方（北朝と南朝），西暦では改暦時期（ユリウス暦からグレゴリオ暦への改暦）の違いなどによる複数のバリエーションが存在し，それぞれ異なる暦としての処理が求められる．また，暦の変換は和暦と西暦の間だけでなく，中国暦などの他の暦との変換機能も今後想定される[12]．このため，和暦の日付と西暦の日付を直接結びつけて変換するのではなく，共通の時間軸を介して相互に変換することとした[13]．これにより，各暦は共通の時間軸との間の変換だけを考えれば済むため，複数の暦に対応しつつも，仕組み自体は簡単になる．

共通の時間軸は，ユリウス日とした．ユリウス日は紀元前4713年1月1日正午からの経過日数として表され，小数以下は時刻を表す[14]．2025年1月1日午前0時（協定世界時）は，ユリウス日で2460676.5と表される．ユリウス日は，年月日などの構造を持たない実数として表現される．また，改暦などによる不連続もない．このため，コンピュータ上での日数の計算が容易であり，天文学では日食の予報などに用いられる[15]．結果として，和暦から西暦への変換であれば，和暦の日付がいったん共通の時間軸であるユリウス日に変換され，得られたユリウス日が西暦

の日付に変換される過程をたどる.

和暦,西暦とも,上述のバリエーションごとにユリウス日との暦変換の機能が実装された.和暦では,北朝および南朝の年号に対応する2つと,明治6年以降の太陰太陽暦(いわゆる現代の「旧暦」)の合計3つのバリエーション.西暦では,ユリウス暦からグレゴリオ暦への改暦のタイミングが異なる2つ(1582年と1752年)と,現代まで改暦を行わないユリウス暦,およびグレゴリオ暦の暦法を1582年以前にまで適用した先発グレゴリオ暦の合計4つのバリエーションである.

上述のとおり,和暦の日付を変換するためには,年号と暦月に関する情報をあらかじめ用意しておく必要がある.年号については,『国史大辞典』を参照し,各年号が使われ始めた日(改元日)のユリウス日のデータを作成した.一方,暦月については,『日本暦日原典』および『日本書紀暦日原典』を参照し,各暦月の初日(朔日)のユリウス日のデータを作成した.人文学研究者が手作業による暦変換で用いてきたこれらの資料に基づくことにより,従来の手作業同じ結果をコンピュータ上の処理でも得ることが可能となる.

(3) 日付文字列の出力

和暦から西暦への日付の変換機能により,和暦に基づく時間情報もコンピュータを使った各種処理が可能となる.しかしながら,これらの処理で得られる結果は西暦の日付で表されたものである.得られた結果を既存の和暦に基づく人文学研究の時間情報と比較するには,コンピュータから出力された西暦の日付を和暦の日付に戻す必要がある.

この処理は,ここまでの日付文字列の解釈と暦変換の処理を逆にたどることで実現できる.まず,西暦の日付を和暦の

日付に変換する.この際に,3つある和暦のバリエーションのどれを変換先とするのかも指定する.次に,出力される日付文字列で年号,年,月,日がどのように記述され,どのような順番で現れるのかを,指定子を含むパターンによって指定する.たとえば,年号を表す指定子"gg",および漢数字による年,月,日を表す指定子"yK2","MK2","dK2"と干支による年を表す指定子"yE"を用いたパターン"ggyK 2年(yE)MK 2月 dK 2日"を用いれば,西暦(先発グレゴリオ暦)794年11月22日から和暦の日付文字列"延暦十三年(甲戌)十月二十二日"を得ることができる.日付文字列の解釈と同様に,日付文字列の出力でも既定のパターンが定義されており,和暦の場合は"ggy年 MMM 月 d 日"である(出力例:延暦13年10月22日).

(4) Web API

日付文字列の解釈や暦変換の機能は,データ構築,検索,可視化,解析など,デジタルヒューマニティーズのさまざまな場面で有用である.このため,これらの機能は特定のアプリケーションとしてではなく,さまざまなソフトウェアで活用できる Web API として提供された.API は,サーバ内部のソフトウェアの機能を外部から利用するためのインタフェースで,この仕組みを通じて,外部のソフトウェアがそのサーバの機能を自身に組み込むことができる.この API をウェブページの転送に使われる HTTP プロトコルで利用できるようにしたものが Web API である.

日付文字列の解釈と暦変換の Web API では,変換元の日付文字列,変換元と変換先の暦などを指定して問い合わせることにより,結果がテキストデータとして返される.例えば,漢数字を使っ

図 13-1　HuTime プロジェクトの暦変換のウェブアプリケーション
出典：筆者作成.

て表現された和暦の日付文字列"延暦十三年十月二十二日"を西暦に変換するのであれば，

　https://ap.hutime.org/cal/?method=conv&ical=1001.1&ocal=2.1&itype=date&ival=延暦十三年十月二十二日

とする．これを実行すると，結果である"C. E. 0794 November 22"がテキストデータとして返される．ここで，"method"はAPIを通じて行う作業を指定しており，"conv"は暦の変換を意味する．"ical"と"ocal"はそれぞれ変換元，変換先の日付の暦で，暦を識別するためのIDで指定される．"1001.1"と"2.1"は，それぞれ和暦（南朝），西暦（先発グレゴリオ暦）を表す．"itype"には入力されるデータが暦日であることを表す"date"が指定されている．最後に，"ival"で変換元の日付文字列を与える．他の機能も含め，この Web API の詳細は，HuTime プロジェクトのウェブサイト上で公開されている[20]．

　この Web API の使用例として，HuTime プロジェクトが提供する暦変換のウェブアプリケーションがある[21]（図13-1）．変換元と変換先の暦をプルダウンメニューから選択し，左側のテキストエリアに日付文字列を入れて変換ボタンを押下すると，右側のテキストエリアに変換結果が出力される．このアプリケーションでは，複数の日付文字列を一度に処理できることが旧来のアプリケーションには無い大きな特徴である．これにより，表計算ソフトウェアのスプレッドシート上から複数の日付データを変換元データのテキストボックスにコピー＆ペーストし，それらを一度に変換することが可能となる．

　日付文字列の解釈と暦変換のWeb APIは，上記の HuTime プロジェクトのアプリケーション以外にもさまざまなソフトウェア等で利用されており，年間700万回以上のアクセスがある．このうち，図13-1の HuTime プロジェクトのアプリケーションからのアクセスは5,000回程度であるから，そのほとんどが外部からの利用である．近年，Google スプレッドシートからこの Web API を呼び出す方法が紹介されたことにより[22]，利用

がさらに拡大する傾向にある.

3 時間情報の記述

(1) 資料中の情報を残す

　ここまでは和暦の時間情報をコンピュータに入力するための暦変換などの技術について紹介してきた. しかしながら, 人文学研究の情報をデータとして記述し, 蓄積するという点では話が違ってくる. たとえば, 日本の歴史に関する時間情報として "0794-02-09" という西暦の日付が記述されていた場合, その日付自体の意味をくみ取ることは難しい. ところが, これを和暦の日付で記述すると, "延暦13年1月1日", つまり元日である. すると, 資料に記された情報の見方が変わってくる.

　また人文学研究の資料には, 年まで, 月までしかない時間情報が頻出する. "延暦13年" や "延暦13年10月" と記述されていれば, その意味を容易に理解可能であるが, "0794-02-09/0795-01-29" や "0794-11-01/0794-11-30" と記述されていても, なぜそのような中途半端な日付が指定されているのか直ちに理解することは難しい.

　時間情報をコンピュータで処理する際にはそれらを西暦に変換する必要があるものの, 資料中の情報を記述し, 蓄積していくという点では, 西暦ではなく元の和暦の時間情報をデータとして記述するための手段が必要である.

(2) リンクトデータ

　2010年頃から, リンクトデータ (Linked Data) という考え方が広がりを見せている. ウェブページ同士がハイパーリンクで繋がるように, データを相互にリンクさせることでデータのウェブを形成し, データの発見や流通を促そうするもので

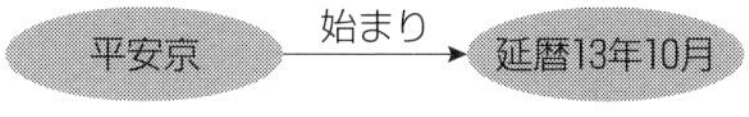

図13-2　RDF の考え方で表現された平安京の始まった日

出典：筆者作成.

ある. リンクトデータの中でも誰もが自由に利用できるデータは, リンクトオープンデータ (Linked Open Data: LOD) としてデータ公開や公益性などの観点から注目されている. このデータ間のリンクによって和暦の日付と西暦の日付を結び付けることができれば, 和暦の日付で記述されたデータをリンクトデータの仕組みを介して自動的に西暦の日付に置き換え, コンピュータで処理することができる.

　リンクトデータは, データ間のリンクに意味を持たせることを目指したセマンティクウェブ技術に基礎を置いている. セマンティックウェブでは, このデータ間のリンクを Resource Description Framework (RDF) と呼ばれるデータ形式で記述する. RDF では主語, 述語, 目的語の3つの要素を1組としたデータ (RDF トリプル) を単位とし, 述語が主語と目的語の間の意味を持ったリンクとして機能する. 例えば, 平安京が始まった日 (桓武天皇が平安京に遷った日) をRDF の考え方で表すと図13-2のとおりとなる.

　ここで, 主語は平安京, 目的語は日付, 述語は目的語が主語の始まりの日を表すリンクであることを表す. さらに, 和暦の日付と西暦の日付の関係を同様に表せば, 図13-3のとおりとなる.

　この2つのデータが示すリンクを介して, 和暦の日付によるデータの記述と西暦の日付によるコンピュータの処理を両立させることができる.

　ここでの平安京や和暦の日付など, 楕

198　第IV部　情報知でデジタルヒューマニティーズを支える

| 延暦13年10月 | 同じ暦日 | 0794-11-22 |

図13‑3　RDF の考え方で表現された
　　　　和暦の日付と西暦の日付の
　　　　関係

出典：筆者作成.

　円で示された主語や目的語は，RDF リ
ソースを表す．RDF リソースは，ウェ
ブページのアドレスを表す URL（Uni-
form Resource Locator）と同じ形式を持
つ Uniform Resource Identifier（URI）
で識別される．URL も URI もインター
ネット上で一意の値であるため，特定の
事物を識別する識別子（ID）として利用
することができる．また RDF では，述
語も URI によって識別され，その意味
が一意に定義される．一方，西暦の日付
のように矩形で示された値は，静的な値
であるリテラルを表す．リテラルは単な
る数値や文字列以上の意味は持たないた
めに RDF の主語にはなれず，目的語と
してのみ記述される．したがって，リン
クデータを使って和暦の時間情報を記
述するには，"延暦13年10月22日" などの
文字列のリテラルではなく，和暦の日付
を表す RDF リソースが必要である．さ
らに，和暦の暦月，暦年，年号を表す
RDF リソースがあれば，上述の "延暦13
年" のように年までしかない不完全な日
付も RDF で記述し，データ間のリンク
を介して，西暦で表された期間 "0794-
02-09/0795-01-29" と対応させることが
できる．

（3）　暦の LOD

　HuTime プロジェクトでは，和暦や西
暦の暦日などに関する RDF リソースを
LOD として提供している．例えば，和
暦の延暦13年10月22日を表す暦日リソー
ス の URI は，"http://datetime.hutime.

org/calendar/1001.1/date/ 延暦13年10
月22日" となる．しかしながら，このま
までは長くて使いにくいため，URI を
短縮して記述する方法を適用することも
できる．これに則れば，冒頭の "http://"
から "/calendar/" までをプレフィクス
"hcal:" で表し，"hcal: 1001.1/date/延
暦13年10月22日" と簡潔に表記できる．

　この暦日リソースの URI には，和暦
（南朝）を示す暦 ID "1001.1"，および暦
日であることを示す "date" が含まれて
いる．また URI の末尾は，この暦日を
表す日付文字列である．この部分には先
述の日付文字列を解釈する仕組みが適用
されるので，既定のパターン（和暦であ
れば "ga*ya*Ma*da*"）で解釈できれば，
任意の日付文字列を用いることが可能で
ある．また，この部分にユリウス日を用
いることも可能であり，"hcal:1001.1/
date/2011387.5" と，漢字の入力や表示
ができない環境でも URI を記述できる．

　和暦の日付 "延暦13年10月22日" の暦
日リソースのデータをグラフ化すると，
図13‑4 のとおりとなる．rdfs: label で
示される文字列が既定のパターン "ggy
年 MMM 月 d 日" によって出力された
日付文字列である．また，hutime:
iso8601で示される文字列がこの暦日に
対応する ISO 8601 に則った日付文字列
である（ISO 8601 の規定に基づき，先発
グレゴリオ暦で表す）．結果として，暦の
変換がリンクデータのリンクとして表
現されている．他にも，暦日リソースは，
前後の暦日，この暦日を含む暦月，暦年，
年号などの RDF リソースにリンクして
いる．これらの暦日リソースのデータは，
ウェブブラウザに URI を入力してアク
セスすることにより閲覧できる．

　この暦日リソースを使って図13‑2 の
内容を表す RDF トリプルを作成すると，
図13‑5 のとおりとなる．ここで主語は，

第13章　デジタルヒューマニティーズのための時間情報基盤　199

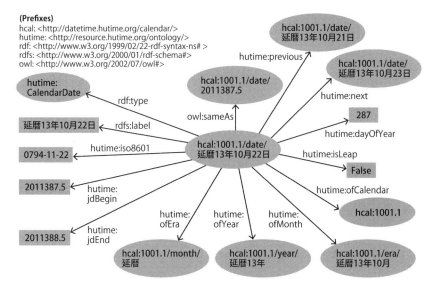

図13-4　和暦の暦日（延暦13年10月22日）を表すRDFリソース
出典：筆者作成.

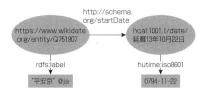

図13-5　和暦の暦日リソースを使って平安京始まった日を表すRDFリソース（プレフィックスは図13-2と同じ）
出典：筆者作成.

WikipediaのデータをRDFリソースとして提供するWikidata[29]のデータを使っている。このRDFリソースには日本語（データでは"@ja"が付されている）のラベルとして"平安京"が与えられている。また，述語はSchema.org[30]が提供するデータを使っており，"startDate"は目的語が主語の開始日であること表す。このデータがリンクトデータに対応したソフトウェアに読み込まれると，目的語である和暦の暦日リソースのデータが取得

され，図13-5のISO 8601形式の西暦の日付を使って，可視化や解析等の処理が行われる。

HuTimeプロジェクトでは，暦日だけでなく，暦月，暦年，年号などのリソースも提供している。また，和暦だけでなく，西暦を含むさまざまな暦に関するリソースも提供しており，和暦に関するリソースと同様に利用することができる。どのようなリソースを利用できるかは，暦LOD[31]のトップページにアクセスすることにより（アクセスした日の暦日情報にリダイレクトされる），一覧を確認することができる。これらの暦LODは既に各所で利用されており，RDFリソースのデータの要求（アクセス回数）は，年間500万回を超える。

おわりに

本章では，和暦の時間情報を扱うための技術やソフトウェアなどについて紹介

してきた．これらの基盤的な取り組みは，単に作業時間の短縮や研究の効率化だけでなく，デジタルヒューマニティーズの学問的な目標や効果という観点からも大きな意義を持つ．

　冒頭でも述べた通り，デジタルヒューマニティーズの最大の成果は，人文学研究にコンピュータを持ち込むことで，大量かつ多様な情報の処理を可能にしたことである．それ以外にもデジタルヒューマニティーズには，データの共有化や手法の再現性を担保するといった側面がある．誰もが同じデータを使って同じ結果が得られる状況は，研究成果の検証という学術的な要求もさることながら，同じデータを異なる手法やアイディアで検討したり，技術や手法を他の素材に応用したりといったデータや手法の相互運用を促し，人文学研究にさらなる拡がりをもたらす．

　こうした点で，本章で紹介したような基盤的なデータや技術を開発，提供する取り組みは，共通の基盤に立脚するデータを充実させ，人文学研究資料の相互運用性を向上させる．今後，時間に限らず，空間，出来事，人物，芸術・文学作品など，さまざまな人文学研究のための情報基盤が充実していくことが期待される．

注 ————

1）HuTime プロジェクト「HuTime-Time Information System」〈https://www.hutime.jp/〉，2024年7月1日アクセス．

2）International Organization for Standardization, *ISO 8601-1, Date and time-Representations for information interchange-Part 1: Basic rules*, 2019.

3）国立天文台「日本の暦日データベース」〈https://eco.mtk.nao.ac.jp/cgi-bin/koyomi/caldb.cgi〉，2024年7月1日アクセス．

4）国立天文台編『理科年表2024』丸善出版，2023年．

5）Dershowitz, N. and Reingold, E., *Calendri-*

cal Calculations, Cambridge University Press, 2007.

6）太政官布告『明治五年太政官布告第三百三十七号（改暦ノ布告）』，1872年．

7）国立天文台編，前掲『理科年表2024』．

8）岡田芳朗『旧暦読本——日本の暮らしを愉しむ「こよみ」の知恵』創元社，2006年．

9）関野樹・山田太造「日付を表す文字列の解釈と暦の変換——暦に関する統合基盤の構築に向けて」『情報処理学会シンポジウムシリーズ』2013(4)，2013年，pp. 161-166.

10）Friedl, J.（株式会社ロングテール・長尾高弘訳）『詳説　正規表現　第3版』オライリー・ジャパン，2008年．

11）HuTime プロジェクト「時間基盤情報—暦変換（和暦の書式）」〈https://www.hutime.jp/basicdata/calendar/calendars/JapaneseFormat.html〉，2024年7月1日アクセス．

12）Sekino, T., "Construction of a Calendar Conversion System with a Function to Interpret Chinese Calendar Date Expressions," *Proceedings of the 2023 Pacific Neighborhood Consortium Annual Conference and Joint Meetings*（*PNC*），2023, DOI: 10.23919/PNC58718.2023.10314976.

13）関野・山田，前掲「日付を表す文字列の解釈と暦の変換——暦に関する統合基盤の構築に向けて」．

14）Dershowitz and Reingold, op. cit..

15）National Aeronautics and Space Administration「NASA Eclipse Web Site」〈https://eclipse.gsfc.nasa.gov/〉，2024年7月1日アクセス．

16）国史大辞典編集委員会編『国史大辞典』吉川弘文館，1979-1997年．

17）内田正男『日本暦日原典　第四版』雄山閣，1994年．

18）内田正男『日本書紀暦日原典　新装版』雄山閣，1993年．

19）関野樹「暦に関する Web API —暦法の変換と期間の計算」『情報処理学会シンポジウムシリーズ　じんもんこん　2017』2017，2017年，pp. 23-28.

20）HuTime プロジェクト「HuTime Web API-Calendar Calculation」〈https://ap.hutime.org/cal/〉，2024年7月1日アクセス．

21）HuTime プロジェクト「HuTime —暦変換サービス」〈https://www.hutime.jp/basicdata/calendar/form.html〉，2024年7月1日アクセ

ス.

22) mir「【和暦変換】スプレッドシート　数式で変換しよう！　-1 API式」〈https://note.com/mir4545/n/n1bc8984c9c27〉，2024年7月1日アクセス．

23) Bizer, C., Heath, T. and Berners-Lee, T., "Linked Data-The story so far," *International al Journal on Semantic Web and Information Systems*, 5(3), 2009, pp. 1-22.

24) Berners-Lee, T., Hendler, J. and Lassila, O., "The Semantic Web: A new form of Web content that is meaningful to computers will unleash a revolution of new possibilities," *Scientific American*, 284(5), 2001, pp. 34-43.

25) World Wide Web Consortium「RDF-Semantic Web Standards」〈https://www.w3.org/RDF/〉，2024年7月1日アクセス．

26) World Wide Web Consortium「RDF 1.1 Concepts and Abstract Syntax」〈https://www.w3.org/TR/rdf11-concepts/〉，2024年7月1日アクセス．

27) Sekino, T., "Basic linked data resource for temporal information," *Proceedings of the 2017 Pacific Neighborhood Consortium Annual Conference and Joint Meetings (PNC)*, 2017, pp. 76-82.

28) World Wide Web Consortium「CURIE Syntax 1.0」〈https://www.w3.org/TR/2010/NOTE-curie-20101216/〉，2024年7月1日アクセス．

29) Wikidata「Wikidata」〈https://www.wikidata.org/wiki/Wikidata: Main_Page〉，2024年7月1日アクセス．

30) Schema.org「Schema.org」〈https://schema.org/〉，2024年7月1日アクセス．

31) HuTimeプロジェクト「Calendar Linked Open Data」〈https://datetime.hutime.org/〉，2024年7月1日アクセス．

あとがき

　本書は，国際日本文化研究センター（日文研）・高麗大学校文科大学がおこなったデジタルヒューマニティーズにかかわる一連のシンポジウムの記録である．第1回の会議は，2024年2月5日に「デジタルヒューマニティーズとデータベースから見る人文学の世界」のテーマのもと高麗大学校で開催，第2回は同年7月28日に「人文知と情報知の接合――デジタル・ヒューマニティーズの可能性と課題」のテーマで日文研で開いた．本書では，これらの報告を再構成するとともに，第42回人文機構シンポジウム「デジタル・ヒューマニティーズが拓く人文学の未来」（2024年7月27日）で基調講演をして下さった金俊淵先生からご寄稿いただき巻頭に配した．

　ご発表いただいた先生方，司会やコメンテーターをつとめて下さった先生方にはあらためて御礼申し上げる．日文研・高麗大学校文科大学の2回の共催シンポジウムは，いずれも学問に対する真摯な姿勢と心温まるホスピタリティが印象に残った．この記録集でその一端をお伝えできればと思う一方で，発表者のユーモラスな話術や熱気のこもった討論などはやはり伝わりきらなかったところもあるだろう．たとえば，金俊淵先生のご講演「文学研究から見たデジタルヒューマニティーズの行方」は，床屋ではさみを使うかバリカンを使うかという話から始まり，人文学における新しいツールであるデジタル技術の導入について巧みにお話しされた．宋相憲先生の「AIによる韓国語発話の社会的要因の検出」は，もともとの発表では，「料理は材料が7割，味付けが3割，人工知能も同じ」と前置きされ，プログラミングの各段階をテン

ジャンチゲの作り方に例えながら語って下さった．残念ながらこれらの話は本書収録に際してカットされたが，ここに記しておくことで当日の雰囲気を書きとめておきたい．

　その一方で，個人的には，2回のシンポジウムを通じて，日本のデジタルヒューマニティーズの現状にあらためて危機感を抱かされもした．別のところで少し書いたことがあるが（松田「東芝特別パネル「東アジアと日本の文化コンテンツ」に参加して」『跨境 日本語文学研究』第117号，2023年12月），日本の研究者と東アジア他地域の研究者がデジタルヒューマニティーズについての学術会議でパネルを組むと，日本側はデータベースの制作や研究者の肉眼による資料の読み込みの話が中心になるのに対して，韓国や中国の研究者は，プログラミングを自ら行いビッグデータの解析に挑むというタイプの研究が多いように思う．本書についても，読者のなかには同様の感想を抱く方がいるかもしれない．こうしたアプローチの違いは，単に執筆者個々人の力量や研究スタイルにとどまらず，おそらく日本におけるデジタル人文学の基盤整備の遅れ，それによる研究者層の成長の遅れを反映しているのだろう．本書を，こうした問題を考えるきっかけとしていただければ，とも思う．

　最後になるが，余裕のないスケジュールにもかかわらず出版をお引き受け下さった晃洋書房ならびに刊行の実務をサポートして下さった同編集部・徳重伸さんに感謝申し上げます．

2024年10月

松 田 利 彦

《執筆者紹介》（執筆順，編者は奥付参照）

金　俊淵（キム・ジュニョン）【第1章】
　　高麗大学校中語中文学科教授
主要業績
　　『デジタル人文学の理解』（共著，高麗大学校出版文化院，2024年）．『世の中を動かす四つの文字』
　　（グンリ，2018年）．

山田奨治（やまだ　しょうじ）【第2章】
　　国際日本文化研究センター教授／総合研究大学院大学教授
主要業績
　　Tokyo Boogie-woogie and D. T. Suzuki（The University of Michigan Press, 2022）．*Shots in the*
　　Dark: Japan, Zen, and the West（The University of Chicago Press, 2009）．

吉賀夏子（よしが　なつこ）【第3章】
　　大阪大学大学院人文学研究科准教授
主要業績
　　『IIIF［トリプルアイエフ］で拓くデジタルアーカイブ──コンテンツの可能性を世界につなぐ』
　　（共著，文学通信，2024年）．「郷土に残存する江戸期古記録の機械可読化を目的とした市民参加お
　　よび機械学習による固有表現抽出」（共著，『情報処理学会論文誌』63(2)，2022年）．

安井眞奈美（やすい　まなみ）【第4章】
　　国際日本文化研究センター教授／総合研究大学院大学教授
主要業績
　　『狙われた身体──病いと妖怪とジェンダー』（平凡社，2022年）．『怪異と身体の民俗学──異界か
　　ら出産と子育てを問い直す』（せりか書房，2014年）．

劉　建輝（りゅう　けんき）【第5章】
　　国際日本文化研究センター教授／総合研究大学院大学教授
主要業績
　　『張家口──忘却された帝国の最前線』（編著，勉誠社，2025年）．『絵葉書にみる日本近代美術100
　　選』（編著，法蔵館，2024年）

李　承垠（イ・スンウン）【第7章】
　　高麗大学校国語国文学科副教授
主要業績
　　「古典文学関連デジタル人文学研究の現状と未来」（『古典と解釈』39，2023年）．「『天倪録』に現れ
　　る神格の変化とその意味」（『民族文学史研究』68，2018年）．

鄭　有珍（チョン・ユジン）【第9章】
　　高麗大学校言語学科副教授
主要業績
　　「比喩を用いた無礼な表現に関する研究──オンラインニュース記事のコメントを中心に」（共著，
　　『テキスト言語学』54，2023年）．「意味範疇とメンバーの典型性に基づく命名順序の研究」（共著，
　　『言語』47(1)，2022年）．

柳　澔賢（リュ・ホヒョン）【第10章】
　　高麗大学校中語中文学科助教授
主要業績
　　「中国ソフトパワー戦略のジレンマ——韓国における中国サブカルチャーを中心に」（『中国と中国学』48，2023年）．「中国ゲーム『原神』のトランス・ナショナルストーリーワールド構築」（『グローバル文化コンテンツ』52，2022年）．

鄭　恵允（チョン・ヘユン）【第11章】
　　高麗大学校西語西文学科（スペイン語・スペイン文学科）助教授
主要業績
　　「スペインの新聞社説に対する否定的コメントの分析」（『スペイン語文学』111，2024年）．「スペイン語圏におけるデジタル人文学の教育と研究の動向」（『スペイン・ラテンアメリカ研究』16(2)，2023年）．

宋　相憲（ソン・サンホン）【第12章】
　　高麗大学校言語学科副教授
主要業績
　　"Investigating a neural language model's replicability of psycholinguistic experiments: a case study of NPI licensing"（共著，*Frontiers in Psychology*, 14: 937656, 2023）．*Modeling Information Structure in a Cross-linguistic Perspective*（Language Science Press, 2017）．

関野　樹（せきの　たつき）【第13章】
　　国際日本文化研究センター教授／総合研究大学院大学教授
主要業績
　　「タイム・リゾルバ——時間名リソースからの時間範囲取得」（『情報処理学会シンポジウムシリーズ じんもんこん 2023 論文集』，2023年）．"Data description and retrieval using periods represented by uncertain time intervals"（*Journal of Information Processing*, 28, 2020）．

《訳者紹介》（翻訳順）
中村静代（なかむら　しずよ）【第1章訳，第7章訳】
　　弘益大学校教養学部日本語科助教授
主要業績
　　「雑誌『変態心理』における「心霊問題」の考察」（『日本研究』（高麗大学），41，2024年）．『植民地朝鮮日本語雑誌の怪談・迷信』（共著，学古房，2014年）．

反町真寿美（そりまち　ますみ）【第9章訳，第10章訳】
　　高麗大学校日語日文学科講師
主要業績
　　「詩人森崎和江研究」（高麗大学博士論文，2023年）．「森崎和江の旅路の果て——最終詩集『ささ笛ひとつ』を読み解く」（『日本学』（東国大学），58，2022年）．

根来由紀（ねごろ　ゆき）【第11章訳，第12章訳】
　　誠信女子大学校日本語文・文化学科助教授
主要業績
　　「1940年代朱永渉詩の考察——『飛行詩』『驪馬』を中心に」（『日本語文學』92，2021年）．「中原中也と尹東柱——"故郷"という私の墓」（『건지인문학』32，2021年）．

《編者紹介》

鄭　炳浩（チョン・ビョンホ）【はじめに，第6章】
　　高麗大学校日語日文学科教授
主要業績
　「テキストマイニングを活用した韓国人の日本文化コンテンツの認識」（『跨境
　──日本語文学研究』17，2023年）．『東アジアの災難叙事』（編著，図書出版
　宝庫社，2020年）

松田利彦（まつだ　としひこ）【解説，第8章，あとがき】
　　国際日本文化研究センター教授・副所長／総合研究大学院大学教授
主要業績
　『新発見書簡で読み解く軍医森鷗外──後輩軍医佐藤恒丸に問う海外情勢』（編
　著，法藏館，2024年）．『植民地帝国日本における知と権力』（編著，思文閣出
　版，2019年）．『日本の朝鮮植民地支配と警察──1905〜1945年』（校倉書房，
　2009年）．

馬場幸栄（ばば　ゆきえ）
　　人間文化研究創発センター特任准教授／国際日本文化研究センター特任准教授
主要業績
　「国立天文台水沢VLBI観測所の原点──白黒写真で見る緯度観測所の所員た
　ち」（『国立天文台ニュース』338，2022年）．「木村栄の生涯──後編」（『国立
　天文台ニュース』318，2020年）．「木村栄の生涯──前編」（『国立天文台
　ニュース』317，2019年）．

デジタルヒューマニティーズが拓く人文学
──日韓研究者の対話──

2025年3月20日　初版第1刷発行		＊定価はカバーに 表示してあります

編　者	鄭　　　炳　浩 松　田　利　彦ⓒ 馬　場　幸　栄
発行者	萩　原　淳　平
印刷者	江　戸　孝　典

発行所　株式会社　晃　洋　書　房
〒615-0026　京都市右京区西院北矢掛町7番地
電話　075（312）0788番代
振替口座　01040-6-32280

装丁　安藤紫野　　　　　印刷・製本　共同印刷工業㈱
ISBN978-4-7710-3948-3

JCOPY〈(社)出版者著作権管理機構　委託出版物〉
本書の無断複写は著作権法上での例外を除き禁じられています．
複写される場合は，そのつど事前に，(社)出版者著作権管理機構
（電話 03-5244-5088, FAX 03-5244-5089, e-mail: info@jcopy.or.jp）
の許諾を得てください．